Der in mehreren Auflagen erschienene, viel gelobte Band erscheint nun bereits zum zweiten Mal in überarbeiteter und ergänzter Neuausgabe. Im Verfassen von Texten liegt eine kreative und heilende Kraft, die jedem Menschen, nicht nur dem Schriftsteller und Journalisten, Selbsterkenntnis und Selbsterfahrung eröffnet. So geht es hier nicht nur um Anweisungen für das Schreiben stilistischer Texte, sondern vielmehr um die Einführung in eine Methode der Autotherapie, die es anhand vieler Beispiele ermöglicht, durch die Entfaltung der Phantasie Geborgenheit und zugleich seelische und geistige Freiheit im eigenen Selbst zu erfahren. Diese Methode kann jeder für sich oder als »Schreiben in der Gruppe«, vom Autor in seinen Schreibseminaren praktiziert, nutzen.

Jürgen vom Scheidt, 1940 in Leipzig geboren, hat in München Psychologie, Soziologie, Anthropologie und Psychopathologie studiert. Mit einer Studie über Drogenabhängigkeit hat er promoviert. Nach Tätigkeiten als Lektor und Publizist arbeitet vom Scheidt in eigener psychologischer Praxis in München und in seinem Institut für Angewandte Kreativitätspsychologie (IAK; www.iak-talente.de). – Außerdem im Fischer Taschenbuch Verlag lieferbar: »Handbuch der Rauschdrogen« (mit Wolfgang Schmidbauer, Bd. 13980).

Unsere Adresse im Internet: www.fischer-tb. de

Jürgen vom Scheidt

Kreatives Schreiben

Texte als Wege zu sich selbst und zu anderen

Überarbeitete und ergänzte Ausgabe

Fischer Taschenbuch Verlag

Überarbeitete und ergänzte Ausgabe
Veröffentlicht im Fischer Taschenbuch Verlag,
einem Unternehmen der S. Fischer Verlag GmbH,
Frankfurt am Main, März 2003

Satz: Pinkuin Satz und Datentechnik, Berlin
Druck und Bindung: Clausen & Bosse, Leck
Printed in Germany
ISBN 3-596-15680-7

```
D E R   W E G   I S T   D A S   Z I E L
        I R E                   U N R E
        S F S                     N L N
        S A T                     E E K
        E H A                     R B E
        N R L                     E N N
          E T                     N I
          N E                       S
            N                       S
                                    E
                                    N
```

Die Anordnung dieser Buchstaben ist zugleich ein Sprachspiel, genauer: ein Akronym. Die einzelnen Buchstaben der Worte WEG und ZIEL sind ihrerseits Anfänge (*akro* = griech. »die Spitze«) von weiteren Worten. So sind in der »DER WEG IST DAS ZIEL«, dem bekanntesten Satz aus dem chinesischen Weisheitsbuch von der »Smaragdenen Felswand«, noch diese Worte enthalten: »WISSEN – ERFAHREN – GESTALTEN« (die Anordnung und das »Programm« dieses Buches) und »ZU INNEREN ERLEBNISSEN LENKEN« (mein Verständnis vom Wesen des Schreibens – und jeder Selbsterfahrung, Meditation und Psychotherapie).

Gewidmet

meinem Urgroßvater Ferdinand Naumann,
dem ersten unter meinen Vorfahren,
der nachweislich gerne und viel geschrieben hat,

und

den Teilnehmern meiner Seminare,
denen ich eine Fülle von Anregungen
für dieses Buch verdanke

Inhalt

Erfahren

Gestalten

Vorwort zur überarbeiteten und ergänzten Neuausgabe

Seit der ersten Ausgabe dieses Buches 1989 hat sich im Bereich des »Kreativen Schreibens« viel getan. Aus kleinen Anfängen ist eine richtige »Bewegung« geworden, mit Schreib-Seminaren und -Werkstätten an vielen Volkshochschulen und mit Literatur-Büros in einer Reihe von Städten. Sogar an den Universitäten gedeiht das »Pflänzchen« – wenn auch noch sehr fragil und wenig beachtet.

Die Dynamik dieser Entwicklung kann man an den Teilnehmerzahlen zweier Veranstaltungen Evangelischer Akademien ablesen: Als 1987 die Akademie Tutzing zum Thema »Kreatives Schreiben« einlud, kamen 45 Teilnehmer. Als drei Jahre später in Loccum gefragt wurde: »Was bewegt die Schreib-Bewegung?« – da waren es schon mehr als 200 »Schreib-Bewegte«!

Die politischen Veränderungen der Wiedervereinigung ermöglichten mir den Kontakt mit dem Leipziger »Institut für Literatur«, wo ich 1990 an einem eindrucksvollen Workshop teilnehmen konnte. Inzwischen wurde das Institut seines (selbst in SED-Zeiten) sehr unabhängigen Status beraubt und der Universität angegliedert. Aber vielleicht tut das ja sogar beiden gut – dem »Institut« und der Universität! In Wien hat sich inzwischen eine ähnliche Institution etabliert, die »Schule für Dichtkunst«.

Die Innovation steckt in der Blockade

Eine erstaunlich große Zahl von Zuschriften zu meinem Buch hat mir gezeigt, dass Schreiben für viele Menschen eine immer wichtiger werdende Tätigkeit geworden ist; nicht nur im Beruf, sondern auch in der – immer länger werdenden – Freizeit, die sinnvoll gestaltet werden will.

Es kam ein weiteres Kapitel mit neuen Erkenntnissen über das kreative Geschehen und seine Störungen sowie Vorschlägen zu ihrer Behebung hinzu, resultierend aus der praktischen Arbeit in bislang mehr als 500 Seminaren und bei vielen Einzelberatungen wegen Schreib-Blockaden (zum Beispiel bei Dissertationen und Diplomarbeiten). Vor allem: Was als »Schreib-Blockade« so unangenehm, so frustrierend erlebt wird, enthält in Wahrheit das eigentlich Kreative: Die Innovation steckt in der Blockade!

Je genauer ich in den seitdem durchgeführten Seminaren hinschaute, umso klarer schälte sich heraus, dass es nicht nur eine einzige Blockade gibt (den berüchtigten *»writer's block«*), sondern dass es sich um eine ganze Reihe deutlich voneinander unterscheidbarer Störungen handelt. Darüber hinaus erwies sich, dass diese Störungen nicht auf den kreativen Prozess beim Schreiben beschränkt sind, sondern dass sie bei jeder Form von Kreativität auftreten können. So entstand das zusätzliche Kapitel am Schluss.

Dank

Bleibt mir noch, den vielen Lesern zu danken, die mir geschrieben und mit kritischen Anmerkungen geholfen haben, Fehler zu korrigieren. Die überwiegende Zahl der Zuschriften hat mir gezeigt, dass ich einen Bereich behandle, der für immer mehr Menschen von großer Bedeutung ist:

Schreiben *müssen* immer mehr Menschen im Beruf (haben aber wesentliche Aspekte davon in Schule und Ausbildung nie gelernt – siehe den sinnvollen Umgang mit Schreib-Blockaden).

Schreiben *wollen* immer mehr Menschen, weil sie spüren, dass sie auf diese Weise ihre Lebensgeschichte besser ordnen und den Sinn darin entdecken können.

Schreiben *sollten* schließlich immer mehr Menschen, weil es eine sinnvolle Gestaltungsmöglichkeit ihrer immer häufiger werdenden freien Stunden ist (Schreiben als Hobby oder gar als Einstieg in eine neue berufliche Karriere – oder eventuell sogar als Schriftsteller oder Journalist).

Dank gebührt schließlich auch den Teilnehmern der Seminare, die mich an ihren kreativen Prozessen teilnehmen ließen.

München, im Sommer 2002 Jürgen vom Scheidt

Zum Geleit: Die wichtigste aller Kulturtechniken

Für alle, die gerne mehr schreiben würden, weil sie ahnen oder aufgrund guter Erfahrungen längst wissen, dass im Schreiben sehr viel mehr steckt, als unsere oft schlechten Schulerfahrungen uns träumen lassen, nämlich ein gewaltiges Potenzial an Lebenshilfe und Lebenskunst, an Denk-Werkzeug und Mittel zur zwischenmenschlichen Verständigung.

Was ist das »Kreative« am Kreativen Schreiben, wie ich es in diesem Buch vorstelle?

Es ist der Aspekt der *kontinuierlichen Selbsterfahrung*. Diese ist etwas völlig anderes als die sterile »Selbstreflexion« und grübelnde Selbstbeobachtung, die viele Menschen in der Einsamkeit betreiben. Wirkliche Selbsterfahrung setzt die Reaktion anderer Menschen voraus. Deshalb messe ich dem Vorlesen von Texten eine große Rolle bei. In dieser »Rückmeldung« der Umwelt, wie man auch sagt, liegt der große Unterschied zur einsamen Schreiberfahrung, wie sie Ernest Pickworth Farrow in seinem »Bericht einer Selbstanalyse« vorgestellt hat und wie sie viele, auch und gerade arrivierte Schriftsteller pflegen, ja idealisieren und zur einzig wahren Schreib-Philosophie hochstilisieren.

Ich meine hingegen, dass das Verfassen von Texten den Schreibenden gerade aus seiner Einsamkeit erlösen sollte. Ich verkenne dabei nicht, dass wichtige Phasen des kreativen Prozesses allein durchgestanden werden müssen (zum Beispiel beim Überarbeiten von Rohtexten zur Druckreife), aber ebenso wichtig wie die »Kreativität allein« ist die »Kreativität in der Gruppe«. Doch davon später noch mehr.

Was würde geschehen, wenn über Nacht die Kunst des Schreibens verloren ginge? Wenn auf der ganzen Welt niemand mehr wüsste, wie man ein Protokoll oder eine simple Aktennotiz verfertigt, wie man einen Brief, ein Telegramm, ein Memorandum verfasst, geschweige denn einen Zeitungsartikel – oder ein ganzes Buch?

Keine Strafzettel mehr, keine Verträge, keine Schuldverschreibungen, keine Unterschrift mehr unter einen Scheck oder ein Gerichtsurteil …

Wer weiß, vielleicht ist dies gar keine so verrückte Idee aus der Welt der Science-Fiction, vielleicht basteln in irgendeinem obskuren Gen-Laboratorium die *mad scientists* längst an einem Virus, der gezielt bestimmte Areale in der linken Hirnhälfte von Menschen attackiert – und der damit in der Tat das Schreibvermögen zerstören könnte …

Jedenfalls gäbe es, wenn diese Virus-Attacke weltweit gelänge, sehr rasch keine Kultur im heutigen Sinne mehr. Die Zivilisation würde für geraume Zeit zerfallen wie nach einem alles vernichtenden Atomkrieg – nur vielleicht etwas weniger spektakulär. Nun, dies ist kein Science-Fiction-Roman. Worauf ich mit diesem – hoffentlich – absurden Beispiel hinweisen möchte ist die Tatsache, dass das Schreiben *die* Kulturtechnik schlechthin ist.

Feuer machen und aus Rohem das Gekochte herstellen, das ist vermutlich die erste kulturelle Leistung des Menschen gewesen, seine erste Kulturtechnik. Oder war vorher das Sprechen da und mit ihm erste Rudimente eines erweiterten und selbständigen Bewusstseins, entsprechend dem Beginn des Johannes-Evangeliums, in dem es heißt: »Im Anfang war das Wort …«?

Irgendwann später wurde von einem klugen Kopf erkannt, dass man schwere Gegenstände besser bewegen konnte, wenn man bearbeitete Baumstämme als Rollen darunter schob; nur wenige Jahrtausende später hat ein anderes Genie aus diesen Rollen dann das Rad erfunden. Etwa um diese Zeit müssen (wahrscheinlich aus Vorläufern der Höhlenmalerei) die ersten Schriftzeichen entwickelt worden sein. Die Historiker verlegen die Entstehung dieser Kulturtechnik, dieser geistigen, seelischen und sozialen Großtat, in das dritte vorchristliche Jahrtausend.

Schreiben heißt: Gesprochenes übermitteln an die Zeitgenossen und es bewahren für die Nachwelt. Ist es übertrieben zu sagen, dass mit Hilfe der Schrift dem primitiven Denken gewissermaßen »Rollen« und »Räder« untergelegt wurden? Die Beschleunigung der kulturellen Entwicklung überall auf der Welt, die aus der Einführung der Schriftsysteme resultierte, spricht sehr für diesen Vergleich.

Schreiben ist aber noch sehr viel mehr als nur Datenspeicher und Kommunikations-Instrument:

- Es ist zusätzlich noch Denk-Werkzeug; auch hierbei wird gewissermaßen aus »Rohem« (der Gedanken und Phantasien) das »Gekochte« (der klar strukturierten Konzepte) hergestellt;
- und es ist das ideale Medium für die Selbsterkenntnis, Meditation und Psychotherapie,
- von seiner Potenz als kreativem Gestaltungsmittel, wie es der Dichter und der Journalist einsetzen, einmal ganz abgesehen.

Welche Fülle von Möglichkeiten sind in dieser allumfassenden Kulturtechnik verborgen! Auch der schnellste Computer und das Internet, jene allerneueste Kulturtechnik, sind, ihren supermodernen Eigenschaften zum Trotz, nur Haufen teuren Schrotts, wenn niemand die einzelnen Schritte zu ihrer Bedienung und für ihre inneren Programm-Abläufe vorschreibt.

Übertreibe ich also, wenn ich das Schreiben als die wichtigste Kulturtechnik bezeichne? Ich denke nicht. Über das genaue Wie und Warum später noch mehr. Ein Beispiel soll jedoch schon an dieser Stelle zeigen, was im Schreiben tatsächlich steckt, weit über das Aneinanderreihen von Buchstaben und – mehr oder minder sinnvollen – Sätzen hinaus.

Zwei grundlegende Bedürfnisse – im Schreiben vereint

Ist nicht in uns allen ein tiefes Bedürfnis nach mehr Freiheit – und zugleich die scheinbar so gegenteilige Sehnsucht nach Aufgehobensein und Geborgenheit?

Wer Glück hatte, konnte beides als Kind erfahren, damals, als man sich vom Boden langsam erhob und das Laufen lernte, als man das Krabbeln aufgab und – buchstäblich – selbständig wurde, als »Hänschen klein ging allein in die weite Welt hinein …«

Damals waren Geborgensein in der Familie und Selbständigwerden noch eine Einheit (für den, der das Glück hatte, sie zu erfahren). Dann ging es den meisten Menschen vermutlich verloren, dieses doppelte Glück wurde aufgespalten in ein Entweder-oder:

- Entweder wurde das eine Bedürfnis nach Freiheit erfüllt, zum Beispiel in einem interessanten Beruf;
- oder man konzentrierte sich auf das ganz andere Bedürfnis nach Geborgenheit in der Symbiose einer Familie.

Erstaunlicherweise kann das Schreiben in der Gruppe in einem gewissen Sinn auch und gerade dem Erwachsenen diese beiden vielleicht größten Sehnsüchte zugleich befriedigen, obgleich diese sich doch auszuschließen scheinen: Ein kaum vorstellbares, oft unterschätztes Maß an seelischer und geistiger Freiheit wird möglich, wenn wir uns des schriftlichen Ausdrucks bedienen. Und die ganz andere Sehnsucht nach Geborgenheit wird gesättigt, wenn wir nicht einsam und allein am Schreibtisch hocken, sondern uns in der vertrauensvollen Atmosphäre einer Gruppe dem Strom der Einfälle überlassen.

Wenn »es von selber schreibt«, wenn uns der richtige Ausdruck, das passende Bild wie von selber einfallen, dann stimmt alles zusammen. Dann gelingt das Schreiben. Zu schön, um wahr zu sein? Nun, man muss es lernen. Man muss es üben, so zu schreiben, zusammen mit anderen. Aber es gelingt, mit ein wenig Geduld.

Zwei altbekannte Symbole verkörpern für mich auf ideale Weise diese Sehnsüchte; deshalb habe ich sie für dieses Buch als Leitbilder gewählt. Das geflügelte Pferd Pegasus steht für den Drang nach Freiheit, nach geistiger und seelischer Weite ohne Grenzen. Aber solche Grenzenlosigkeit ist auch gefährlich, macht Angst, ruft nach dem Gegengewicht der Beschränkung, besser noch: der Selbstbeschränkung. Diese finde ich, wieder auf ideale Weise, dargestellt im Motiv des kretischen Labyrinths. Gerade ohne in die Irre zu gehen, kann man sich im Schutz der Mauern des Labyrinths geborgen fühlen, kann man darüber hinaus in seinen übersichtlich konstruierten geschwungenen Gängen zum Innersten des eigenen Wesens vorstoßen.

Pegasus vor dem Eingang des Labyrinths: So stelle ich mir auch meine eigene Situation jetzt im Augenblick vor dem Einstieg in dieses Buch vor – eine Vorstellung, die Ihnen als Leser, als Leserin auch ein wenig helfen mag, den Zugang in das Thema »Schreiben« zu finden.

Für mich ist das Schreiben in vielen Jahren zu einer Art Wünschelrute geworden für die unterirdischen Wasseradern meines Unbewussten. Es bringt mich meinen Quellen näher und hilft mir, mein eigenes schöpferisches Potenzial und meine Selbstheilungskräfte besser zu nützen – und lässt mich dadurch auch anderen Menschen näher kommen, wenn ich dies möchte.

In diesem Buch spreche ich ein breites Spektrum von Möglichkeiten des Schreibens an. Dieses Spektrum reicht vom mythischen Ursprung der Schrift bis zum »Schreiben in der Gruppe«. Sie werden auch eine Fülle ganz praktischer Tipps und Tricks kennen lernen, dazu neue Methoden, Übungen und Themen, die sich direkt anwenden lassen.

Merkwürdigerweise wird das Schreiben trotz dieser vielfältigen Möglichkeiten immer noch gewaltig unterschätzt. Woher könnte das kommen?

Wissen – Erfahren – Gestalten

Ich glaube, dass die Ursache dafür seine Selbstverständlichkeit ist. Schreiben lernen wir in einem Alter, gleich zu Beginn unserer Schulzeit, in dem wir noch sehr unbewusst leben, noch ganz befangen in der Kindheit. Das Setzen der Buchstaben wird geübt und automatisiert und irgendwann beherrscht; nahezu reflexhaft setzen wir von da an die Buchstaben und Zahlen aufs Papier, überhaupt nicht mehr mit dem Vorgang des Schreibens selber und seinen Begleitumständen beschäftigt, sondern mit den Inhalten, die wir formulieren.

Nur wenn wir uns mal ver-schreiben, spüren wir etwas ganz anderes. Das heißt, wir könnten es spüren; stattdessen haben wir leider gelernt, Ver-schreiber nur als »Fehler« abzuwerten und rasch auszubessern (mehr über Fehler und die in ihnen verborgenen Chancen zur Selbsterkenntnis in Kap. 7).

Kaum jemand denkt darüber nach, kaum jemand hinterfragt einmal diese geistige Kraft, die da Gestalt annimmt beim Schreiben. Eigentlich ist das doch ein unglaublicher Vorgang: Ein Gedanke, ein vorher nur in meinem Kopf, also in meinem Bewusstsein existierendes Erinnerungsbild, fließt durch meinen Arm, meine Hand, meine Finger, meinen Stift auf das Papier – und Geist wird zu Materie!

In diesem Buch steht, von einigen Zitaten abgesehen, fast nichts, was ich nicht selbst ausprobiert oder selbst entwickelt habe. Es speist sich aus zwei Quellen:

- zum einen aus der äußeren Erfahrung, vor allem in vielen Schreib-Seminaren;
- zum anderen aus der inneren, aus der Selbst-Erfahrung.

Ich werde, vor diesem Hintergrund, so manche verzerrte oder falsche, aber lieb gewonnene Vorstellung vom Schreiben und von den Schreibenden infrage stellen. Ich denke, dies ist dringend notwendig. Ich verstehe Schreiben als einen vielseitigen Weg, der in drei Richtungen führt, die zugleich auch die drei Hauptteile des Buches darstellen:

- das Wissen von der verborgenen Macht des Schreibens,
- die Erfahrung des Schreibvorgangs selber und
- die Gestaltung von (aufgeschriebenen) Erfahrungen.

Schreiben als WEG der Selbsterfahrung, zu mehr Selbsterkenntnis und Selbstbewusstsein sowie als Instrument der Bewusstseinserweiterung. Schreiben auch als Form der Meditation, in der Erinnern und Veröffentlichen in sinnvoller Ergänzung einander ablösen, etwa im Wechsel von Niederschreiben und Vorlesen. Schreiben auch als enorm leistungsfähige Form der Psychotherapie. Schreiben als nicht zu verachtendes Kommunikationsmittel (als es noch kein Telefon gab, waren Briefe das Verständigungsmittel schlechthin). Und Schreiben nicht zuletzt als Denkhilfe und ideales Denk-Werkzeug. All dies zusammen ist für mich das »Kreative Schreiben«.

Ich muss nicht eigens betonen, dass Schreiben sich vom Erzählen ableitet, vom gemütlichen Palaver am Lagerfeuer, abends nach des Tages Mühsal. Das gemeinsame Schreiben in der Gruppe ist eine großartige Entdeckung, weil es der – buchstäblich – heilsame Rück-Schritt zur Urform der Verständigung unter Menschen ist.

Aufgebaut ist das Buch so, dass es von mehr theoretischen Aspekten (Kulturgeschichtliches, Psychologisches) fortschreitet zu den handfesteren praktischen Themen (Erfahrungsmöglichkeiten durch Schreiben, literarische Weitergestaltung von Texten).

Wer's lieber gleich »praktisch« hat, kann gerne auch am Schluss beginnen und den einen oder anderen der dort vorgeschlagenen Tipps ausprobieren (s. den andersfarbigen Werkdruck »Sieben mal sieben Tipps«).

Die Gedanken, die mir besonders wichtig sind, habe ich im nächsten Kapitel thesenartig zusammengefasst; dadurch wurde es zu einer Art »Speisekarte«. Was in diesen »14 Thesen« nur apodiktisch behauptet wird, nicht zuletzt, um zu provozieren, wird an anderer Stelle im Buch noch genauer erläutert.

Meine Grundlagen

Dieses Buch ist auch eine Art persönlicher Bilanz meines eigenen Schreibens – als 30. Buch im Verlauf von dreißig Jahren sogar so etwas wie ein Jubiläum.

Mein Handwerkszeug beim Verfassen dieser Gedanken ist nicht das der Philologie oder des Journalismus. Letzteren habe ich zwar, wie man so sagt, »von der Pike auf gelernt«, nämlich schon während des Psychologie-Studiums in der Redaktion einer medizinischen Zeitschrift, später auch bei einer Illustrierten, dann im Lektorat eines Buchverlags und durch langjährige freie Mitarbeit beim Rundfunk und bei Tageszeitungen. Aber noch mehr wurden meine Schreib-Erfahrungen von drei anderen Einflüssen geprägt:

- von der Psychologie, insbesondere von der Tiefenpsychologie und ihrer praktischen Anwendung, der Psychotherapie (die ich von »beiden Seiten der Couch« kenne – als Patient und als Therapeut);

- durch drei Jahrzehnte eigenen Schreibens, bei dem neben etlichen Büchern noch weit über tausend Erzählungen und Artikel und rund dreitausend eigene Traum-Texte entstanden sind;
- und vor allem durch die Erfahrungen im gemeinsamen Schreiben in den Seminaren, die ich seit 1979 durchführe und bei denen ich stets auch selber Texte schreibe.

Schreiberfahrungen vielfältigster Art haben mithin dieses Buch geformt. Entsprechend reicht sein Spektrum von der Kulturgeschichte über die Psychologie bis hin zu ganz praktisch-alltäglichen Aspekten: zum Beispiel, wie man es anstellt, eine Schreibstörung oder gar eine massive Blockade des kreativen Flusses abzubauen.

Wer's lieber erst einmal theoretisch hat, kann seine/ihre Neugier gleich im übernächsten Kapitel befriedigen, wo ich sämtliche Funktionen des Schreibens im seelischen wie auch im gesellschaftlichen Haushalt zusammengestellt habe. Ich musste selber staunen, als die Liste fertig war – und glaube nicht, dass sie schon vollständig die Kraft demonstriert, die im Schreiben steckt.

Auch wer keine Theorie mag, kommt voll zu seinem Recht. Ich habe mich bemüht, kein »Lehrbuch« für Profi-Schreiber und andere Fachleute zu schreiben (obgleich ich hoffe, dass auch diese noch manches Neue finden werden), sondern ein Sachbuch, das jedem etwas bietet, der mehr Freude am Schreiben erleben möchte.

Bleibt mir nur noch, denen Dank zu sagen, die bei der Entstehung des Manuskripts geholfen haben – vor allem meiner Frau Ruth für viele gute Ideen und Gespräche und für die so wichtige Entlastung in anderen Bereichen, meinem Sohn Jonas für seine lebendige Gegenwart als »Kreatives Kind«, Andrea Kunath für die Knochenarbeit des Abschreibens vieler Kapitel und Helmut Schmid für kritische Durchsicht des Textes und wertvolle Anregungen zu seiner Verbesserung in Form und Inhalt.

München, im Oktober 1988 — Jürgen vom Scheidt

Wissen

1 Vom Papyrus zum Computer

2 Aller Anfang ist …

3 Die achtzehn Funktionen des Schreibens

4 Jeder Zehnte ein Schriftsteller?

5 Das letzte Geschenk der Götter

6 Zählen und Er-Zählen

Erfahren

Gestalten

1 Vom Papyrus zum Computer

Vierzehn provozierende Thesen über das Handwerk des Schreibens

1. These
Wir sind fast alle »Analphabeten zweiten Grades«
Auf so manchem alten ägyptischen Papyrus wird von den Vorzügen des Schreibens geradezu geschwärmt. Und dennoch: Das schriftliche Formulieren ist die am meisten vernachlässigte Kulturtechnik. Zwar haben wir in der Schule gelernt, die Buchstaben richtig zu Papier zu bringen und Sätze zu formulieren – aber sich verständlich auszudrücken, konzentriert auf das Wesentliche, ist anscheinend nur wenigen gegeben. Das muss nicht so bleiben. Schriftliches Formulieren lässt sich lernen und üben, auch ohne schulischen Drill. Schreiben wird so zum idealen Arbeitsinstrument und Denk-Werkzeug.

2. These
Schreiben ist das kreativste gestalterische Medium
Zum einen erlaubt Schreiben einen unmittelbaren Zugriff auf das schöpferische Potenzial des Unbewussten (z. B. in Form von Phantasien und Träumen), ohne dass dazu besondere Fähigkeiten erforderlich sind, wie etwa beim Malen und Musizieren. Durch die unbegrenzten Möglichkeiten der Speicherung, Bearbeitung und Kommunikation sind Texte darüber hinaus beliebig weiter zu gestalten.

Und drittens lässt sich das, was zum Beispiel beim Aufschreiben persönlicher Inhalte gelernt wurde (Briefe, Tagebuch, Belletristisches), unmittelbar in die berufliche Gestaltung von Texten am Arbeitsplatz transferieren.

3. These
Die Welt ist Text
– und nicht, wie viele meinen, Mathematik. Wir erleben Geschehnisse, welche wir erst *hinterher* mit Hilfe seelisch-geistiger Strukturen (z. B. Formeln) ordnen. Wenn aber die Welt »Text« ist, dann ist Schreiben die ideale Methode, diese Welt für sich – und für andere – zu ordnen.

4. These
Ohne Schreiben keine Computer
Der Computer wird mit Recht als das wichtigste neue Kulturgerät bezeichnet. Was in diesem Zusammenhang gern übersehen wird: Ohne die Fähigkeit des Schreibens ist auch der schnellste Computer nur ein Haufen Schrott.

5. These
Das Persönliche ist stets das Wesentliche
Aus unserer Privatsphäre kommen nicht nur unsere wesentlichen und originellen Einfälle – sie lässt sich erfahrungsgemäß auch nur schwer unterdrücken. Wenn uns dies dennoch gelingt, wird der kreative Prozess oft nachhaltig gestört, bis hin zur Schreib-Blockade *(»writer's block«)*.

Weshalb also nicht dem Persönlichen einen klar definierten Platz im Arbeitsprozess zuweisen – zumindest beim Schreiben?

6. These
Blockaden lassen sich auch ohne Alkohol beheben
Störungen des kreativen Prozesses beim Schreiben werden traditionellerweise mit einem Glas Wein oder Bier »behoben«. Es gibt dafür aber weitaus wirksamere und vor allem weniger schädliche Methoden (s. hierzu auch das 16. Kap. »Sieben mal sieben Tipps und Tricks« und das 19. Kap. »Strudel im Fluss der Kreativität«).

7. These
Das Schreiben ist viel zu kostbar, um es nur den Profis zu überlassen
Weil uns die Schule den Spaß am Schreiben so erfolgreich ausgetrieben hat, überlassen wir dieses viel versprechende Werkzeug

gern den Journalisten, Schriftstellern, Werbetextern und Dichtern. In Wahrheit kann jedoch jeder, der zu erzählen vermag, auch schreiben; das lässt sich mit Hilfe des einfachsten Kassettenrecorders und gesprochener Texte demonstrieren.

8. These
Am einfachsten geht es – ganz kompliziert
Wie das Denken spielt sich auch das Niederschreiben von Gedanken und Gedankenketten (Texte) stets auf mehreren Ebenen gleichzeitig ab. Die vier wichtigsten sind:

1. Der geplante Text.
2. Ergänzungen zum geplanten Text.
3. Einfälle für andere Texte.
4. Privates.

Um diese Komplexität in den Griff zu bekommen und damit das Schreiben gleichzeitig wesentlich zu vereinfachen, wurde eine spezielle Technik entwickelt: die »Vier-Spalten-Methode«.

9. These
Zu mehreren geht es besser als nur allein
Der Ursprung des Schreibens liegt im Erzählen – ist also ein Gruppengeschehen. Auch die Anfänge unseres eigenen Schreibens fanden in einer Gruppe statt: in der Schulklasse. Das »einsame« Schreiben, das viele für normal halten, ist also eine ausgesprochen unnatürliche Angelegenheit. Eine »Schreib-Werkstatt« kann den Zugang zu verschütteten kreativen Fähigkeiten wieder eröffnen, etwa durch »Ent-schleunigung« der Gedankenabläufe und ihrer Niederschrift.

10. These
Jeder Mensch ist eine kleine Gesellschaft
Schon die Alltagserfahrung zeigt, dass wir verschiedene, sehr autonome Teil-Persönlichkeiten in uns haben. Im Schreiben können sich diese Inneren Gestalten zeigen, sich äußern (»Innerer Dialog eines lebensmüden Ägypters«, S. 59) und integriert werden.

11. These

Das Kreative ist zugleich das Heilende

Gelingt es, den schöpferischen Prozess in Gang zu halten – und auch dies lässt sich lernen –, dann entdeckt man über kurz oder lang, dass im Schreiben auch ein enormes therapeutisches Potenzial verborgen ist. Es wird zugänglich in der schreibenden Selbsterfahrung (Tagebuch, Brief) und in der »Schreib-Meditation«. Fernziel solchen bewussten Schreibens im Rahmen der Persönlichkeitsentwicklung: Abgespaltene Persönlichkeitsanteile werden sichtbar und können allmählich integriert werden:

»Wer sich schreibend verändert, ist ein Schriftsteller« (Martin Walser).

12. These

Der kreative Prozess ist stets gefährdet

Die Fülle der Ablenkungen im beruflichen Alltag von außen (Telefon!) wie von innen (z. B. private Sorgen) stören unaufhörlich den Fluss der Formulierungen. Wenn man sich nicht dagegen sträubt, sondern diese »Störungen« in den schöpferischen Ablauf mit einbezieht, wird das Störende zur Anregung.

13. These

Der ganze Körper schreibt

Außer Hirn und Hand brauchen wir noch gutes Sitzfleisch, einen Rücken, der die Schreiberei aushält, guten Bodenkontakt mit den Füßen. Und Zentrierung im »Bauch«, samt guter Atemtechnik, ist auch kein Schaden. Schreib-Training sollte auch diese Tatsachen einbeziehen.

14. These

CoKS ist eine feine Sache

Nichts gegen Computer – das »Computergestützte Kreative Schreiben (CoKS)« ist die ideale Ergänzung des Schreibens mit der Hand.

Horror vacui

Das Blatt Papier schweigt
weiß und leer
– wie viele Wüsten
kann ich füllen
wie das Meer
an dessen Küsten
sich das Strand
gut sammelt
– meine Bilder
die nur aufzuheben
ich mich bücken müsste

Und schon verweht
der Schrecken angesichts
der großen leeren Fläche
– in mir fühl ich
Fülle wachsen
langsam
still

2 Aller Anfang ist …

»Wachse und gedeihe!«
Alter Segenswunsch

Mein Buch handelt vor allem davon, dass Schreiben Freude machen kann – und nicht nur Mühe, ja Qualen, wie viele Leute es erleben. Und es handelt von den Wegen, wie man dieses freudvolle, lustvolle Schreiben lernen kann. Also müsste ich eigentlich mit der Umkehr eines altvertrauten Satzes beginnen:

Aller Anfang ist leicht.

Mir, der ich diese Worte schreibe, ist aber überhaupt nicht nach Leichtigkeit. Der (Papier-)Berg, der sich vor mir auftürmt und den ich in den kommenden Wochen bewältigen muss, ragt kaum bezwingbar vor mir auf. Am liebsten würde ich krank werden und mich ins Bett verkriechen. Nein, noch besser: spazieren gehen, denn draußen ist ein wunderbar linder Föhntag, ein 5. Januar 1988 mit einem Mailüfterl, wie ich es noch nie erlebt habe, ein unmöglicher Wintertag ohne Schnee, frühlingshaft heiter bei zwölf Grad im Schatten, ein Tag, den es zu erkunden und zu erleben gilt; mit einer Stimmung, die mich dazu verführt, alles andere zu tun, nur das eine nicht: in meiner Stube zu hocken und dieses Buch zu schreiben!

Ist das Unternehmen »Freudvolles Schreiben« also schon jetzt gescheitert, ehe es beginnt? Sie, lieber Leser, halten das fertige Buch in Händen und wissen: Das Unternehmen ist gelungen. Wenn wir nur tauschen könnten, Sie und ich, jetzt im Augenblick! Denn das Gefühl, das mich gerade ausfüllt, das von tief unten aus der Magengrube hochquillt, mir Brust und Hals versperrt, sodass ich kaum mehr schnaufen kann – es ist die schiere Panik. Wie kann ein Mensch so verrückt sein, ein Manuskript von mehr als 200 Seiten verfassen zu wollen, jede Seite mit dreißig Zeilen zu je sechzig

Anschlägen! War ich wahnsinnig, als ich mich zwei Jahre zuvor mit der Unterschrift zum Vertrag zu dieser Leistung verpflichtete, die ich nun erbringen muss?

Wohin ist meine Begeisterung über das Thema geschwunden, die mich so anspornte, als ich das Exposé schrieb, den ersten Entwurf für ein Inhaltsverzeichnis erstellte und die Hängemappen meines Archivs mit all den Einfällen speiste, die in den verflossenen Monaten so leicht sprudelten? Aber sie sprudelten eben nur so lange, wie es nicht »ernst« war und das richtige Manuskript getippt werden musste.

Warum habe ich jetzt Angst vor dem »leeren weißen Blatt« (das bei mir, um genau zu sein, zunächst einmal ein leerer weißer Bildschirm ist), dieselbe Angst, über die so viele jammern, die beruflich schreiben? –

Blockaden lassen sich abbauen

So, nun ist mir wohler. Ich habe meine Missstimmung und meinen Frust aufgeschrieben. Und jetzt kann's losgehen. Spielregel Nr. 1 beim Auftreten einer Schreibblockade wurde befolgt:

»Egal, worüber du eigentlich schreiben sollst – wenn's nicht geht, dann schreib über das, was dich blockiert, beschreibe möglichst genau den Zustand, in dem du dich *jetzt gerade* befindest. Nicht sinnlos gegen den Widerstand anrennen, den du gegen das Schreiben verspürst. Stattdessen den Widerstand selber beobachten und notieren.« Steht der Anfang erst einmal, und zwar irgendein Anfang, ist man erst irgendwie in den Text hineingekommen und tröpfeln oder fließen sogar die Einfälle, dann kann man ja später, beim Überarbeiten des Rohtextes, das Gejammere über »Aller Anfang ist schwer« wieder herausstreichen.

Dass ich das Wehklagen über meine Angst vor dem Anfangen dennoch stehen lasse, hat zwei Gründe. Zum einen sollen Sie ruhig mitbekommen, dass sich das alles gar nicht so leicht dahinschreibt. Zum anderen aber ist in diesem persönlich gehaltenen Anfang eine wichtige Botschaft enthalten, eine der zentralen Thesen meines Buches: dass man nämlich Schreiben lernen kann und dass man das größte Hindernis auf dem Weg dorthin, nämlich die

Schreib-Blockaden, beheben kann; und dass dies nicht einmal so schwer ist.

(Es gibt auch Ausnahmen, bei denen sich kaum mehr etwas machen lässt: zum Beispiel dann, wenn man den geforderten Text absolut nicht schreiben mag, weil man nicht – mehr – dazu stehen kann. Aber diese Ausnahmen sind nach meinen Erfahrungen eher selten.)

Mein Problem war lediglich, die eigenen Ratschläge, die ich in meinen Seminaren den anderen Teilnehmern erteile, selber zu befolgen. Aber wenn es heißt, dass der Prophet nichts gelte im eigenen Lande, so trifft wahrscheinlich noch weit mehr zu, dass gute Ratschläge für jeden gelten – bloß nicht für einen selber.

Zum Glück habe ich vor einigen Jahren gelernt, was jeder Schriftsteller irgendwann lernen sollte: nämlich mich aufzuspalten in meine verschiedenen Teil-Persönlichkeiten (mehr darüber in den Kapiteln 8, 9 und 10). Die meisten machen dies, so vermute ich, sehr unbewusst. Ich setze den Prozess der Aufspaltung, wenn es sich als nötig erweist, ganz bewusst ein.

Auch dies ist eine der zentralen Thesen meines Buches: dass man lernen kann, die verschiedenen Gestalten, aus denen sich die Persönlichkeit zusammensetzt, beim Schreiben gezielt zu aktivieren und einzusetzen.

In meinem Fall, hier und jetzt: Der in vielen Seminaren erprobte »Seminarleiter« muss herbeizitiert werden und dem in Panik geratenen »Schriftsteller« helfen, aus seinem akuten Angstzustand herauszufinden und die schon erwähnte Grundregel kreativen Schreibens zu befolgen: Beschreibe die Störung, die dich von deiner Arbeit abhält. Diese Grundregel könnte aber auch heißen:

Jeder Anfang ist richtig.

Macht es Ihnen Spaß, weiterzulesen? Sind Sie neugierig? Oder leiden Sie im Augenblick vielleicht unter dem Gegenstück zur Angst des Schreibers »vor dem leeren weißen Blatt«, nämlich der Angst des Lesers vor dem dicken, mit unzähligen schwarzen Lettern voll geschriebenen weißen Buch? Ich will Ihnen eine Brücke bauen. Sie könnten doch ein Blatt Papier zur Hand nehmen und sich ein paar der Gedanken aufschreiben, die Ihnen gekommen sind, während Sie den Anfang meines Buches lasen!

Wahrscheinlich kommen Ihnen noch einige zusätzliche, eigene Einfälle, die Sie ebenfalls notieren können; vielleicht Zustimmung; vielleicht auch Widerspruch. Vielleicht stört es Sie, dass ich diesen Text so persönlich beginne, meine private Mühsal vor Ihnen ausbreite? Vielleicht ärgert es Sie, dass ich mich auf diese Weise in Ihr Leben dränge und Sie so direkt anspreche und zu aktivieren versuche?

Vielleicht freut Sie das aber auch, dass der Autor vom hohen (Musen-)Ross herabsteigt und Sie einbezieht in seinen Arbeitsprozess?

Und so wäre es mir am liebsten: wenn Sie in der Praxis ausprobierten, was ich Ihnen in den kommenden Kapiteln an Erfahrungen, Tipps und Tricks anbieten werde. Ich glaube, dass Sie auf diese Weise erste Schritte tun können, um selbst zu entdecken, welche unglaubliche Fülle an Möglichkeiten im Schreiben steckt – Möglichkeiten, die weitgehend brachliegen, so brach, dass ich sicher nicht übertreibe, wenn ich behaupte: Im Grunde sind wir fast alle »Analphabeten«, wenn auch solche »zweiten Grades«.

Doch davon gleich noch mehr, in Kapitel 4.

Den persönlichen Einstieg finden

Ein Grundkonzept meiner Arbeit ist es, wegzukommen von dem unpersönlichen Aufsatzstil, wie er in den Schulen gelernt wird, und hinzuführen zum persönlichen Erzählen. So etwas wie eine »objektiv-sachliche« Darstellung eines Sachverhalts gibt es überhaupt nicht. Dies ist sogar ein zentraler Lehrsatz der modernen Naturwissenschaften, wie er sich etwa in der These des Wissenschaftstheoretikers Rudolf Carnap niederschlägt, dass man eine Beobachtung oder eine Hypothese weder bestätigen (verifizieren) noch widerlegen (falsifizieren) kann. Was sich feststellen lässt, in immer wieder neuen Annäherungsversuchen, ist lediglich die »Bewährbarkeit« einer solchen Behauptung. Ein Beispiel:

Bis zu den ersten Flügen künstlicher Satelliten auf Erdumlaufbahnen war es, genau genommen, ebenso richtig zu behaupten, wir leben auf der Oberfläche der Erdkugel, wie – im Gegenteil – die These der Anhänger der »Hohlwelt-Theorie« richtig war, dass wir auf der Innenseite dieser Weltkugel leben und die Sonne im Mittelpunkt schwebt. Seit Sputnik stimmt das nicht mehr – er wäre sonst sofort abgestürzt, statt die Erde immer weiter zu umkreisen.

Das kopernikanische Weltmodell wurde also bestätigt.

Auf das Schreiben von Texten übertragen: Es hat sich seit langer Zeit eingebürgert, dass Wissenschaftler in ihren Arbeiten nicht »ich« sagen, sondern »man« oder »wir« (nämlich »wir, die Gemeinde der Wissenschaftler«). Das mag angehen, wenn in einem Artikel einer physikalischen Fachzeitschrift eine Reihe von Formeln garniert wird mit ein paar beschreibenden Hinweisen (obgleich auch dies, genau genommen, stets nur im Sinne der »Bewährbarkeit« gilt). Aber bei psychologischen, soziologischen oder historischen Themen, nicht zuletzt aber auch bei vielen medizinischen Themen ist dieses »wir« genau genommen nicht mehr zulässig. Machen Sie einmal das einfache Experiment und »übersetzen« Sie eine Behauptung von Sigmund Freud, Karl Marx oder dem Bundeskanzler vom »Wir-Stil« in den »Ich-Stil« – Sie werden staunen, wie da plötzlich die Tünche der Gelehrsamkeit abfällt und – oft recht banale – persönliche Ansichten oder gar nur Vorurteile zum Vorschein kommen.

In der Medizin trifft dies, zum Beispiel, für alle Tierexperimente zu. In der Politik, um nur ein aktuelles Beispiel zu nennen, auf vieles, was mit Auf- und Abrüstung zu tun hat. In meinem eigenen Fach, der Psychologie, wird so ziemlich alles frag-würdig, im wahrsten Sinne des Wortes:

Träume sind »die (verkleidete) Erfüllung eines (unterdrückten, verdrängten) Wunsches« – so zieht Freud in seinem Hauptwerk, der »Traumdeutung«, im Jahr 1900 den Schluss aus seinen praktischen und theoretischen Traumstudien. Aber genau genommen müsste dieser Satz so heißen:

»Nach meiner, Freuds, Ansicht sind Träume die (verkleidete) Erfüllung eines (unterdrückten, verdrängten) Wunsches.« Freud mag Recht haben mit seiner Behauptung – aber mit einer so apodiktischen Formulierung, wie in der ersten Version, lässt sich viel schwerer argumentieren als mit der weit klareren Ich-Aussage.

Übertragen auf die Texte, die Sie und ich schreiben, bedeutet dies: Riskieren Sie den »persönlichen Einstieg« in ein Thema, auch wenn es Ihnen zunächst ungewohnt erscheinen mag, »ich« zu sagen. Der Gewinn ist jedoch gewaltig. Sie sind zuerst einmal bei sich selber – und dann erst »bei der Sache«, um die es geht. Nur so werden Sie in vielen Fällen bemerken, dass persönliche Probleme in Ihnen arbeiten, die jede »objektiv-sachliche« Behandlung erschweren oder sogar unmöglich machen. Hätte ich mir, als ich dieses Buch zu schreiben beginnen wollte, nicht eingestanden, dass ich überhaupt keine Lust dazu hatte, sondern viel lieber im schönen Frühlingssonnenschein durch den Englischen Garten spaziert wäre – dann hätte sich die Unlust wahrscheinlich zu einer massiven Schreib-Hemmung gesteigert. Ich kenne die inneren Mechanismen gut, die sich dann entwickeln. Mein »Inneres Kind« ist sehr stark … Stattdessen ließ ich mein Inneres Kind mit seiner sehr verständlichen Unlust zu Wort kommen, bezog es auf diese Weise in meine Arbeit mit ein – und konnte den Einstieg ins Buch finden.

Dieses Verfahren, bei dem persönliche »störende« Gedanken ebenso beachtet werden wie die geforderten sachlichen, nenne ich die »Vier-Spalten-Methode« (s. S. 169). Sie ist speziell für Arbeit und Beruf sehr gut geeignet. Nicht nur, dass man über das Persönliche leichter Zugang zum Sachlichen findet – für mindestens so wichtig halte ich es, dass gerade aus der persönlichen Sphäre jene Anregungen, Einfälle und bildhaften Vergleiche kommen, die auch einen sachlichen Text erst interessant machen. Ob Sie diesen »persönlichen Einstieg« bei der Überarbeitung des Rohtextes beibehalten, abändern oder wieder herausstreichen, ist dann Ihnen überlassen. Aber zunächst sollten Sie ihn riskieren.

War es nicht Goethe, der einmal schrieb, das Persönlichste sei stets auch das Allgemeinste?

Aufspaltung in Innere Gestalten

Im Jahr 1960 wurde in der Bundesrepublik Deutschland die unvorstellbare Zahl von 22 524 verschiedenen Büchern verlegt. 1982 waren es fast dreimal (61 332), 2001 waren es schon fast viermal so viel (86 000). Und auf der Frankfurter Buchmesse dieses Jahres werden es kaum weniger sein – aus aller Herren Länder mehr als 300 000 Titel.

Man könnte angesichts solcher Zahlen die Horror-Vision bekommen, dass irgendwann jeder Mensch, der meint, eine originelle Idee zu haben oder etwas Außergewöhnliches mitteilen zu müssen, darüber ein Buch schreiben wird. (Die Zahl der Artikel und Erzählungen wage ich ob ihrer astronomischen Dimensionen nicht einmal zu vermuten …)

Aber warum eigentlich nicht? Diese Bücher müssen ja keineswegs in den Buchhandlungen ausliegen, und wenn ja, dann vielleicht nur in ganz bestimmten Läden, spezialisiert auf solche Literatur. Oder auf einer Archiv-Website im Internet. Die Selbsterfahrungstexte, von denen in diesem Buch die Rede sein wird, könnten so etwas wie das Zeugnis der zunehmenden Selbstbefreiung des modernen Menschen werden, die sich hier und heute beobachten lässt. Vieles davon, wenn nicht das meiste, wird im Selbstverlag erscheinen und nur an einen sehr kleinen Leserkreis verteilt werden (ähnlich wie vor 1990 der Samisdat im Ostblock, nur unter ganz anderen Vorzeichen und Umständen – der Samisdat dient vielleicht mehr der gesellschaftlichen Befreiung als der persönlichen). Noch mehr dieser Texte werden wahrscheinlich überhaupt nie gedruckt erscheinen, sondern nur vorgelesen werden.

Wir haben heute ja schon einen gespaltenen Buchmarkt: einen, der die Massenliteratur und die Bestseller produziert und verteilt. Und dann den anderen, mit seinen »Mini-Pressen« und den mit ihnen sympathisierenden Buchläden, der »alles Übrige« zwischen zwei Buchdeckel presst, manchmal sogar einen Bestseller produziert (ich denke da an gewisse Gedichtbändchen) und eine eigene Gegen-Buchmesse abhält. Geldverdienen ist in dieser zweiten Buchwelt oft eher schon Nebensache. Worauf ich jedoch ziele, das ist eine dritte Textwelt, die noch viel bescheidener auftritt; man könnte sie die »Mikro-Pressen« nennen. Ein Beispiel: die selbst getippten und oft nur in wenigen Dutzend Auflage selbst kopierten oder im Klein-Offset hergestellten Anthologien mit Geschichten, die in Schreib-Werkstätten entstanden sind. Von Geldverdienen ist da nun gar keine Rede mehr. Wer, von einer »höheren« professionellen Warte aus, die Stirne über derlei Produkte runzelt, und zwar meist, ohne sie zu kennen, sei gewarnt. Dort entstehen (nicht immer, aber erstaunlich oft) Texte, die zusätzlich zu ihrer Frische und Authentizität noch den üblichen ästhetischen Ansprüchen genügen, mit denen sich so manche hoch gelobte Literatur leider viel zu häufig ausschließlich begnügt.

> Die Schrift-
> stellerei
> ist, je nach-
> dem man sie
> treibt, eine
> Infamie, eine
> Ausschweifung,
> eine Tag-
> löhnerei, ein
> Handwerk, eine
> Kunst, eine
> Tugend …
>
> Friedrich von Schlegel (1822)

Mit dem vollen Bewusstsein dieser komplizierten, buchüberladenen Situation veröffentliche ich nun selbst ein weiteres Buch … Warum?

Warum wird so viel geschrieben? Warum schreibe ich dieses Buch über das Schreiben? Für mich kann ich diese Frage gerne beantworten. Ich wollte mir endlich einmal klar werden über Sinn und Zweck (und Hindernisse) meines eigenen Schreibens. Außerdem bin ich selber der Meinung, »eine originelle Idee zu haben oder Außergewöhnliches mitteilen zu müssen« – zum Beispiel das Konzept des »Inneren Schreibers«. In ihm vermute ich die Quelle aller Inspirationen und Kreativität, die einem beim Schreiben zu gänglich wird (Details in Kap. 8). Dieses Buch entstand nicht zuletzt auch deshalb, weil ich diesem Inneren Schreiber in mir selber näher kommen, ihn besser kennen lernen wollte. Und vor allem deshalb: weil ich besser verstehen wollte, warum er oft gerade *nicht* dann oder nicht das will, was ich tun möchte (zum Beispiel schreiben). Dieses Buch ist also auch so etwas wie die Zwiesprache zwischen mir und meinen Inneren Gestalten – von denen der »Schreiber« ja nur eine unter vielen ist.

3 Die achtzehn Funktionen des Schreibens

Wir sind gewöhnt, dem Schreiben eine einzige Aufgabe zuzuordnen, nämlich irgendwelche Inhalte »aus dem Kopf« auf das Papier zu befördern, so korrekt wie möglich. Bei genauerem Hinsehen entpuppt sich dies jedoch als gewaltige Unterschätzung: Nicht weniger als achtzehn verschiedene Aufgaben kann das Schreiben erfüllen, je nachdem, wofür man es einsetzt.

Alle haben wir in der Schule das Schreiben gelernt. Wohl den meisten von uns ist es dort auch gründlich vergällt worden; denn in der Schule wird das Schreiben sehr einseitig benützt – um nicht zu sagen: missbraucht. Während beim Zeichen- und Musikunterricht das Zeichnen und das Musizieren als gestalterisches Medium im Mittelpunkt stehen, dreht sich dort, wo geschrieben wird, der Unterricht keineswegs um das Schreiben und seine Ausdrucksmöglichkeiten, vom öden Schönschreib- und Rechtschreib-Drill einmal abgesehen.

Vielmehr wird das Schreiben benützt, um die deutsche Sprache mit ihren überlieferten Formen und Inhalten zu lehren, genauer: um das nachzuahmen, was andere Leute als »korrektes Deutsch« vorgegeben haben. Was man selbst zu sagen hätte, interessiert höchst selten. Es gibt zwar immer wieder Lehrer und Lehrerinnen, die das vorgegebene Korsett des Lehrplans durchbrechen; aber das Curriculum, also das allgemeine Programm, ist in der Regel am Individuum und *seinen* Inhalten und Formen überhaupt nicht interessiert, sondern nur an dem von früheren Generationen vorgekauten Stoff und seiner Vermittlung.

Das mag eine gewisse Berechtigung haben – doch es ist für die Schüler ungeheuer frustrierend. So wird das Schreiben von Anfang an reduziert auf eine einzige seiner vielfältigen Funktionen, nämlich auf das Festhalten und das Weitergeben (über Raum und Zeit) von Informationen, die noch dazu möglichst sachlich-abstrakt sein sollen. Ich möchte dies bezeichnen als die *Computer-Funktion* des Schreibens – denn genau dies kann und macht ein einigermaßen weit entwickelter Computer fast auch schon. Ich schätze diese grundlegende Funktion der Schreib-Technik keineswegs gering, die ja über das bloße Beherrschen des korrekten Setzens der Buchstaben und Worte des Erstklässlers schon weit hinausgeht. Aber diese Technik ist noch weit unterhalb des Niveaus dessen, was mit der vielseitigen Schreibkunst sonst noch möglich ist.

Kein Wunder, dass den Kindern bald die anfängliche Lust am Schreiben und am schriftlichen Formulieren vergeht. Manche entdecken diese Fertigkeit und Kunst später in der Pubertät dann wieder, nun freilich aufgrund einer ganz anderen Funktion: nämlich der der Entlastung, und zwar der *Entlastung von seelischem Druck*.

Schon der Volksmund weiß zu berichten, dass man sich etwas »von der Seele schreibt«. Dies geht, weil der Schreibende, durch das Hinausverlagern geistiger und seelischer Inhalte aus seiner Innenwelt in die Außenwelt des Papiers, sich aufzuspalten vermag in (mindestens) zwei Teil-Persönlichkeiten (s. auch Kap. 9 und 10):

1. eine Person, die erlebt, oft mit sehr intensiven Gefühlen, und zwar auch schon während des Schreibvorgangs;
2. eine andere Person, die das Erlebte und Erinnerte in Worte fasst.

Emotionale Distanz, infolge einer solchen Aufspaltung, kann also eigenartiger- und bemerkenswerterweise große emotionale Nähe erzeugen – beim Schreiben jedenfalls! Hier sind zwei weitere Funktionen des Schreibens beteiligt, die ich bezeichne als *Spaltung* und als *Emotionalisierung*.

Eine vierte Funktion wäre die *Distanzierung*.

Weiterhin ist eine wichtige Möglichkeit, dass vorher nicht miteinander zu vereinbarende gegensätzliche und dadurch konfliktstiftende Inhalte (z. B. Polaritäten wie »männlich« und »weiblich«) zusammenwachsen und integriert werden können. Diese *Integrations*-Funktion ist von unschätzbarem Wert. Der Tagebuch-Schreiber macht sie sich auf einer einfachen Ebene zunutze, der sich seines Lebens erinnernde Autobiograph bedient sich ihrer entsprechend intensiver. Die literarische Grundform »Gedicht« zeigt (schon in dieser Bezeichnung), dass Schreiben auch *Verdichtung* heißt. Vor allem, wenn wir uns entsprechend langsam und meditativ dem kreativen Prozess überlassen, kann die *spirituelle* Funktion des Schreibens zum Tragen kommen, nämlich dann, wenn die tiefsten Schichten des (archetypischen) Unbewussten sich gewissermaßen die in Schrift und Sprache immanenten geistigen Strukturen zunutze machen. Dies wird sichtbar in entsprechenden Symbolen, Vergleichen, Metaphern und Bildern, die Sinn stiften und Zusammenhänge herstellen können, wo zuvor vielleicht nur Verwirrung und Chaos waren. Ich möchte dies als eine Steigerung der *integrativen* Funktion betrachten, nämlich zur *sinnstiftenden* Funktion.

Vor allem wenn es gelingt, jene Haltung des Loslassens zu erreichen, wo »es« gewissermaßen »von alleine schreibt« und man zunächst sogar vergisst, was man da eigentlich kurz zuvor produziert hat, erhalten die kreativen Potenzen des Unbewussten eine Chance, sich zu melden und zu manifestieren – beispielsweise durch ein Verschreiben.

Vielleicht gibt es noch andere Funktionen? Mehr kann ich zurzeit nicht sehen. Ich will sie hier noch einmal nennen:

Hier können Sie ankreuzen, was Ihnen vertraut ist:
- ☐ *Computer* (bloßes Aufnehmen, auf vergleichsweise niedrigem Niveau, Verarbeiten und Verdichten, dann Speichern und Weitergeben von Informationen),
- ☐ *Entlastung* (von innerem Druck),
- ☐ *Spaltung* (in Teil-Persönlichkeiten),
- ☐ *Emotionalisierung* (Anreichern mit Gefühlserinnerungen),
- ☐ *Distanzierung* (z. B. von allzu bedrohlichen Gefühlen),
- ☐ *Integration* (vorher unvereinbarer Gegensätze),
- ☐ *Verdichtung*,
- ☐ *Spirituelle* Funktion (Vergeistigung),
- ☐ *Sinnstiftung*,
- ☐ *Verschreiben* (direkte Äußerung des Unbewussten).

Je nachdem, mit welchem Ziel man schreibt, werden die einen oder anderen dieser zehn Funktionen stärker zum Vorschein kommen. Das wird

- in einer (Schreib-)Psychotherapie anders aussehen, wo Integration, Entlastung und Vergeistigung im Mittelpunkt stehen werden, aber auch die Spaltung und die Emotionalisierung eine tragende Rolle spielen, als
- in einer Selbsterfahrungsgruppe;
- oder in der Meditation (bei dieser dürfte es vor allem um Integration, Spiritualisierung und Sinnstiftung gehen);
- wieder anders sieht es beim kreativen Prozess des Berufsautors und des Journalisten aus oder beim Tagebuch- und beim Briefe-Schreiber.

Jetzt, wo ich diese Aufzählung abgeschlossen meinte, meldet sich mein Gedächtnis und weist mich darauf hin, dass ich zwei wichtige Funktionen vergessen habe:

☐ das *Erinnern* (schreibend kann ich wie mit einem Fahrstuhl oder einer Zeitmaschine in die eigene Vergangenheit vordringen und sie mir – wieder – zu Eigen machen, ein zentrales Anliegen jeder Therapie!).

☐ *Materialisierung* (nämlich das Verwandeln von geistigen, also zunächst »unfasslichen« Zusammenhängen und Inhalten in buchstäblich mit den Händen »begreifbare« feste Formen, eben die niedergeschriebenen Worte, Sätze, Passagen).

Zu letzterer Funktion möchte ich auch meine Bemühungen rechnen, immer wieder bewusst den ganzen Körper in den Vorgang des Schreibens einzubeziehen. Die große Sanduhr auf meinem Schreibtisch (die 55 Minuten lang rinnt) mahnt mich jetzt zum Beispiel, dass mein Schreib-Pensum, das ich mir vorgenommen hatte, abgelaufen ist. Ich bemerke, dass meine Oberarme, mein Nacken und meine Schultern müde und verspannt sind und mir deutlich mitteilen, dass die Muskulatur ausruhen möchte. Ich werde also die Maschine abschalten und mich entspannen und erden, indem ich mich eine Weile auf den Rücken lege und die Augen schließe …

In der Pause wurden mir weitere Funktionen bewusst, die ich ergänzen möchte:

13. *Verinnerlichen* (Voraussetzung für jedes Erinnern und überhaupt Fundament jeder Selbsterfahrung);
14. *Loslassen* (auch dies eine Grundfunktion, so wie die folgende:)
15. *Langsamer werden* (Details s. Kap. 7);
16. *Zentrieren* (nämlich als Lenken der Aufmerksamkeit auf die eigene Mitte);
17. *Strukturieren* (im Sinne des Entdeckens neuer psychischer und geistiger Ordnungselemente);
18. *Konzentration* (wie bei der Verwendung jedes kreativen Mediums, also auch beim Malen und Musizieren).

Es ist für mich immer wieder eine erstaunliche Erfahrung, dass beim Schreiben ungeplant Neues aufsteigt und sich gewissermaßen »von selbst« niederschreibt. Deshalb habe ich dieses Kapitel nicht nachträglich umgestellt und geschönt, sondern es so belassen, wie es entstand – gewissermaßen als Dokumentation eines Prozesses, in dem alle diese genannten Funktionen zutage treten.

(In den folgenden Kapiteln werden die einzelnen Funktionen, soweit nötig und sinnvoll, noch detaillierter behandelt.)

4 Jeder Zehnte ein Schriftsteller?

Es lassen sich zwei starke Trends beobachten, die beide das Schreiben zum Inhalt haben und sich dennoch aus grundverschiedenen Wurzeln speisen. Zum einen ist heute fast jeder Arbeitsplatz mit einem Monitor und Computer ausgestattet. Das bedeutet, dass die Menschen Texte herstellen müssen – oft unfreiwillig. Zum anderen nimmt die Zahl der Menschen zu, die gerne und freiwillig schreiben wollen; bei den Jugendlichen sind dies angeblich bis zu 30 Prozent.

Weltweit gibt es derzeit über eine Milliarde Analphabeten. Sie stehen gewissermaßen auf der Negativseite der Bilanz des Schreibens und werden von den Schreibkundigen gerne bedauert. Damit ist keineswegs schon entschieden, wer von ihnen die Glücklicheren sind – die »kopflosen« Analphabeten oder die anderen, die Verkopften, die die Welt mehr oder minder durch den Filter schriftlicher Formulierungen wahrnehmen.

Der Mensch der Zukunft wird lernen müssen, beides zu integrieren. Zudem habe ich die Erfahrung gemacht, dass jene anderen, die zwar in der Schule gelernt haben, die Buchstaben richtig aufs Papier zu setzen und Geschriebenes richtig zu lesen, sehr häufig im Grunde auch nur eine Art Analphabeten sind – gewissermaßen solche »höherer Ordnung«.

Analphabeten zweiten Grades

Damit meine ich nicht etwa die »funktionalen Analphabeten«, die zwar lesen und schreiben können, aber nicht in der Lage sind, längere zusammenhängende Texte zu lesen und zu verstehen (von ihnen gibt es in der Bundesrepublik rund zwei Millionen). Nein, ich meine den Manager in führender Position, den Hochschullehrer und den Pfarrer, die zwar im üblichen Sinne des Schreibens und des schriftlichen Formulierens fähig sind, die sich aber schwer tun, jene Gedanken, die sie im Zwiegespräch oder auch beim einsamen Spaziergang flüssig zu formulieren vermögen, anschließend auch in sinnvollen Zusammenhängen und vor allem für andere leicht nachvollziehbar aufs Papier zu bringen.

Diese »Analphabeten zweiten Grades« sind also keineswegs ungebildet, ganz im Gegenteil; ihr Problem ist, dass sie zwar das Schreiben gelernt haben und meist auch ganz gut wissen, wie man sich *mündlich* ausdrückt, dass sie aber erstaunlich selten fähig sind, das Gesagte auch in adäquater *schriftlicher* Form von sich zu geben. Dies gilt insbesondere für Themen, die persönlich berühren, in denen Gefühle eine Rolle spielen und tiefer reichende Probleme angeschnitten werden.

Dieser merkwürdige Mangel gilt aber häufig auch schon für eher sachliche Mitteilungen. Letzteres dürfte sich in wachsendem Maße als enorme Behinderung herausstellen, denn wir bewegen uns in einer Zeit, in der – ob wir das gut finden oder nicht, ob wir das wollen oder nicht – schriftlicher Austausch von Informationen überwiegend das Medium der Kommunikation ist. Aus einer bis vor kurzem noch weitgehend »oralen« Kultur wird derzeit mit großer Geschwindigkeit eine überwiegend »schriftliche«. Sie ist heute bereits in Ansätzen sichtbar. Aber wenn demnächst jeder zweite Arbeitsplatz einen Bildschirm haben wird, dann wird auch die Fähigkeit, sich schriftlich ausdrücken zu können, entsprechend mehr gefragt sein.

Man kann nun der Meinung sein, dass auf den Bildschirmen der Computer wie des Fernsehens ohnehin nichts Wesentliches produziert wird, nichts Wesentliches jedenfalls im Sinne der »höheren Werte«, die man gerne für die Texte der Dichter und Autoren reklamiert. Schon gar nicht wird man auf den Monitoren einen akzeptablen Stil oder gar kreativ-therapeutische Wirkungen erwarten dürfen. Aber ich habe den Verdacht, dass gerade deshalb die Fähigkeit jener anderen Form des »absichtslosen Schreibens« immer wertvoller werden wird, da es einen mehr zu sich selbst und damit erfahrungsgemäß irgendwann auch mehr zu anderen Menschen hinführt.

Analphabeten in diesem Sinne sind schließlich auch jene Männer und Frauen, die zwar

- als Journalisten oder Schriftsteller die Sprache beherrschen und den Gesetzmäßigkeiten der literarischen Ästhetik genügen, die aber kaum Zugang zu ihrem eigenen Innenleben und ein Mindestmaß an Kenntnissen ihres Unbewussten und ihrer Lebensgeschichte (vor allem der Kindheit) haben;
- oder die zwar sich selber gut kennen und in vielen intensiven Therapiesitzungen und Selbsterfahrungsgruppen ihr Innenleben erforscht haben, aber nur in geringem Maße ihre (schriftliche) Muttersprache pflegen.
- Eine dritte Gruppe wären schließlich die Unterhaltungs-Schriftsteller; sie verstehen zwar spannend zu fabulieren, aber mit seelischer oder sozialer Tiefe bzw. mit Sprachreichtum und Ästhetik ist es bei ihnen meist nicht weit her.

»Wer sich schreibend verändert, ist Schriftsteller«

Ästhetik und Distanz zu sich selbst einerseits – Nähe zu sich selbst und Desinteresse an ästhetischen Kriterien andererseits scheinen also in unserer Kultur irgendwie zusammenzugehören. Und wer »gut« schreibt (im literarischen Sinne) – der schreibt leider viel zu häufig langweilig. Warum machen sich eigentlich so wenige Schreibende die Mühe, die nächste Stufe zu einer wirklich originellen Literatur zu erklimmen, die ästhetische *und* Selbsterfahrungs-Kategorien miteinander kombiniert und die zudem auch noch spannend zu lesen ist?

Es gibt solche Fälle in der modernen Literatur (bei Marguerite Duras und Umberto Eco zum Beispiel); aber sie sind leider viel zu selten. Das sind die wahren Schreib-Künstler.

Über sie sagt Martin Walser, in Hinblick auf Brecht und Kierkegaard und die literarische Technik der Verfremdung: »Die Wirkungen, die so erzielt werden, sind nicht messbar… Aber die so entstandenen Werke sagen um so genauer, welche Wirkungen sie erzielen wollen. Und noch genauer sagen sie, wie der Autor sich von Buch zu Buch verändert. Das ist das auffälligste Produkt sogar. Wie aus dem ästhetischen Schriftsteller Kierkegaard der radikale Religiöse wird! Wie aus dem gutbürgerlich zynischen Brecht der sozialistische Humanist wird. Deshalb die Behauptung: wer sich schreibend verändert, ist ein Schriftsteller. Er könnte auf eine vergleichbare Provokation nicht mehr gleich reagieren. Und die Wirkung, die das auf ihn selber hat, ist die einzige Wirkung, über die man vernünftig reden kann. Dass der Schriftsteller außer sich selbst noch einen verändert, ist nicht beweisbar. Aber seine eigene Veränderung ist in seiner Produktion ablesbar« (S. 42).

Was für den Berufsautor gilt, das trifft ebenso für den Amateur zu, der das »Kreative Schreiben« für sich entdecken möchte.

Trommeln in der Nacht

Als ich die Funkserie schrieb, die einem Teil dieses Buches zugrunde liegt, ließ ich zu Beginn jeder Folge – gewissermaßen als Kenn»melodie« – 20 Sekunden lang den erregenden Rhythmus indischer Tablas erklingen. In diesem musikalischen Leitmotiv war vieles von dem enthalten, was für mich die Kunst und das Handwerk des Schreibens ausmacht. Schreiben als Kommunikationsmittel, als Selbsterfahrung, Meditation und Therapie, als vielseitiges Denk-Werkzeug. Schreiben als Weg, um neue Erfahrungen zu verarbeiten und um alte Erfahrungen besser wieder zu erinnern.

Warum ausgerechnet Trommeln? Warum indische Tablas? Da sind wir schon mitten in des Autors Selbsterfahrung, in diesem Falle: in meiner eigenen Reise »nach innen«, zum Selbst – mit Hilfe des Schreibens.

Indien war schon immer ein Land meiner Sehnsucht, die Welt der Märchen und vieler Abenteuer von »1001 Nacht«, in die ich oft – schreibend – verreist bin. Und einmal, 1975/76, flog ich für einige Wochen sogar ganz real dorthin: ein Erlebnis, das mich tief beeindruckt hat.

Aber mit den indischen Trommeln hat es auch noch eine andere Bewandtnis. Ihre perlenden Rhythmen enthalten für mich viel von dem, was mit dem rein physischen Vorgang des Schreibens verbunden ist. Müsste ich einen bildhaften Vergleich für die Arbeit an der Schreibmaschine finden, so kämen mir dabei nicht das Klavier in den Sinn oder die Gitarre (auch sie müssen ja mit beiden Händen »bedient« werden), sondern eben die indischen

Handtrommeln oder die Buschtrommeln auf einem fernen Kontinent, mit denen Eingeborene sich etwas mitteilen. Ihre Rhythmen entsprechen am besten dem rhythmischen Klappern einer Schreibmaschine oder einer Computertastatur.

Für mich sind die Trommeln und das Klappern der Tastatur gewissermaßen die beiden Eckpunkte einer Kulturgeschichte und einer Psychologie des Schreibens:

Der eine, der Anfangspunkt, befasst sich mit den Uranfängen der menschlichen Kommunikation, während derer das Schreiben (wenn man es überhaupt schon so nennen darf) mehr Nebenprodukt war; etwa beim Ritzen und Färben von Höhlenmalereien. Der andere, vorläufiger Endpunkt, ist in der Tat kaum zu abstrahieren vom Arbeitsgeräusch eines Schreibgeräts – und sei es das fast nicht mehr wahrnehmbare Flüstern eines Tintenstrahldruckers oder eines völlig lautlosen »Laser-Jet«, dessen Drucken gesteuert wird von einem Schreib-Computer. Der Höhlenmaler wie der Schriftsteller vor dem Bildschirm eines computergestützten Schreibsystems gehorchen im Grunde denselben Gesetzmäßigkeiten des kreativen Prozesses.

Kleiner Exkurs über die Installation der Hirn-Schreib-Maschine

An dieser Stelle sei ein Nebengedanke eingefügt, der nur scheinbar vom Thema abweicht.

Es gibt nicht wenige Journalisten und Schriftsteller, die befürchten, dass die Benützung eines Computers zum Schreiben die Kreativität hemmen oder gar zerstören könnte. Hierzu möchte ich nur so viel bemerken:

Der Übergang von einer Schreibmaschine alten Stils zu einem computergestützten Schreibsystem ist zwar etwas ungewohnt, aber im Grunde viel kleiner als jener noch weiter zurückliegende Schritt vom Schreiben mit Gänsekiel und Gallustinte hin zur Benützung einer Schreibmaschine alten Stils. Und vermutlich hätten, noch früher, die Sumerer des Altertums es auch schon als einen gewaltigen Verlust an Schreibkultur gesehen, wenn sie gewusst hätten, dass man ihre Art zu schreiben, nämlich Keilzeichen in

Tontafeln zu ritzen und diese anschließend zu brennen, Jahrhunderte später auf Kreta durch das Malen der »heiligen Zeichen« (Hieroglyphen) auf Papyrusblätter ersetzen würde!

Aber auch dieses Einschieben eines mechanischen (heute: elektronischen) Vehikels zwischen den geistigen Prozess des Verfertigens der Gedanken und seiner Materialisierung auf dem Papier ist in Wahrheit nicht der wesentliche Einschnitt in der Kultur des Mitteilens gewesen.

Noch weit gravierender muss jener Übergang gewesen sein, der menschheitsgeschichtlich irgendwann in der Jungsteinzeit stattfand und den wir alle in der Schule vollziehen mussten, und zwar gleich zu Beginn des ersten Schuljahres: nämlich der Schritt vom mündlichen Erzählen zum Aufschreiben des Erlebten und Gedachten. In jener Entwicklungsphase wurde die wahre »Schreib-Maschine« installiert – nämlich als geistige Struktur und als Satz von typischen Verhaltensmustern, der von da an unser Leben bestimmte – weit mehr, als die Benützung einer altmodischen Typenhebelschreibmaschine oder auch einer supermodernen Computertastatur samt Bildschirm und Drucker es später dann noch vermögen.

Mit den eher praktischen Aspekten des Schreibens haben sich schon viele beschäftigt; aber nur wenig wurde bisher gesagt über die Möglichkeiten, die das Schreiben als Form der Meditation und der Psychotherapie bietet. Im nächsten Kapitel will ich versuchen, das Geheimnis des »letzten Geschenks der Götter« an die Menschen, eben das Schreiben und die Schrift, genauer zu ergründen. Hier vorab der Versuch einer Annäherung mehr von einer Randfrage her: Warum wird eigentlich geschrieben?

Einen Mönch ermorden

Gewiss, man hat bereits ausgiebig die Frage gestellt, wie Leben und Werk etwa bei James Joyce, Franz Kafka oder Johann Wolfgang von Goethe, um nur drei Namen stellvertretend für viele andere zu nennen, zusammenhängen könnten. Aber dass die gleichen Zusammenhänge nicht nur für die Großen unter den Autoren und Dichtern gelten könnten, sondern auch für den so genannten Normalbürger, der seine Gedanken einem Tagebuch oder Briefen an einen guten Freund anvertraut, das wurde weitgehend übersehen. Vielleicht weil der Glanz der Großen den Blick fürs Gewöhnliche zu sehr geblendet hat?

Wir werden allerdings auch noch sehen, dass die therapeutischen Effekte des Schreibens unterschiedlicher Natur sind, je nachdem, ob

- jemand allein am Schreibtisch sitzt und in einer beruflichen Situation Texte produziert;
- ob dasselbe in einer therapeutischen Zweier-Situation von Therapeut und Patient geschieht
- oder in einem Seminar »Kreatives Schreiben«.

Interessanterweise zeigen viele Autoren eine eigenartige Scheu, wenn man sie nach dem lebensgeschichtlichen Hintergrund ihrer Texte fragt, selbst wenn solche Zusammenhänge auf der Hand liegen oder sogar selbst angedeutet werden. Zum Beispiel gibt Bestseller-Autor Umberto Eco in seiner »Nachschrift« zum Roman »Der Name der Rose« folgende zwei Gründe an, warum er das Buch verfasst hat: »Ich habe einen Roman geschrieben, weil ich Lust dazu hatte. Ich halte das für einen hinreichenden Grund, sich ans Erzählen zu machen. Der Mensch ist von Natur aus ein animal fabulator. Begonnen habe ich (...) getrieben von einer vagen Idee:

Ich hatte den Drang, einen Mönch zu vergiften. Ich glaube, Romane entstehen aus solchen Ideen-Keimen, der Rest ist Fruchtfleisch, das man nach und nach ansetzt. Es muß eine alte Idee gewesen sein: Ich fand später ein Notizheft aus dem Jahr 1975, in welchem ich mir eine Liste von Mönchen eines unbestimmten Klosters angelegt hatte ...« (S. 21)

Den Hinweis, dass »der Mensch von Natur aus ein animal fabulator« sei, ein Geschichten erzählendes Geschöpf, sollten wir uns für später merken. Hier wollen wir zunächst einmal zur Kenntnis nehmen, dass der Autor als zentrales Motiv seines Schreibens angibt, er habe »den Drang gehabt, einen Mönch zu vergiften«. Weiterhin sagt er, drei Sätze vorher: »Ich habe einen Roman geschrieben, weil ich Lust dazu hatte« – dürfen wir das so verstehen, dass ihn das Niederschreiben dieser Gelüste davor bewahrte, so ist jedenfalls zu hoffen, tatsächlich einen Mönch umzubringen?

Können wir das ernst nehmen – oder erlaubt sich der italienische Professor, der für seinen eigenwilligen Humor bekannt ist, einen Spaß mit uns, seinen Lesern?

Nehmen wir ihn ernst, so müssen wir uns allerdings wundern, dass er es bei diesem Hinweis auf sein Motiv bewenden lässt. In der gesamten »Nachschrift zum Namen der Rose« finden wir kein weiteres Eingehen auf diese Bemerkung. Es ist, als werfe er da eine Angel aus, um dann rasch den schmackhaften Köder zurückzuziehen.

Viele wollen schreiben lernen: ein Überblick

Aber so leicht sollten wir es Umberto Eco nicht machen. Nur so aus »Spaß an der Freud« setzt sich niemand hin und produziert einen Roman mit einem Umfang von 635 Seiten. Wer jemals ein umfangreiches Manuskript geschrieben hat, der weiß, dass die Lust am Fabulieren rasch nachlässt, dass bald Zweifel auftauchen. Der kreative Prozess beim Schreiben ist Schwankungen ebenso unterworfen wie der beim Komponieren und Malen. Da braucht es dann – wenn »nichts mehr geht« – einen anderen Motor als den der Lust. Geldnot und Termindruck sind da schon einleuchtendere Motive; des Weiteren Sehnsüchte verschiedenster Art, das Bedürfnis nach Kompensation für erlittene Mängel und Frustrationen, Rachegelüste und verwandte starke Antriebe, meistens aus frühen, weitgehend verschütteten Quellen der Kindheit. Wer weiß, ob es da nicht tatsächlich einen Mönch gab, den zu vergiften – oder zumindest symbolisch zu töten – noch Jahrzehnte später für den erwachsenen Autor Eco ein triftiger Grund wäre. Das Schreiben gewissermaßen als reinigender, als kathartischer Akt – ein Stück Psychotherapie demnach.

Doch verlassen wir diese Spekulation. Eco selbst schweigt darüber, und wir sollten es dabei bewenden lassen, dass er unsere Phantasie entzündet hat – unsere Phantasie im Hinblick auf die Gründe, weshalb jemand die Mühsal des Schreibens auf sich nimmt. Und eine Mühsal ist es nun einmal für die Hände, die Rückenmuskulatur und die Augen, diese unzähligen kleinen Buchstaben aufs Papier zu bringen! Es gibt lustvollere Betätigungen, mit weniger Arbeitsaufwand.

Warum drängen dann so viele Menschen zum Schreiben? Ein Hamburger Fernlehrinstitut gibt jedes Jahr – wenn ich richtig schätze – weit über 50 000 Euro aus, um in führenden deutschen Massenpublikationen für eine »Schule des Schreibens« zu werben. Das Geld für die großformatigen Annoncen will erst einmal verdient sein; demnach müssen sich Tausende zu solchen Fernlehrkursen anmelden. Ob man auf diese Weise das Schreiben überhaupt lernen kann, soll uns hier nicht interessieren.

Die Hamburger »Henri-Nannen-Schule« und die anderen Journalisten-Schulen in München, Köln, Düsseldorf, Mainz sind die einzigen ernst zu nehmenden Ausbildungsstätten für schreibenden Nachwuchs. Allein am Münchner Friedmann-Institut bewerben sich alle zwei Jahre zu den Aufnahmeprüfungen 3100 Männer und Frauen – von denen ganze 60 angenommen werden, 15 für das Münchner Institut, 15 für einen Ableger in Berlin und 30 für einen akademischen Ausbildungsgang an der Universität. Das Interesse, Schreiben zu lernen, ist also tatsächlich riesengroß.

Mir ist keine neuere statistische Untersuchung dieser Motive bekannt. Uralt ist eine Umfrage, die das Gallup-Institut 1947 in Louisville im US-Staat Kentucky durchführte. Damals befragte man einen repräsentativen Querschnitt der Bevölkerung, ob man gerne vom Schreiben leben können würde. Erstaunliche 3,4 Prozent antworteten mit »Ja«. Überträgt man dieses Ergebnis, unbesehen, auf die Bundesrepublik (etwa 64,5 Millionen Erwachsene und Jugendliche über 14 Jahre), so kommt man auf die stattliche Anzahl von 2,2 Millionen Menschen, die »gerne vom Schreiben leben« würden!

Wie viele mögen es erst noch sein, wenn man all jene hinzunimmt, die gerne einfach so, als Hobby, schreiben können möchten? Oder all die, welche die therapeutischen Möglichkeiten des Schreibens (kathartische Entlastung, Selbstorganisation, Konzentrations- und Gedächtnishilfe usw.) längst schätzen. Oder die aus beruflichen Gründen immer wieder schreiben müssen – und seien es nur die lästigen Aktennotizen und Memoranden, die zum Beispiel bei Managern einen Großteil der Arbeitszeit ausfüllen.

C. V. Rock zitiert eine wissenschaftliche Untersuchung (leider ohne Quellenangabe), der zufolge von 100 Bundesbürgern »mit echtem Interesse an Literatur«

- 15 % geeignet sind, sich schriftstellerisch zu betätigen;
- 20 % nach erfolgter Ausbildung gut und verständlich schreiben können;
- 10 % es niemals lernen werden;
- und man die restlichen 55 % »als Durchschnitt bezeichnen kann« (S. 13).

Die »Shell-Jugendstudie« (1981) gab an, dass ein Viertel der Jugendlichen im Alter von 15 bis 24 Jahren schreibt: Aufsätze, Gedichte, Tagebuch. Immerhin jeder Zehnte rechnet sich zu den »intensiv Schreibenden«. Eine empirische Studie (zit. nach Uschtrin, S. 68) teilte 1977 mit, dass 28 % der befragten Gymnasiasten Gedichte schreiben oder geschrieben haben. Im Geschäftsbericht 2001 der »Verwertungsgesellschaft WORT« (welche die Zweitrechte der in Deutschland verlegten Autoren wahrnimmt) heißt es:

»Ohne Berücksichtigung von ausländischen Autoren und Verlagen sowie Pseudonymen (…) beträgt die Anzahl der berechtigten Autoren im Jahr 2001: 160 580.«

In einer älteren Statistik des Bundespresseamts steht: »Die Verlagsunternehmen beschäftigten am 31. Dezember 1985* 211 000

* Hier hat sich einerseits durch die Wiedervereinigung und die Entstehung der neuen Medien (Internet, Computerspiele) enorm viel in Richtung neuer Arbeitsplätze getan – andererseits sind durch die zunehmende Konzentration in der Medienlandschaft auch viele Arbeitsplätze weggefallen. Beides scheint sich derzeit die Waage zu halten – neuere Zahlen sind jedoch nicht erhältlich. Im derzeit letzten »Medienbericht« der Bundesregierung heißt es lediglich, ohne genauere Aufschlüsselung:

»1997 hat die Informationswirtschaft bereits ca. 1,7 Mio. Menschen in Deutschland einen Arbeitsplatz geboten … Derzeit erscheinen in Deutschland täglich 371 Tageszeitungen … Das stärkste Segment bilden die Fachzeitschriften (3 450 Titel).«

Bei der »Deutschen Journalisten-Union« (dju) sind 21 000 Mitglieder verzeichnet (Stand: Juli 2002).

Mitarbeiter, darunter 15 700 Redakteure … Weitere 34 600 waren als freie Mitarbeiter tätig.«

Das ergibt bereits 245 600 Menschen, die professionell mit dem Verfassen, Bearbeiten und Veröffentlichen von Texten beschäftigt sind.

Wie viel mehr Männer und Frauen möchten dies vielleicht gerne ebenfalls tun oder wollen wenigstens für sich selber den Spaß am Schreiben entdecken und entfalten? Ich habe spaßeshalber einmal versucht, das *Potenzial der Schreibenden und Schreibwilligen* für meine eigene engere Umgebung abzuschätzen. Der Großraum München hat zwei Millionen Bewohner. Wenn ich die beiden niedrigsten und höchsten statistischen Ergebnisse als Eckdaten nehme (Gallup/Louisville 3,4 % – Shell-Jugendstudie 25 %) und die Zahl der Shell-Jugendstudie von zehn Prozent *intensiv Schreibenden* als realistischen Mittelwert, dann komme ich für die Stadt und den Landkreis München auf ein Potenzial von 200 000 Menschen, die am Schreiben mit seinen vielfältigen Möglichkeiten überdurchschnittlich interessiert sind.

Es ist erstaunlich, dass für diese riesige Zielgruppe lange Zeit keine spezielle Zeitschrift auf dem Markt war. Der »Literat« wendete sich ursprünglich mehr an ein professionelles Publikum und an eher passive Rezipienten der literarischen Szene, ist aber inzwischen auch für die am Kreativen Schreiben Interessierten ergiebig. Seit September 2000 gibt es eine vierteljährlich erscheinende Zeitschrift, die sich bereits mit dem Untertitel an diese Zielgruppe wendet: »TextArt« (Adressen in der Bibliographie).

Aktivitäten über das traditionelle Angebot (Lesungen, Literaturzirkel) hinaus werden zunehmend auch von den Literaturhäusern der großen Städte (z. B. in München, Hamburg, Frankfurt a. M., Basel) angeboten sowie in den Literaturbüros, den Schreib-Werkstätten der Volkshochschulen oder im freien Angebot wie unsere eigenen Seminare (www.iak-talente.de)*.

* Eine Adressliste der »Schreib-Werkstätten im deutschsprachigen Raum« sowie Informationen über den Verein »Kreatives Schreiben« können vom Autor angefordert werden: Jürgen vom Scheidt, Postfach 44 02 38, D-80751 München.

Für eine ganze Reihe von Berufsgruppen nähert sich die 35-Stunden-Woche der Verwirklichung; entsprechend wird für viele Menschen das Bedürfnis nach *sinnvoller* Freizeitgestaltung wachsen. Was wäre da ergiebiger als das Schreiben – kann es doch sowohl bei der Selbstbesinnung in der Reizfülle der Informationsgesellschaft ebenso helfen wie bei der Suche nach Lebenssinn und der Kontaktaufnahme zu Gleichgesinnten!

Und die große Chance, im Denken selbständiger zu werden, die Inneren Gestalten näher kennen zu lernen und besser zu integrieren (s. Kap. 9) und – durch das Vorlesen eigener Texte – die Selbstsicherheit zu stärken, das sind ja auch keine zu verachtenden Möglichkeiten.

Dazu kommt noch die nicht zu übersehende Tatsache, dass immer mehr Menschen an Computer- und Bildschirm-Arbeitsplätzen tätig sind und dort nicht zuletzt auch sehr effektive Hilfen beim Schreiben kennen lernen, die nicht wenigen Menschen Anregungen geben können, das Schreiben auch einmal – nun mit ganz anderen Vorzeichen – für sich privat zu nützen.

Ein großes Potenzial gerade für das »Kreative Schreiben«, um das es in diesem Buch geht, sehe ich speziell bei den Leuten, die sich beruflich um das Schreiben und die Texte anderer kümmern: Lektoren, Lehrer und viele Redakteure.

Sind nicht viele von ihnen ursprünglich einmal daran interessiert gewesen, selber zu schreiben, und zwar über *eigene* Themen, in den *eigenen* Formen? Die Wege und Irrwege des Berufslebens haben so manchen davon abgebracht, das ursprüngliche Ziel aktiv weiterzuverfolgen. Aber das heißt ja nicht, dass es bei der Passivität, beim Lesen und beim Redigieren fremder Texte bleiben muss! Und bei so manchem der mehr als 34 600 Buchhändler in Deutschland (die im Jahr 2001 in 4661 Buchhandlungen arbeiteten) stand ja vermutlich auch der Wunsch am Beginn der Karriere, selber zu schreiben; das Handeln mit Büchern war dann oft eine Art Kompromiss zwischen Wunsch und Wirklichkeit. Das muss ja nicht so bleiben – Schreib-Seminare sind eine gute Möglichkeit, an alte Bedürfnisse und Sehnsüchte wieder anzuknüpfen.

Meine Annahme von zehn Prozent für das »Schreiber-Potenzial« dürfte also eher zu niedrig angesetzt sein. Vielleicht hat die von C. V. Rock zitierte Studie doch Recht mit ihren »15 Prozent«, die geeignet sind, sich schriftstellerisch zu betätigen?

Ich denke, diese Zahlen genügen, um zu zeigen, dass erstaunlich viele Menschen sich für das Schreiben als Beruf, Kunstwerk, Handwerk oder einfach als anspruchsvolles Hobby interessieren oder es erlernen wollen. Was wir allerdings noch immer nicht so recht wissen, ist dies: Warum wollen sie es eigentlich erlernen?

Eine Fülle von Motiven

Aus meinen eigenen Schreib-Seminaren in der »Münchner Schreib-Werkstatt«, an der Volkshochschule und in anderen Institutionen kenne ich eine Vielzahl von Menschen näher, die am Schreiben interessiert sind und die in den Seminaren auch über ihre Motive gesprochen haben. Interessanterweise treten materielle Motive weit in den Hintergrund. An vorderster Stelle stehen vor allem:

- das Bedürfnis, schreibend mehr über sich selbst zu erfahren;
- beunruhigende Erlebnisse zu verarbeiten;
- Ordnung in den Strom der vielfältigen Reize zu bringen, denen man ausgesetzt ist,
- und nicht zuletzt das Bedürfnis, eine sinnvolle Tätigkeit auszuüben, und sei es nur als Hobby, nach Feierabend.

In den Anzeigen des erwähnten Fernlehrinstituts werden diese zentralen Motive sehr gezielt angesprochen: »Ist es auch Ihr sehnlichster Wunsch, wie ein Schriftsteller schreiben zu können? Um mehr aus Ihrer Liebe zum Schreiben, mehr aus sich zu machen? Um Ihre Gedanken, Ihr Wissen, Ihre Ideen in Worte zu fassen? Um mitzureden und mitzubewegen?«

Auf einer Rückantwortkarte soll man unter anderem ankreuzen, weshalb man gerne schreiben lernen möchte. Ich finde diese Auflistung äußerst interessant. Sie gibt eine Stufenfolge an, die auch meinen eigenen Beobachtungen entspricht. An erster Stelle steht: »Ich möchte schreiben können, um es als Hobby zu betreiben.« An zweiter Stelle, »um es im Beruf zu verwenden«, dann, »um mich allgemein mündlich und schriftlich besser ausdrücken zu können«, und erst an vierter und fünfter Stelle folgen: »um mir etwas damit zu verdienen« bzw. »um eines Tages hauptberuflich als Schriftsteller tätig zu sein«.

Was könnte das aber bedeuten: dass das Hobby-Schreiben an erster Stelle steht? Ein Hobby betreibt man ja zunächst, um freie Zeit auszufüllen. Das allein dürfte es beim Schreiben kaum sein, denn es bedarf doch einiges mehr an Disziplin, eine Seite mit Text zu füllen, als eine Hand voll Briefmarken zu sortieren oder einen Hund spazieren zu führen. Schreiben verlangt aber nicht nur eine gewisse Disziplin und Übung (darin ist es dem Klavierspielen vergleichbar), sondern es verlangt vom Schreiber etwas ganz Wesentliches, das den meisten anderen Hobbys abgehen dürfte: die Konfrontation mit sich selbst, beispielsweise beim Vorgang des Erinnerns, ohne den das Schreiben schlecht möglich ist.

Schreiben heißt immer: auch über sich selbst schreiben. Und wenn man sich dabei noch so versteckt. Beim Romanautor ist dies oft deutlich sichtbar. Ein eindrückliches Beispiel ist die französische Schriftstellerin Marguerite Duras mit ihrem autobiographischen Werk »Der Liebhaber«, worin sie ihre Kindheit und Jugend in Indochina und ihre ersten Pubertätserfahrungen mit dem anderen Geschlecht beschreibt.

Aber auch der Journalist, der über ein Sachthema schreibt, wird nicht ein beliebiges Thema bearbeiten, sondern viel eher eines, das in seinen Interessenbereich gehört. Und man darf vermuten, dass dieser Interessenbereich ursächlich etwas mit seiner Persönlichkeit und seiner Vergangenheit zu tun hat. Sonst fällt ihm nämlich bald nichts mehr ein; erst der Bezug zur eigenen Existenz schürt das journalistische Feuer – und sei es, im Lauf vieler Berufsjahre, zu noch so kleiner Flamme heruntergebrannt.

Schauen wir uns einmal an, was da eigentlich genau geschieht, wenn wir schreiben. Zunächst einmal werden Gedanken zu Papier gebracht; ein beeindruckendes Geschehen: Geist wird Materie!

Aber ich möchte es etwas prosaischer anschauen und detaillierter. Schreiben setzt zunächst Kontakt mit einem Informationsträger voraus, mit Stift oder Schreibmaschine und mit Papier – oder was immer man benützt.

Weiterhin muss der Schreiber, wir hörten es schon, in Kontakt mit sich selbst sein. Dies ist allerdings gar nicht so selbstverständlich; Kritiker und Wissenschaftler legen mehr Gewicht darauf, ob der Autor in Kontakt mit seinem Publikum ist. Zumindest muss der Buchautor seinen Verleger bzw. dessen Lektor erreichen, denn sonst wird sein Buch gar nicht erst gedruckt. Der Brief- oder Tagebuchschreiber hat es da leichter: Er wird wohl immer sein »Publikum« finden. Zu den drei Bereichen der zu gestaltenden Materie, des Publikums als Adressat und der eigenen Seele (als Quelle zumindest der persönlichen Erfahrungen) möchte ich noch einen vierten stellen: den Bereich der Transzendenz. Was ist der Autor ohne Symbole, ohne geistige Inspirationen, die seinen sinn*lichen Lebens*erfahrungen erst die sinn*haften* Strukturen vermitteln?

Sinnlichkeit und Transzendenz

Ich weiß, dass es heutzutage nicht üblich ist, über derlei Quellen der Inspiration zu reden, aber zumindest die großen Geister unter den Schreibern wussten stets von der Bedeutung der Musen für das künstlerische Schaffen – und dass man ohne Hilfe des Pegasus allzu schwerfällig am Erdboden kleben bleibt. Ich möchte mich jedoch vor allem mit dem an zweiter Stelle genannten Bereich befassen: dem des Kontakts des Schreibenden zu sich selber.

Um besser zu verstehen, was es damit auf sich hat, möchte ich Sie jetzt zu einem kleinen Ausflug in die Vergangenheit einladen. Aus der Kulturgeschichte des Schreibens wird uns vielleicht auch die Psychologie des kreativen Geschehens einsichtiger. Und wir verstehen besser, warum jemand schreibt – warum er, beispielsweise, lieber auf den Seiten eines Kriminalromans einen Mönch vergiftet als in Wirklichkeit; und vor allem, weshalb diese Ersatzhandlung durchaus brauchbare Erfolge zu zeitigen vermag!

Schauen wir uns also einmal an, wie das Schreiben in die Welt kam. Vielleicht wird uns dann verständlicher, warum es bis heute in der Welt geblieben ist. Letzteres mag Ihnen, meine Leser, eine etwas triviale Feststellung sein: wissen wir doch alle, dass ohne Schriftverkehr, ohne Bibliotheken und ohne Archive unsere gesamte Kultur binnen weniger Tage zusammenbrechen würde. Aber wir wissen auch, dass schon vor der Entdeckung der Schrift, etwa fünf bis sechs Jahrtausende zurück, schriftlose Kulturen existiert haben, die einen hohen Grad an Entwicklung und Komplexität aufwiesen, etwa die Vorläufer von Jericho im alten Palästina, Mohenjo Daro im Tal des Indus und das faszinierende Çatal Hüyük, jene jungsteinzeitliche Siedlung in der Türkei, die noch einmal um Jahrtausende älter ist!

5 Das letzte Geschenk der Götter

Wer mag die ersten Buchstaben geschrieben haben? Die Wurzeln des Schreibens sind im Dunkel der – schriftlosen – Vorgeschichte verborgen. Aber das Schreiben war für die Menschen schon von Anbeginn ihrer schriftlichen Existenz mit einem besonderen Nimbus umgeben. Es wurde als Besitz geistiger Macht betrachtet und konnte deshalb nur eine Gabe der Götter sein. Richtig verständlich wird diese Wertschätzung aber erst, wenn man selbst einmal erfahren hat, welche heilenden Kräfte das Schreiben in sich birgt.

Das Schreiben muss etwas in die Welt gebracht haben, das noch weit mehr möglich machte, als nur Ziegen zu zählen, Verträge zu fixieren und Gesetze und Heldentaten der Pharaonen an die Nachwelt zu überliefern. Lesen wir dazu nur, wie geradezu hymnisch ein ägyptischer Schreiber seinen Beruf preist:

Das Schreiben:

für den, der es
versteht, ist es
angenehmer als
Brot und Bier,
als Kleider und
Salben.
Es ist glück-
bringender als
ein Erbteil
in Ägypten und
als ein Grab
im Westen.

Aus dem Papyrus Lansing, einer Schulhandschrift
des Neuen Reiches (2400 v. Chr.), zit. n. Brunner, S. 171 ff.

Dieser Papyrus ist eines der ältesten uns überlieferten literarischen Zeugnisse. Wie kommt der Schreiber dazu, sein Amt mehr zu loben als »ein Grab im Westen«, was für die vom Totenkult beherrschten Ägypter geradezu einem Sakrileg gleichkam? Da muss noch mehr im Spiel gewesen sein als besondere Würden und relative Selbständigkeit innerhalb einer feudalen Sozialstruktur, etwa nach dem Motto: »Zu wissen, wie man schreibt – ist Macht.«

Lesen wir noch eine zweite solche Lobpreisung, aus derselben Zeit. Der Ägypter Cheti empfiehlt seinem Sohn Pepi:

»Du sollst dein Herz an die Schreibkunst setzen! Siehe, da ist nichts, das über die Schreibkunst geht.

Die Schreibkunst – du sollst sie mehr lieben als deine Mutter. Schönheit wird vor deinem Angesicht sein. Größer ist sie als jedes andere Amt, sie hat im Lande nicht ihresgleichen« (zit. n. Ekschmitt, S. 92).

Innerer Dialog eines lebensmüden Ägypters

Um diese gewaltige Hochschätzung zu verstehen – und gewaltig ist sie: Das Schreiben wird höher gestellt als die Mutterliebe! –, sei noch ein dritter Ägypter zitiert, mit einem der bewegendsten Schriftzeugnisse der antiken Weltliteratur. Es handelt sich um eine geistige Auseinandersetzung während des Untergangs des Alten Reiches und des Aufstiegs des Mittleren Reiches, einer Periode kulturellen Umbruchs, die etwa von 2260 bis 2040 vor Christus dauerte und nicht nur die Kultur der damaligen Zeit änderte, sondern offensichtlich auch tief greifende Auswirkungen auf den Einzelnen hatte. Ein – uns unbekannt gebliebener – Mann plant, seinem Leben durch Selbstmord ein Ende zu setzen. Das Abenteuerliche ist nun, dass er darüber nicht etwa mit einem Freund spricht, sondern Zwiesprache mit sich selbst hält – auf dem Papyrus, schreibend.

Hören wir aus dem »Gespräch eines Lebensmüden«, was für Gedanken er mit seinem »*BA*«, also mit seiner Seele, austauscht:

»Da tat meine Seele ihren Mund auf zu mir, daß sie mir antwortete auf das, was ich gesagt hatte:

Wenn du an das Begraben erinnerst, so heißt das Kummer, es heißt Tränen bringen, es heißt den Menschen traurig machen, es heißt den Menschen aus seinem Haus holen und auf den Hügel werfen. Nie gehst du wieder heraus, daß du die Sonne schaust ... Höre du auf mich, sieh, es ist gut für einen Menschen, zu hören. Folge dem frohen Tag und vergiß die Sorge.

Da tat ich meinen Mund auf zu meiner Seele, damit ich ihr antwortete auf das, was sie gesagt hatte:

Sieh, mein Name stinkt,
Sieh, mehr als der Geruch von Aas
An den Sommertagen, wenn der Himmel heiß ist ...«

Es folgt nun eine Fülle von jammervollen Selbstvorwürfen, denen jedoch zum Schluss die Seele, im inneren Zwiegespräch, ein Ende setzt, indem sie energisch antwortet:

»Laß das Jammern beiseite, du mein Angehöriger, mein Bruder! Ich werde hier bleiben, wenn du den Westen zurückweisest; wenn du aber den Westen erreichst und dein Leib sich der Erde gesellt, so lasse ich mich nieder, nachdem du ruhst. Laß uns eine Stätte zusammen haben« (zit. n. Eliade).

Der Westen – das ist die Himmelsrichtung des Todes. Seine eigene Seele ermahnt also den Lebensmüden, sich zu besinnen und den natürlichen Tod abzuwarten. Wir sehen hier, dass das Aufschreiben des inneren Zwiespalts, der im Vorgang der Niederschrift zum dramatischen Dialog wird, ein buchstäblich lebensrettender Vorgang sein kann. Ich nehme jedenfalls an, dass jener Lebensmüde seine Depression, wie wir es heute nennen würden, überwinden konnte; weshalb sonst hätte man seinen Text überliefert?

Ich vermute, dass auch heutigentags die Selbstmordrate und, aus verwandten Gründen, die Zahl der Insassen von Nervenheilanstalten noch weitaus höher läge, wenn nicht ein großer Teil dieser gefährdeten Menschen das Tagebuch- und das Briefschreiben als Notventil entdeckt hätte, oft schon im Jugendalter.

Ziegen und ein Labyrinth

Aber solche inneren Nöte sind wahrscheinlich nur die eine, die eher düstere Seite dieses kreativen Vorgangs beim Schreiben. Ich möchte Umberto Ecos Behauptung ernst nehmen, dass er einfach Lust dazu hatte. Auch diese freudvolle Seite des Schreibens gibt es sicher, wie uns der französische Autor Roland Barthes bestätigt, wenn er nachdrücklich feststellt: »Ich messe dem Akt des Schreibens eine unermessliche Macht bei. Doch kann wie eh und je der Akt des Schreibens verschiedene Masken aufsetzen. Es gibt Augenblicke, in denen man schreibt, weil man an einem Kampf teilzunehmen glaubt. Das war in den Anfängen meiner Laufbahn als Schriftsteller oder als Schreibender der Fall. Und allmählich tritt schließlich die Wahrheit hervor, eine Wahrheit ohne Beschönigung: Man schreibt, weil man das gern tut und weil es Lust bereitet. Der Wollust wegen.«

Dieser lustvolle Umgang mit dem Schreiben, ja seine Sexualisierung ist eng verwandt dem anderen wichtigen Aspekt, den ich den spielerischen nennen möchte. Er ist es letztendlich, der das Schreiben zu einem so angenehmen Hobby macht – wenn man der eigenen Spielernatur dabei Raum zu geben versteht. Es sei hier nur an die Sprachspielereien eines Ernst Jandl erinnert oder an die Nonsense-Lyrik der Engländer mit Lewis Carroll als wohl bekanntestem Vertreter – siehe seine »Alice in Wonderland«. Ein kleines, albernes Beispiel, entstanden aus einer simplen Buchstabenverdrehung (anlässlich eines Plakats, das für ein Show-Spiel des Tennis-Cracks Boris Becker warb): »Tennis Poster – Penis Toaster.«

Ich erinnere mich, dass wir vor allem in der Zeit kurz vor dem Abitur in der Schule dieses »Wechsstaben verbubseln« mit großem Eifer betrieben haben. Ein entlarvendes Beispiel aus jenen Tagen:

»Erst saßen sie am Teich ein Weilchen – dann spielten sie mit weichen Teilchen.«

Das machten wir damals sicher, um den lästigen Prüfungs-Stress abzubauen – aber eben auch aus purem Spaß an der Freud. Letzteres kann man auch schon bei Fünfjährigen beobachten, die voller Staunen entdecken, was man mit Sprache alles machen kann.

Ein Zeugnis solch spielerischen Umgangs mit einer Vorform des Schreibens, nämlich dem Aufzeichnen von Symbolen, führt uns zugleich noch weiter zurück zu seinen Uranfängen. Ein Artefakt, den man im Palast des antiken Griechenkönigs Nestor in Pylos fand, wird zwar »nur« auf die Zeit um 1200 vor Christus datiert – aber er verweist kulturgeschichtlich viel weiter zurück, bis zum Beginn der Höhlenmalerei und früher. Jener Palast des Nestor wurde, vermutlich bei einem Überfall durch fremde Seevölker, niedergebrannt, wodurch die Tontäfelchen des königlichen Archivs ungewollt gehärtet wurden und so in unsere Zeit kamen. Eines dieser Täfelchen hält in minoischer Schrift die Anzahl von Ziegen fest, die zu einem bestimmten Zeitpunkt von zehn Männern gebracht (oder geholt) wurden. Das für uns Interessante an diesem Fund ist, dass sich auf der Rückseite dieses Täfelchens ein Labyrinth befindet – die älteste erhalten gebliebene Darstellung dieses aus Kreta stammenden Symbols. Es handelt sich, wie Hermann Kern in seinem Buch »Labyrinthe« angibt, aller Wahrscheinlichkeit nach »um eine Spielerei; eingeritzt wurde es wohl vor der Schrift auf der Vorderseite, wo der Ton schon etwas trockener gewesen zu sein scheint«.

Aus der Existenz dieses Täfelchens folgert Kern unter anderem, »daß um 1200 v. Chr. in der mykenischen Kultur die (minoische) Labyrinth-Vorstellung so weit Allgemeingut war, daß sie zum Zeitvertreib eines Buchhalters dienen … konnte« (S. 97 und Abb. 103).

Ähnlich wie die Graffiti an Häuserwänden oder die Kritzelzeichnungen von Kindern darf man diesen »Zeitvertreib eines Buchhalters« als Vorläufer des Schreibens betrachten. Wenn man die Entstehungsgeschichte der Schrift studiert, findet man als Vorläufer der späteren Buchstaben bekanntlich Zwischenformen wie die ägyptischen Hieroglyphen, davor die eigentliche Bilderschrift und, noch weiter zurück, Ritzzeichnungen auf Rentierknochen oder die Felsmalereien in den Buschmann-Territorien Südwestafrikas und in der Sahara, manche davon dreißigtausend Jahre alt.

Wenn der urzeitliche Künstler seine Bisons und anschleichenden Jäger an die Wand einer Höhle malte – hatte er da wirklich nur magisch-religiöse Praktiken und archaische Formen der Überlieferung im Sinn? Oder freute er sich nicht auch am eigenen Können, erlebte er da nicht auch ein Stück Selbstverwirklichung, das dem Künstler der Frühzeit nicht fremd gewesen sein dürfte – hob ihn seine Kunstfertigkeit doch weit über seine Stammesbrüder hinaus!

Aber noch wichtiger war sicher ein anderer Vorläufer des Schreibens, der eminent selbstbezogene und damit zwangsläufig sowohl meditative wie psychotherapeutische Auswirkungen hatte: nämlich das mündliche Erzählen. Also das, was Umberto Eco dazu bringt, den Menschen als »animal fabulator« zu bezeichnen. Irgendetwas ist geschehen, etwas Angenehmes oder Schreckliches. Ein Kind ist in den Brunnen gefallen und beinahe ertrunken. Ein Fest wurde gefeiert. Ein Verwandter wurde von Räubern niedergeschlagen und starb an den Folgen seiner Verletzungen. Der Blitz schlug in einen Baum, die Steppe begann zu brennen, und der Berichterstatter ist nur um Haaresbreite dem Tod entronnen …

Erzählen im Kreis neugieriger, gespannt lauschender Zuhörer als ein Erinnern und nochmaliges Durcharbeiten des zuvor Erlebten. Ist das nicht dasselbe, was Sigmund Freud schon im Titel eines Aufsatzes aus dem Jahr 1914 ansprach, der da lautete: »Erinnern, Wiederholen und Durcharbeiten«?

Scheherezade und Sindbad

Was machen all die Erzähler in der Märchensammlung von »1001 Nacht« anderes, als sich das Erlebte von der Seele zu reden und es damit auch ein Stück weit seelisch zu verdauen? Und ist es nicht ein bezeichnender Sachverhalt, dass Scheherezade, als die fiktive Erzählerin all dieser Vorkommnisse, buchstäblich ihr Leben rettet, indem sie Abend für Abend, tausend und ein Mal, dem frauenmordenden Sultan ihre Geschichten vorträgt?

Am schönsten wird dieser Urmechanismus des Erzählens für mich sichtbar in den Abenteuern Sindbad des Seefahrers. Wie genüsslich wird da vor jeder Wiedergabe seiner sieben Abenteuer beschrieben, wie er seine Zuhörer um sich versammelt! Nicht zuletzt auch wird uns davon berichtet, dass ein Namensvetter – der Lastenträger Sindbad – sich an der reich gedeckten Tafel niederlassen darf, um dem zu lauschen, was der weltläufige Kaufmann aus Bagdad alles erlebt hat. Was wäre der Abenteurer ohne seine Zuhörer.

Einmal findet sogar ganz ausdrücklich der Übergang vom Erzählen zum Aufschreiben statt, wenngleich nicht durch Sindbad selber, sondern durch den Schreiber des Sultans. Am Ende der besonders aufregenden sechsten Reise »berichtete ich dem Beherrscher der Gläubigen alles, was mir auf meiner letzten Reise widerfahren war. Er staunte aufs höchste und befahl seinem Chronisten, meine Geschichte aufzuzeichnen und zur Erbauung aller … in seinem Schatz zu hinterlegen« (Anonymus, S. 86).

Wolken aus dem Meerschaumkopf

Ein anderer phantasiebegabter Erzähler lebte in Preußen; wegen seiner wild schweifenden Einfälle wurde der Baron von Münchhausen auch »Lügenbaron« genannt. Ein Zeitgenosse schildert uns Folgendes:

> »Nachdem sein kolossaler Meerschaumkopf mit kurzem Rohr in Gang gesetzt war und die Wolken aus seiner Pfeife immer dicker emporwirbelten, begann er in seinen Geschichten zu schwelgen.«

Während er Zug um Zug aus seiner Pfeife tat, in der sein Spezialtabak knisterte, geschah vor den Augen aller Anwesenden mit dem sonst so einsamen und ganz standesgemäß langweiligen Junker eine merkwürdige Verwandlung:

> »Das Gesicht wird lebhafter und röter und der sonst so wahrhafte Mann wußte dann bei seiner lebhaften Imagination alles so bildlich vorzumachen.« (Beide Zitate aus Golowin, S. 123.)

Der Schweizer Volkskundler Sergius Golowin, dem ich diesen interessanten Fund verdanke, vermutet in seinem Buch »Magie der verbotenen Märchen«, dass der sonderbare Tabak des weit gereisten Flunkerers in Wahrheit Marihuana oder ein verwandtes Rauschkräutlein war. Und dass man Münchhausens Lügengeschichten kaum bezweifeln könne, weil er im Augenblick des Erzählens all diese wilden Taten wirklich erlebte – aber eben im Drogenrausch.

In solchen außergewöhnlichen Zuständen wird unsere Phantasie leicht in Gang gesetzt – wie wir es in jeder Zecherrunde schon als Wirkung des weit harmloseren Alkohols studieren können …

So hat man also – ehe der Fernseher die Geselligkeit verdrängte – früher erzählt, im Freundeskreis oder in einer Runde staunender Reisegefährten, gleich ob mit oder ohne biochemische Hilfsmittel. Das einsame Erzählen am Schreibtisch, dessen gedruckte Produkte dann von – oft ebenso einsamen – Lesern irgendwo weit entfernt aufgenommen werden, ist erst eine relativ späte Erfindung in der Kulturgeschichte der Menschheit. Wer keine solchen durchlauchten oder geduldigen Zuhörer hat, der ist gezwungen, sich selbst etwas zu erzählen. In welcher Form ginge das leichter als im inneren Dialog, nach dem bereits erwähnten Muster des »Gesprächs eines Lebensmüden mit seinem ›*BA*‹«?

Ein großer Verlust

Dies sind in meinen Augen die beeindruckendsten Qualitäten des Schreibens, über das reine Festhalten und Weitergeben von Informationen hinaus (s. auch die übrigen »Funktionen des Schreibens« in Kap. 3). Der Schreibende kann in Kontakt nicht nur mit dem – potenziellen – Leser kommen, sondern vor allem erreicht er zunächst einmal sich selbst, seinen »*BA*«, seine Seele. Das Gespräch mit sich selbst, im Schreiben, ist ein bedeutendes Novum in der Geschichte der Menschheit. Ich glaube nicht, dass man sich heute noch richtig vorstellen kann, was »damals«, irgendwann vor vielen Jahrtausenden, geschah, als Menschen überhaupt lernten, sich in eine »erzählende« und in eine »zuhörende« Teil-Persönlichkeit aufzuspalten. Wie viel gravierender muss es gewesen sein, als diese Aufspaltung dann auch noch auf dem Papyrus sichtbar dokumentiert werden konnte!

Nicht zufällig beginnt das Johannes-Evangelium mit dem bedeutungsvollen Satz »Im Anfang war das Wort, und das Wort war bei Gott, und Gott war das Wort«. Der ursprüngliche Schöpfungsbericht der Genesis sagt das Nämliche: »... Und die Erde war wüst und leer, und es war finster auf der Tiefe ... Und Gott sprach: Es werde Licht! und es ward Licht.«

Auf der menschlichen Ebene war von höchster Bedeutung die Spaltung in ein subjektives Erleben der inneren Wirklichkeit und ein objektives Beobachten der äußeren Wirklichkeit – begleitet (oder gar ausgelöst?) von einer Spezialisierung des Gehirns in zwei Hälften, von denen die eine (rechte) für das ganzheitlich-intuitive Erfassen der Welt und die andere (linke) Gehirnhälfte für das analytisch-abstrahierende Begreifen der Wirklichkeit zuständig ist. Beim Musizieren ist offenbar mehr die rechte Hälfte gefragt, beim Schreiben die linke. Diese Spezialisierung muss ein ungeheurer Gewinn für die Menschen gewesen sein – und zugleich ein ebenso einschneidender Verlust. Denn von da an begann auch die Entfremdung des Menschen von der Natur, seine eigene Natur eingeschlossen.

Und was war der Gewinn?

Solange man erzählt, befindet man sich in unmittelbarem Kontakt mit anderen Menschen, nämlich seinen Zuhörern. Das abendliche Palavern im Busch ist das beste Beispiel dafür – eine Situation, die seit undenklichen Zeiten zu den Grundbedingungen sozialen Lebens gehörte, lange ehe die ersten Bilder und Schriften geritzt wurden. Sobald ich schreibe, führt schon der Akt der Konzentration auf den Vorgang des begrifflichen Formulierens dazu, dass ich mich gewissermaßen in mich selbst zurückziehe; dass ich wohl den Kontakt zu mir selbst verstärke – dafür aber den Kontakt zu anderen Menschen zwangsläufig unterbrechen muss.

Dieser bewusst herbeigeführte Rückzug aus dem Leben der Gemeinschaft dürfte für den Frühmenschen äußerst schmerzhaft gewesen sein, ein regelrechtes Opfer, zu dem sicher selten jemand bereit war. Wir kennen es schon gar nicht mehr anders, weil wir von Kindesbeinen an in diese Richtung des Isoliertseins trainiert werden, auch und gerade durch das Schreiben, wie man es uns in der Schule beibringt.

Wir wissen aber aus ethnologischen Studien, dass Angehörige einfacher Lebensgemeinschaften, beispielsweise Buschleute in der Kalahari, mit dem eigens dafür vorgesehenen Ritual eines Trance-Tanzes in die Gemeinschaft des Stammes zurückgeholt werden, wenn sie auf irgendeine Weise in psychische Isolation und Einsamkeit geraten, vielleicht im Verlauf einer mehrtägigen Jagd. Wegen dieser bedrohlichen Einsamkeit, die auch mit dem Schreiben verbunden ist, blieb – so meine ich – der Mensch noch viele Jahrtausende beim mündlichen Erzählen und vollzog nicht den – nun wirklich gewaltigen – Schritt zur schriftlichen Äußerung. Die Höhlenmalerei und verwandte Vorformen des Schreibens hingegen blieben offenbar stets außergewöhnlichen Zwecken vorbehalten, so der magischen Beschwörung von Jagdglück und Fruchtbarkeit. Erst als später an den Ufern des Nil, des Euphrat und des Hoangho riesige Menschenansammlungen entstanden, in denen die seelische Isolation wahrscheinlich zwangsläufig als eine Art Selbstschutz aufkam, konnte auch eine regelrechte Schrift entstehen und ein eigener Beruf des Schreibers.

Zunehmende Unabhängigkeit im Fühlen und Denken, bei immer mehr Menschen, ging mit dem einher. Dazu eine größere Kreativität, die zudem kompliziertere, nur noch »auf dem Papier« überschaubare Dimensionen annehmen konnte. Und, nicht zuletzt, die Entstehung des »Freien Willens« und damit auch eines selbstverantwortlichen Gewissens.

Dem Schreiben als Denk-Werkzeug kam – und kommt heute mehr denn je – bei dieser kulturellen, sozialen und seelischen Emanzipation des Menschen von seiner ursprünglichen tiernahen, instinkt- und triebhaften Naturverbundenheit eine zentrale Rolle zu; verstärkte es doch die Fähigkeit des Einzelnen, sich seiner Besonderheit und der vielen verschiedenen Rollen, die er spielen kann, bewusst zu werden. Diese Gabe des Schreibens brachte den Menschen also etwas Ähnliches wie die »totale Freiheit«, ganz im Sinne des Sprichworts »Die Gedanken sind frei«.

Deshalb kann das Schreiben mit Recht als »Geschenk der Götter« betrachtet werden. Warum aber spreche ich im Titel dieses Kapitels vom »letzten« Geschenk der Götter?

Das letzte Geschenk

Seit der Mensch schreiben kann, hat er eine ungeheure Erweiterung seines Bewusstseins erfahren. Danach waren die Götter nicht mehr nötig; sie konnten sich nun von ihrer Schöpfung und ihren Geschöpfen zurückziehen.

Götter sind rein geistige Gebilde. Mit dem Aufkommen der Literatur, die ja ursprünglich auch eine *Memoratur* zum Gedächtnis der Götterwelt war, nahmen die Götter gewissermaßen materielle Gestalt an und wurden damit den Menschen auch ein Stück weit untertan; dadurch verloren sie ihre übergeordnete Funktion, die ja nicht zuletzt in ihrer geistigen Entrücktheit bestand. Die Götter bekamen, historisch betrachtet, zunehmend menschliche Züge, was man deutlich im Griechenland der Antike beobachten kann: Zeus und Hera zum Beispiel, als zankendes, eifersüchtiges Ehepaar. Oder später, im Goethe'schen »Faust«, der Teufel als höchst menschlicher »Mephisto«.

Es gibt aber auch noch einen direkten Beleg für meine These vom »Abschieds-Geschenk«, das etwa 4000 Jahre alte ägyptische »Buch von der Himmelskuh«, auch betitelt: »Die Vernichtung des Menschengeschlechts und die Erschaffung des Himmels« (s. Kasten).

Nachdem der erzürnte Gott Ré sich enttäuscht von der Erde und den Menschen zurückgezogen hatte, um fern vom irdischen Getriebe im Weltall, auf dem Rücken der Himmelskuh, zu residieren, erbarmte er sich doch noch und ließ einen Stellvertreter zurück: den Mondgott Thoth. Dieser galt den Ägyptern des Altertums als der Erfinder der Schrift und als der Gott der Träume. Beides aber, das Schreiben wie das Träumen, gehört kreativitätspsychologisch nahe zusammen, wie wir noch sehen werden. Es ist also kein Zufall, dass es in den alten Mythen Nachtgottheiten sind, die das Schreiben in die Welt bringen, und zwar ausdrücklich männliche Gottheiten.

Der Mythos vom Rückzug der Gottheit

»Ré, der Sonnengott, der alles sieht und der als der große Ordner die Welt richtet, durchschaute, daß die Menschen böse Pläne gegen ihn im Herzen trugen. Deshalb beschloß er, die Menschen zu vernichten. Als sein feuriges Auge sie beinahe alle getroffen hatte, hielt er inne, um einem Rest das Leben zu bewahren. Er ließ auf dem Schlachtfeld einen Rauschtrank ausgießen, so daß das feurige Auge, das in Gestalt einer Löwin wütete, von ihrem Tun abließ. Dennoch zog sich der Gott, entgegen dem Rat und Wunsch der Götter, von der Weltregierung zurück und begab sich auf den Rücken der Himmelskuh, den Menschen fern; er schuf den Himmel als den Wohnsitz der Götter und setzte eine neue Weltordnung ein. ›Betrübt und betroffen‹ erkannten am anderen Morgen die Menschen, daß der Gott nicht mehr unter ihnen weilte.

Die Erschaffung des Himmels und seiner Einrichtungen sowie die Ernennung des Mondgottes Thoth zum Stellvertreter des Sonnengottes werden ausführlich geschildert; dabei ist der Text (sekundär) mit ätiologischen Wortspielen durchsetzt. Indes haben auch solche Wortspiele ihren Untersinn, so entstehen z. B. die Menschen aus den ›Tränen‹ des Gottes; die Einrichtungen und Gegenstände entstehen kraft des Gotteswortes. Das Geschehen wird in entscheidender Weise durch Reden vorangetrieben; magische Sprüche und Rezitationsanweisungen fehlen nicht. Schließlich wird der Zeichner genau angewiesen, wie er das Bild der Himmelskuh, das zum Text gehört, zu gestalten habe. – Diese Weltvernichtung ist eine in mythischer Vergangenheit überstandene Strafe der Menschen; die davon berichtende Geschichte ist nach Vorstellung und Aussageweise ein Mythos, und zwar der älteste fortlaufend erzählte und gut erhaltene Mythos in Ägypten, bestritten aus den Erlebnisformen des Pharaonenlandes. In vielen Ländern lebt diese ›Sintflutsage‹ im Kleid des Märchens weiter.« (Brunner-Traut)

Bei den Ägyptern war es Thoth, der ibisköpfige Gott der Weisheit und Herr des Mondes. Er entsprang dem Kopf des Seth, der das dunkle Prinzip verkörperte und der Gegenspieler von Isis und Osiris war.

Interessanterweise spaltete er sich von Seth ab, als dieser aus Versehen den Samen des göttlichen Kindes Horus geschluckt hatte. Wir finden also am Ursprung des Schreibens – jedenfalls in der ägyptischen Tradition – sowohl die biologische Zeugung wie auch den Bezug zum Kindsein und schließlich die geheimnisvolle Zuordnung zu Nacht und Mond und damit auch zum Traum, also zu weiblichen Prinzipien. Da Seth zudem der Mörder des Osiris ist, verkörpert er das Prinzip des Todes. Schreiben hat also hier offensichtlich mit Zeugung und Sterben als den beiden Grenzpunkten des menschlichen Lebens zu tun und mit der verborgenen, der Nachtseite unserer Existenz.

Sehr ähnlich ist der chinesische Mythos. Dort ist es der Urkaiser Fu-hsi, auch er ein männlicher Mondgott, der sich mit der Göttin Nü-Kua vereinigt. Er schafft, als Folge dieser Vereinigung, die Schrift und gebiert, wenn ich es so nennen darf, schreibend das älteste Buch der Welt – das »I Ging«, das heute noch eifrig (und mit Erfolg) als Weisheitsbuch benützt wird. Auch in der chinesischen Mythologie sind also Nacht und männliches Schöpfungsprinzip aufs Engste mit dem Schreiben verbunden (Details bei Fiedeler).

Und in unserem Kulturkreis? Bei den Juden des Altertums finden wir den Brudermörder Kain als den Schöpfer der Kultur und damit wohl auch der Schrift – wieder also das Schreiben im Umfeld der Nachtseite. Die Bibel nennt Kain nicht ausdrücklich in diesem Zusammenhang – aber ist nicht das »Kains-Mal«, mit dem Gott selber den Brudermörder zeichnet und damit auch schützt, schon so etwas wie ein unübersehbares »Schriftzeichen«?

Bei den Germanen wird Odin (auch er, wie Fu-hsi, ein Gott der Nacht) am Weltenbaum aufgehängt. Dort schafft er sterbend die Runen – und gibt sich damit selbst dem Leben zurück. In der Edda heißt es, im Vers zur zwölften Rune Tyr: »Ein Zwölftes kann ich, seh ich zittern im Wind / Den Gehängten am Holz / So ritz ich und Runen färb ich / Daß der Recke reden kann / Und vom Galgen geht.«

Ich denke, diese Hinweise genügen, um zu zeigen, wie schon vor Jahrtausenden das Schreiben als Hilfe in größter seelischer Not und als schöpferischer Vorgang, durchaus analog dem biologischen Zeugungsakt, gesehen wurde. Doch so ähnlich sich diese Mythen sind, so zeigen sie doch auch typische Unterschiede, die sich geradezu für eine Typologie des Schreibers bis auf den heutigen Tag verwenden lassen:

Da ist einmal der Einsame, der sich mit Hilfe des Schreibens gerade noch dem Tod entzieht, verkörpert durch Odin. Und dann ist da der eher Gesellige und Lebensfrohe, der am liebsten zusammen mit anderen kreativ ist und schreibt, verkörpert durch den Chinesen Fu-hsi.

Ich finde es ein interessantes Detail, dass der einsam am Weltenbaum hängende Odin und seine Runen inzwischen nahezu vergessen sind, während Sie, meine Leser, das Orakelbuch des Fu-hsi, das »I Ging«, noch heute in jeder Buchhandlung kaufen oder in den besser bestückten Bibliotheken ausleihen und als Ratgeber benützen können. Allein in deutscher Sprache sind zurzeit – sage und schreibe! – dreizehn verschiedene Ausgaben erhältlich.

Am Anfang war die Schrift

Am Anfang der Natur-Welt war, gemäß der biblischen Überlieferung, das von Gott gesprochene »Wort«. Am Anfang der von Menschen geschaffenen Kultur-Welt war zunächst das *erzählte* Wort, später gefolgt vom *geschriebenen* Wort, dem gewissermaßen auf dem Papier geronnenen Logos. Letzte Reste dieser magischen Kraft des Wortes, gesprochen wie geschrieben, findet man in den Texten für Amulette und in Beschwörungsformeln wie den »Merseburger Zaubersprüchen«.

Spuren der ungeheuren Kraft des göttlichen Wortes findet man heute noch im Judentum. Dieser Tage las ich von Immanuel Jakobovits, der höchsten Autorität der Juden in Großbritannien, diesen Satz:

»Nachdem der Tempel zerstört wurde, haben wir uns auf den Talmud konzentriert. Danach leben wir, zweitausend Jahre später, immer noch.«

Der Tempel zu Jerusalem, das »Haus Gottes«, wurde also abgelöst durch ein Buch, durch das geschriebene Wort. Von diesem darf kein »Jota« (das kleinste Schriftzeichen des hebräischen Alphabets) geändert werden, was erstaunlicherweise bis auf den heutigen Tag stets gelungen ist; das beweisen die Schriftrollen vom Toten Meer, deren Texte völlig identisch sind mit den Thora-Rollen unserer Zeit. Man bekommt angesichts solcher Zusammenhänge eine gewisse Ahnung davon, was Schreiben bedeuten kann – nicht nur für das Individuum, sondern für eine ganze Kultur.

Schreiben – das ist die wahre Alchemie, die zu einer geistigen Transformation dessen führt, der diese Kunst beherrscht. Sollte diese Kunst, sollte das Handwerk des Schreibens je verloren gehen – dann müssten wohl die Götter zurückkehren. Oder war es gar andersherum? Dass die Götter gingen (dass sie gehen konnten), nachdem die Menschen das Schreiben erfunden hatten?

6 Zählen und Er-Zählen

Für die kaum mehr übersehbare Fülle von Schreibtätigkeiten wurde eine ebenso große Zahl von Bezeichnungen ersonnen. Kunst und Kommerz gehen bei all diesen Berufen mehr oder minder intensive Beziehungen ein – nicht unbedingt zum Vorteil der Texte.

Was haben die Menschen aus diesem großartigen Abschiedsgeschenk der Götter gemacht? Mit viel Einfallsreichtum setzten sie es auf nahezu allen Lebensgebieten äußerst sinnreich und nutzvoll ein. In dieser Fülle schreibender Tätigkeiten lassen sich jedoch einige Hauptlinien deutlich unterscheiden. Schreiben, das ist doch eigentlich mit zwei völlig verschiedenen Vorstellungen verbunden, die gewissermaßen die Extreme eines breiten Spektrums darstellen.

Das ist zum einen das Schreiben als vertrautes, alltägliches Geschehen, über das wir uns selten Gedanken machen – beim Abfassen eines Geschäftsbriefes oder einer Tagebuchnotiz.

Zum anderen betrachten wir das Schreiben (insbesondere das Verfassen von Gedichten oder gar von ganzen Büchern) als ein hehres Privileg weniger Auserwählter, die wir »Schriftsteller«, »Autoren« oder gar »Dichter« nennen – und die wir vielleicht sogar verehren, zu unserem Idol machen. Für den Jugendlichen mag das Karl May sein oder Michael Ende, für den älteren Menschen: Goethe, Duras, Hesse, Stephen King, James Joyce, Douglas Adams oder ebenfalls Ende.

Zwischen beiden Extremen, dem Alltagsschreiber und dem Dichter, finden wir noch den gewandten Journalisten, der auf vielen Schreibmaschinen klappern können muss, je nachdem, welchen Themen er nachjagt – oder welche Themen gerade gefragt sind oder die gar *ihn* jagen.

Viele Namen für eine Tätigkeit

Es gibt noch einige andere Bezeichnungen, die ich hier einfach aufzählen möchte; manche von ihnen teilen schon im Wort mit, was die Spezialität des Trägers dieser Bezeichnung sein könnte. Da ist zunächst einmal der Chronist, dann der Verfasser, der Publizist, der Urheber. Den Urheber finden wir vor allem in den Gesetzbüchern, beim Urheberrecht; er ist nichts anderes als der »Autor« – eine Übersetzung des lateinischen »*auctor*«, das sich ableitet von »augere«: fördern, vermehren. Was gefördert wird, was vermehrt wird, können wir bereits ahnen, denn es ist eines der zentralen Themen dieses Buches: Er fördert den Kontakt zu sich selbst und zu anderen Menschen.

In der deutschen Übersetzung »Ur-heber« steckt noch einiges mehr: Wo immer wir der Vorsilbe »Ur« begegnen, können wir vermuten, dass es da in die Tiefe geht, in historische Tiefen ebenso wie in persönliche. Was da aus dem »Ur« (gewissermaßen aus dem Reich der Archetypen und ältester Menschheitsgeschichte) gehoben wird, das sind die Erinnerungen – die Erinnerungen des Individuums wie die der gesamten Gattung Mensch.

Der Autor, der Ur-heber, ist also jemand, der zwischen dem »Hier und Jetzt« und der Vergangenheit, zwischen dem Ich und dem Kollektiv vermittelt – mit Sprache und Schrift als Medium. Eine Funktion, die übrigens in der Bezeichnung »Chronist« ebenfalls schon angesprochen wird: »*Chronos*« ist das griechische Wort für Zeit.

Eher ein Schimpfwort ist heute der »Literat«; im vergangenen Jahrhundert war es der »elende Skribent« (der sich aus dem einstmals so ehrwürdigen Klosterschreiber ableitete).

Schließlich ist da noch der »Erzähler«, heute eine eher selten gewordene Berufsbezeichnung, die man gelegentlich in Buchbesprechungen findet – wenn der Rezensent zum Ausdruck bringen möchte, dass in dem vom ihm besprochenen Buch ganz altmodisch, und zwar im positiven Sinne, erzählt wird. Doch gerade dieser »Erzähler« zeigt uns etwas von der meditativen und therapeutischen Potenz des Schreibens – und des Schreibenden.

Weisheit der jüdischen Mystiker

Lesen wir, was der jüdische Mystiker (und ehemalige Wirtschaftsstatistiker) Friedrich Weinreb, ein bedeutender Kenner der Kabbala, über den tieferen Sinn des Erzählens zu sagen weiß. Er bezieht sich dabei auf die vergessene Tatsache, dass Buchstaben und Zahlen einstmals, in den alten heiligen Sprachen, durch dieselben Zeichen ausgedrückt wurden.

Dies ist heute nur noch im Hebräischen der Fall, in dem der erste Buchstabe *»aleph«* – der Urahne der griechischen *»alpha«* und damit unseres schlichten »a« – zugleich die Zahl »Eins« repräsentiert. Erst der zunehmende Einsatz von Computern (die ja Wörter in Zahlenfolgen ausdrücken) hat da ein uraltes Wissen neu zugänglich gemacht (s. Kasten S. 76).

Wer sich näher für diese Zusammenhänge interessiert, welche die geistige Struktur der Sprache und der Schrift anhand verblüffender Beispiele sichtbar machen, dem empfehle ich sehr Weinrebs Hauptwerk »Der göttliche Bauplan der Welt«. Doch kehren wir, nach diesem kleinen Ausflug in die Welt der Etymologie und der Synonyme, zurück zum Schreiben. Wir sahen ja bereits im vorangehenden Kapitel, anhand von drei Beispielen aus der ägyptischen Überlieferung, dass das Schreiben keineswegs nur zur Dokumentation profaner Alltagsabläufe da war – wie für die Buchhaltung und die pharaonische Chronik –, sondern von Anfang an bereits meditativen und auch psychotherapeutischen Zwecken diente. Nicht zuletzt deshalb ist mir die liebste Bezeichnung für jemanden, der schreibt – gleich ob er einen Brief oder eine Novelle verfasst –, die, welche man für die Urahnen der Erzähler und Schriftsteller benützte: Man nannte sie schlicht »Schreiber«.

Das Wort hat heutzutage einen etwas negativen Beigeschmack, etwa im Sinne von »Dutzend-Schreiber«. Aber ich möchte ihn gerne in Ehren halten schon im Andenken an jene frühen Vorfahren, die im Altertum und im Mittelalter die Schreibkünste pflegten und damit die Grundlagen für unsere Kultur schufen.

»Der Mensch … hat verstanden, daß Zahlen auch sprechen können, daß sie eigentlich viel eher zum Kern der Sache führen und viel tiefer in diesen Kern hinein als Wörter. Es zeigt sich aber auch, daß Wörter und Zahlen irgendwie zusammenhängen müssen, daß Wörter die Äußerung einer Welt darstellen, in den Proportionen, Relationen, die das Bestimmende sind. Da, im Tiefsten, gibt es ein Spiel von Zahlenkombinationen, da wird das Entscheidende bestimmt durch ein Mehr oder Weniger.

Doch wozu eigentlich so viele erklärtende Worte? Sprechen wir nicht auch von ›erzählen‹ und ›Erzählung‹? Und sagen wir damit nicht – heute allerdings, ohne etwas dabei zu denken –, daß wir eigentlich zählen, daß wir Proportionen feststellen, daß wir Zahlenkombinationen bilden und Relationen weitergeben? Hier sieht man in nichthebräischen Sprachen etwas wie einen Funken von jenseits, zeigt sich eine Stelle, wo eine Brücke bestand zwischen den Wurzeln des Wortes und seiner heutigen Erscheinungsform.

Dieser Zusammenhang zwischen dem Wort ›erzählen‹ und ›zählen‹ ist, soweit ich weiß, in allen germanischen und romanischen Sprachen vorhanden. Natürlich auch im Hebräischen; aus dem Stamm (der Konsonantenfolge) s – p – r sind die Wörter für ›Zahl, zählen, erzählen, Erzählung‹ und auch für ›Buch‹ gebildet …

Die Sprache der Bibel kennt noch diese Verbindung; bei ihr enthält die Formel des Äußeren, also das Gehörte oder das erblickte Wort, zugleich die Formel des Innern, des Wesentlichen« (Weinreb, S. 20 f.).

Einem inneren Zwang folgen

Wie kommt jemand eigentlich dazu, sich hinzusetzen und zu schreiben? Da es sich um eine anstrengende Tätigkeit handelt, dürfen wir vermuten, dass eine Art Zwang dahinter steckt – freiwillig macht man so etwas üblicherweise kaum. Dieser Zwang kann aus zwei Richtungen kommen:

Von außen, beispielsweise wenn wir für ein Examen eine Arbeit verfassen müssen, oder von innen. Der zweite Fall, wenn aus dem eigenen Seelenleben der Drang kommt, sich schriftlich zu äußern, ist es vor allem, der uns interessieren sollte. Dieser Drang steht wahrscheinlich am Beginn jeder Schriftsteller-Karriere.

Es fängt meist ganz harmlos an – mit dem Führen eines Tagebuchs. Aber irgendwann macht sich die Tätigkeit selbständig. Ging es vorher vor allem darum, »Dampf abzulassen« oder gar sich »auszukotzen«, sich »auf dem Papier neu zu orientieren«, so gehen bald innerer Drang und äußerer Druck Hand in Hand. Und nicht selten geht dann (wenn das gelegentliche freiwillige Schreiben zum Beruf wird) der eigentliche Ursprung verloren – nämlich, dass sich da das Innenleben und das Unbewusste äußern wollten und einen mit Ideen und Träumen zum Schreiben trieben.

War vielleicht das erste Buch sogar ein Erfolg für den Autor, kommt es dann leicht zu einer verhängnisvollen Verschränkung mehrerer Beweggründe:

- Stolz auf die erbrachte Leistung und von den Kritikern gezolltes Lob und Ermunterung auf der einen Seite,
- ein Vorschuss und ein Vertrag des Verlegers für das nächste Werk, Spaß am Schreiben und an der Resonanz des Publikums auf der anderen Seite.

Und irgendwann artet die Angelegenheit in Arbeit aus. Die zündenden Ideen, die originellen Einfälle, die überraschenden Formulierungen sind doch nicht so häufig und leicht in der Welt zu finden, wie man im ersten Überschwang meinte. Woher Gedanken, Bilder und Symbole nehmen – wenn nicht stehlen – oder sie aus dem eigenen Erstlingswerk und dem ungeheuren Fundus der angelesenen Literatur übernehmen, etwas überarbeitet, adaptiert, aufpoliert …

Ich glaube nicht, dass ich den Sachverhalt sehr karikiere. Routine und Schreiben-müssen sind der Tod der Originalität für viele Autoren – vor allem, wenn sie sich vom ersten Erfolg dazu verleiten ließen, sich vom Schreiben eine auch finanziell ergiebige Berufslaufbahn zu erhoffen. Nicht umsonst hat Erhart Kästner einmal – und keineswegs ironisch – gemeint, für einen Schriftsteller empfehle es sich, einen kleinen Tabakladen oder etwas ähnlich »Reelles« für den Broterwerb im Hintergrund zu haben.

Sehr drastisch beschreiben solche Frustrationen die beiden französischen Krimi-Autoren Boileau und Narcejac in ihrem Thriller »Mr. Hyde«. Der Held des Romans, der Schriftsteller René Jeantôme, ist durch die Konkurrenz mit seiner erfolgreicheren, ebenfalls schreibenden Ehefrau nach seinem Erstlingserfolg so blockiert, dass er keine Zeile mehr zu schreiben vermag; bis ihm ein Neurologe rät, sich seinen Frust in einer Art Tagebuch von der Seele zu schreiben.

Es kommt ja nicht nur darauf an, ab und zu einen »grandiosen« Einfall zu haben. Schreiben lebt, wir sahen es schon, vom unaufhörlichen, stetigen Zustrom der Gedanken und Bilder. Man könnte diese beiden Formen der geistigen Befruchtung als »Makro-Inspiration« und »Mikro-Inspiration« bezeichnen. Letztere könnte sich vielleicht sogar als die wichtigere erweisen – denn ist der »große« Einfall nicht letztendlich das Resultat der vielen »kleinen« Ideen, aus denen er sich speist?

Dabei sollte allerdings nicht übersehen werden, dass es einen gravierenden Unterschied gibt: Der »große« Einfall hebt die Kette der kleinen Ideen auf eine neue, auf eine symbolische Ebene.

Das Geldverdienen hintanstellen

Warum nicht die eben geschilderte verhängnisvolle Kausalkette einmal gewissermaßen umdrehen und das Schreiben um des Geldes willen ganz hintanstellen, als schöne Dreingabe, die den spielerischen Umgang mit Worten und Sätzen versüßt? Ich weiß, dass ich damit bei meinen schreibenden Kollegen und gar bei den Berufsverbänden, bei Künstlersozialkasse und Funktionären der Mediengewerkschaft auf wenig Gegenliebe stoße.

Schauen wir uns einmal an, welche Konsequenzen mein Vorschlag hätte: Wenn nicht jeder Worturheber gleich auf das Feuilleton der Tageszeitung und die Büchermühlen der Verlage schielen würde – und ich muss gestehen, dass ich bisher auch zu dieser Kategorie zählte –, dann würde wahrscheinlich die Flut der mehr als 80 000 Neuerscheinungen pro Jahr allein in der Bundesrepublik etwas dünner werden. Und so manches vorgebliche »Meisterwerk« hätte eine Chance, zu reifen und wirklich meisterhaft zu werden – und nicht nur Konsumware für zwei Jahre, allenfalls für drei.

Kehren wir noch einmal zurück zur vorhin gestellten Frage: Warum gerät jemand eigentlich ans Schreiben? Und lassen wir die durch Sachzwänge gewissermaßen erpressten Prüfungs-, Doktor- und Berufsarbeiten, die Berichte und *Papers*, die Aktennotizen, Memoranden und Protokolle (so wichtig sie für den beruflichen Alltag sein mögen) einmal außer Acht.

Konzentrieren wir uns vielmehr auf das, was das Unbewusste ins Bewusstsein drückt, auf das, was sich äußern möchte, sich äußern muss, weil im Innersten etwas nicht mehr in Ordnung ist. Oder das heraus in die Öffentlichkeit will, weil Unordnung und Unrecht in der Außenwelt Empörung verursachte und zum Wortgefecht aufforderte – Georg Büchners Dramen, der »Woyzeck« und »Dantons Tod«, sind da große Vorbilder, oder die Anklagen von Peter Weiss in »Marat-Sade« und seinen anderen Stücken.

Wissen

Erfahren

Gestalten

verstanden
werden

unter einem zirkus
zelt steh ich
schreibe, was ge
fällt

was das schreiben
mir bedeutet?
geist, der hirnes
glocke läutet

ach, was ist das
leben schöööön
wenn die andern
mich verstehn …

7 Sich schreibend selbst erfahren

Die Angst vor dem leeren Blatt Papier, in der Schule eingebläut, hat uns eine der wichtigsten Chancen für Selbsterfahrung genommen: Wir haben nie gelernt, dass Schreiben ein Weg der Kommunikation mit sich selbst sein kann. Doch man kann diese Blockierung aufbrechen und seine Seele »frei schreiben«.

Lesen und schreiben lernen wir als Kinder, mit sechs oder sieben Jahren. Es ist ein mühsamer Weg vom ersten Buchstabieren bis zum flüssigen Vortrag. Ich konnte dies bei meinem Sohn Jonas beobachten, als er in die Schule kam. Schon Monate vorher brachte er sich das Lesen selber bei, weil er es satt hatte, immer einen Erwachsenen um Hilfe bitten zu müssen, wenn er seine »Mickymaus« oder seinen »Asterix« anschauen und nicht nur die Bilder betrachten wollte.

Lesen und Schreiben lernen wir gleichzeitig. Aber wir machen uns selten Gedanken darüber, dass es sich nur scheinbar um die beiden Seiten derselben Medaille handelt. Lesen ist ein mehr passiver Vorgang, vergleichbar dem Aufnehmen und Verarbeiten von Nahrung. Schreiben hingegen …

Ja, was ist das eigentlich, dieses Schreiben?

Feststeht, dass es fast niemanden gibt, dem das Schreiben leicht fällt. Die Autobiographien der Schriftsteller sind erfüllt vom unüberhörbaren Stöhnen, das diese Arbeit hervorruft – aber auch von fast schon masochistisch zu nennenden Ausbrüchen der Freude an ebendieser Sklavenfron. Thomas Mann hat oft einen ganzen Vormittag dazu gebraucht, um zehn Zeilen Text zu gestalten. (Andere allerdings scheinen die »Tinte kaum halten zu können«, wie es in Journalistenkreisen respektlos von solchen Graphomanen heißt.)

Schreiben als Selbsterfahrung – was ist daran so anders als beim Schreiben um des Broterwerbs willen oder um einen lästigen Aufsatz für die Schule hinter sich zu bringen?

Mit erhöhter Aufmerksamkeit

Man könnte meinen, dass wir uns ständig »selbst erfahren«, beim Zähneputzen, beim Essen, beim Lieben, beim Autofahren … immer dann, wenn wir mit wachen Sinnen etwas tun. Genaueres Hinsehen zeigt freilich, dass wir die meisten dieser Tätigkeiten des Alltags als Routine, automatisch verrichten, also gerade ohne besondere Aufmerksamkeit, nahezu »bewusst-los«.

Selbsterfahrung, wie sie heute verstanden wird, meint etwas anderes, nämlich: mit erhöhter Konzentration und Aufmerksamkeit etwas tun oder erleben und damit das eigene Bewusstsein zu erweitern, und sei es auch nur um eine alltägliche Winzigkeit, zum Beispiel:

- den Partner streicheln (ohne an die Arbeit des nächsten Tages zu denken);
- das Frühstück genießen (ohne Zeitung zu lesen und Radio zu hören);
- einem Kind beim Spielen zusehen (ohne in Gedanken woanders zu sein);
- die Schulaufgaben machen, ohne sich gleichzeitig über den Walkman die neueste Scheibe von »Madonna« reinzuziehn …

Schreiben ist uns, durch den Drill der Schule, zu etwas so Selbstverständlichem, zu etwas so Banalem geworden, dass wir gar nicht mehr spüren, wie unglaublich dieser Vorgang im Grunde genommen ist:

Geistiges nimmt materielle Gestalt an, Gedanken werden zu Worten, schwarz auf weiß. Ich möchte hier nicht in jenen unsäglichen Hochmut verfallen, der das Analphabetentum der Menschen in den Entwicklungsländern gleichsetzt mit Dummheit (als ob es nicht andere Intelligenzleistungen gäbe, die gerade ohne Lesen und Schreiben und die damit zwangsläufig einhergehende Verkopfung weit eindrucksvoller sind). Aber dennoch ist es etwas Besonderes, wenn man im Kopf mit Symbolen manipulieren und diese dann auch noch in wohlgesetzten Worten zu Papier bringen kann, wenn gedachte Worte, wenn geistige Strukturen zu Schrift gerinnen und von da an nachprüfbar und bearbeitbar sind, für einen selbst und für andere, sogar weit über den eigenen Tod hinaus. Das älteste chinesische Buch, das »I Ging«, und das sumerische »Gilgamesch«-Epos sind mindestens 4000 Jahre alt. Und die Ritzzeichnungen der Cromagnonmenschen in den Altamira-Höhlen, auch sie Zeugen geistiger Tätigkeit, die zu einer Art Bilderschrift wurde, sind sogar noch einmal Jahrzehntausende älter.

Wie schwierig dieser Vorgang des Aufschreibens in Wahrheit ist, das wird uns immer wieder dann schmerzlich bewusst, wenn wir vor einem Stapel leerer Blätter sitzen und sie mit Text füllen sollen. Auch Routine schützt vor diesen Schwierigkeiten nicht. Für mich jedenfalls ist das Schreiben jedes Mal wieder ein *Großer Berg*, der sich scheinbar unüberwindbar vor mir auftürmt, und das, obwohl ich jedes Jahr mehr als fünfhundert Manuskriptseiten fülle.

Sich selbst aus-drücken

Woher kommen diese Schreib-Schwierigkeiten, die sich nicht selten zu ausgesprochen lästigen Schreibstörungen, ja sogar zu massiven Schreibhemmungen entwickeln können, bis hin zum neurotischen Block, der jede Arbeit an Texten völlig behindert?

Letztlich geht es ja darum, sich buchstäblich »selbst auszudrücken«, die gedachten Worte und Sätze aus sich herauszupressen im schriftlichen *Aus-Druck* – lange bevor sie vom Computer in eine schriftliche Form gebracht werden. Weil aber in diesem Prozess des Verfertigens von Texten das Aus-Gedrückte sich immer weiter vom Aus-Drückenden (genauer: der Innenwelt des Schreibenden) entfernt, muss es notwendigerweise durch diese fortschreitende Entfremdung und Verfremdung* immer wieder zu

* Paradoxerweise kann gerade das Verfremden von Inhalten, die einen sehr bedrängen (z. B. weil das Erlebte noch viel zu nah und intensiv ist), helfen, solche Themen zu bearbeiten – am einfachsten, indem man nicht in der Ich-Form berichtet, sondern in der dritten Person, beispielsweise mit einem fiktiven Helden als »Kunstfigur« oder Alter Ego. (Ein Beispiel dafür bringe ich in Kap. 12 ab S. 147.)

Blockierungen kommen. Das entspricht einem völlig normalen psychischen Abwehrmechanismus.

Ich vermute darüber hinaus, dass sich in solchen Schreib-Blockaden alte Ängste und ein aufgespeicherter (oft tief verdrängter) massiver Widerwille gegen das Schreibenmüssen in der Schule fortsetzen, die sich erst nach und nach durch intensive Selbsterfahrung auflösen lassen. Die negativen Elemente der Schulzeit habe ich im Kasten im Einzelnen aufgelistet (s. nächste Doppelseiten).

Zeitbomben des Deutschunterrichts

1.
Der ständige Drill, über viele Jahre hinweg »fehlerlos« zu schreiben, stellt die korrekte Grammatik (also das Fremde) höher als den Einfallsreichtum (also das eigene Wesen und die persönlichen Bedürfnisse). Da Grammatikkenntnisse sicher kein Schaden sind, genügte eine gewisse Verschiebung hin zum Pol des Persönlichen – weil es damit auch zu einem besseren Gleichgewicht zwischen »Form« und »Inhalt« käme.

2.
Schulunterricht ist stets zielorientiert – wenn geschrieben wird, so geht es um vorgegebene Themen, ganz egal, ob die Schüler das im Augenblick interessiert oder nicht. Das bremst jede Spontaneität und jeden Phantasiereichtum fürs Leben ab. Woher soll später dann, im Erwachsenenleben, noch Innovation und Kreativität kommen? Sie bleibt den Trotzköpfen und Rebellen vorbehalten, die sich in der Schule nicht anpassten – so haben die meisten Schriftstellerkarrieren begonnen, vermute ich.

3.
Der Unterricht ist leistungsorientiert – es gibt gute Noten für »gute« Leistungen und schlechte Noten für »schlechte« Leistungen; die verheerenden Folgen dieses kontinuierlichen Wett-

bewerbs für so manche sensible und kreative Existenz sind bekannt.

4.
Der Körper wird zunehmend ausgeschaltet, Denken wird mehr und mehr zu einer abstrakten, rein »geistigen« Angelegenheit. Dahinter steckt ein völlig veraltetes Denkmodell, das davon ausgeht, dass »Geist« etwas dem Körper Überlegenes und von ihm Losgelöstes sei. Alle Erfahrungen der psychosomatischen Medizin deuten jedoch darauf hin, dass Körper und Seele bzw. Geist nur zwei verschiedene Seiten desselben Substrats sind. Den Körper zu vernachlässigen bedeutet auch, den Geist zu vernachlässigen. Die Römer der Antike wussten das auch schon (*»Mens sana in corpore sano«* – »In einem gesunden Körper wohnt ein gesunder Geist«) – fragt sich nur, weshalb die Schule, die gerade diesen alten Spruch so hochhält, sich so wenig danach richtet.
Auf das Schreiben bezogen bedeutet dies: Nicht allein der »Kopf« schreibt, sondern der ganze Körper.

5.
Unsere Schulen fördern die Vereinzelung, der Unterricht ist eminent gruppenfeindlich; das ist doppelt paradox, weil ja zum einen in Klassenverbänden, also in Gruppen, unterrichtet wird und weil zum anderen »Klassengeist« geradezu gefordert wird. Aber sobald sich gruppendynamische Phänomene bei der Arbeit (also auch beim Schreiben) zeigen, wird eingegriffen. Wer abschreibt, oder abschreiben lässt, wird disqualifiziert – dass (auch das schreibende) Erzählen immer schon eine gesellige Angelegenheit war wird nicht gefördert, sondern – ganz im Gegenteil – unterdrückt. Und völlig übersehen wird, dass diese Art von Unterricht einseitig nur die einzelkämpferische Kreativität fördert, nämlich Kreativität im Wettkampf mit den »Mitbewerbern«, wohingegen die mindestens so wichtige »Kreativität der Gruppe« weitgehend oder völlig missachtet wird. Unsere moderne Welt sieht entsprechend aus.

6.
Außerdem wird Tempo gefordert. Von der ersten Klasse der Grundschule an wird zunehmend die Geschwindigkeit der Schülerleistungen erhöht, beim Lesen und Schreiben ebenso wie beim Kopfrechnen und beim Denken überhaupt; die Langsamen bleiben auf der Strecke. (Äußerst eindrucksvoller Roman zu diesem Thema: »Die Entdeckung der Langsamkeit« von Sten Nadolny.)

Auch hier wird wieder etwas Grundlegendes übersehen: dass nämlich alle geistigen Prozesse neben ihren – durchaus vorhandenen – schnellen und beschleunigungsfähigen Phasen auch eher langsame, kontemplative Phasen haben. Wird nur die Beschleunigung betont (und das rasante Schnitt-Tempo der Kino- und Fernsehfilme wie der Computer-Spiele und die entsprechenden Ansprüche des Leistungssports unterstützen dies noch nachhaltig), dann geht jede Muße, geht jedes meditative Geschehen verloren und es können keine geistigen Strukturen mehr im Stillen und in der Gelassenheit wachsen und ausreifen. Das ist der Tod jeder Originalität. Äußerst hilfreich wäre da mehr Abwechslung zwischen Phasen der Be-Schleunigung und solchen der Ent-schleunigung.

7.
Ein Kapitel für sich ist die Betonung der rechten Hand für das Schreiben. Man ist heute etwas zurückhaltender mit diesem sturen Rechtsdrill, der früher so manches begabte Kind beeinträchtigt hat. Aber was die Lehrer aus Einsicht heute schon unterlassen, wird von manchen altmodischen Eltern umso nachhaltiger besorgt. Ich könnte ein ganzes Buch nur mit den Schicksalen von »auf Rechtshändigkeit umgeschulten Linkshändern« füllen, die ich in meinen Seminaren kennen lernte. Wenn man einmal in den USA war, gewinnt man den Eindruck, dass dort viel mehr Menschen als bei uns mit der linken Hand schreiben, weil man sie lässt. Warum sollte es bei uns anders sein?

(Wie es dabei mit der Links-rechts-Hälftigkeit des Gehirns aussieht, das steht auf einem ganz anderen Blatt.)

8.
Aber es sind manchmal auch recht läppische Details, die einem den Spaß am Deutschunterricht und am Schreiben auf Jahre hinaus vergällen können. Ich sehe mich noch ganz deutlich in der sechsten Klasse des Gymnasiums sitzen und einen puterroten Kopf bekommen, weil der Lehrer einen Erlebnisaufsatz über eine Radtour von mir vorliest und speziell den Schluss genüsslich zitiert. Nicht der Bericht selber hatte seinen Unwillen ausgelöst – der Schluss hatte es ihm angetan, ihm und speziell seiner Vorstellung von »gutem« Deutsch. Was hatte ich da Unsägliches verbrochen? Ich hatte gewagt zu schreiben, dass die Radfahrer völlig ausgehungert von ihrer Tour nach Hause kamen, »und dann schlugen sie sich den Bauch mit Knödeln voll«.

Gewiss, das war Umgangssprache und gehörte eigentlich nicht in einen Text, der ansonsten auf einer anderen, »höheren« Sprachebene angesiedelt war. Aber verdammt nochmal: Die Burschen (ich selber war einer von ihnen gewesen) waren wirklich ausgehungert und hatten sich in der Tat voller Gier – pardon – den Ranzen voll geschlagen! Der Ton stimmte also.

Heute, nachdem ich beim Urbild aller Vorbilder des Deutschunterrichts, nämlich Goethe, noch ganz andere sprachliche »Entgleisungen« vorgefunden habe, einfach deftige Ausdrücke samt Stilbrüchen und Verlassen irgendeiner anderen Sprachebene, da wurmt mich das schon nicht mehr so (o Gott – was hat denn ein Wort wie »wurmt« in *dieser* Stilebene zu suchen?!). Doch am meisten freute mich, und löste vor allem diesen alten Frustknoten aus dem Deutschunterricht der Gymnasiumszeit auf, als ich vor einigen Jahren in der Süddeutschen Zeitung auf der Seite drei einen Bericht über eine Radtour durch die DDR las, in dem am Schluss genau dieser Satz stand:

»… und wir schlugen uns den Bauch mit Knödeln voll.«
(Das war vielleicht kein gutes Deutsch – aber es passte.)

Wie man Blockaden wieder abbaut

Wenn ich mit Menschen arbeite, die solche Schreibstörungen durch psychologische Beratung oder im Rahmen eines Schreib-Seminars abbauen wollen, gehe ich deshalb sinnvollerweise systematisch ihren Entwicklungsweg zurück, bis zur ersten Schulstunde. Die acht im Kasten aufgeführten Hindernisse einer gesunden geistigen Entwicklung und speziell der Schreib-Fähigkeit werden dabei, soweit sie vorhanden sind,

- zunächst sichtbar gemacht (dies ist ein wesentlicher Bestandteil der Selbsterfahrung vor allem zu Beginn eines längeren Schreib-Trainings)
- und dann allmählich mit Übungen und mehr spielerischer Themen-Bearbeitung, aber auch anhand von Träumen, Exkursionen in den Alltag und erinnerten Erlebnissen abgebaut.

Da das Schreiben an konkrete Handlungen und Erlebnisse gekoppelt ist, die aus einer Altersstufe stammen, die *hinter* dem Amnesie*-Alter (etwa drittes Lebensjahr) liegen, also dem Erwachsenenbewusstsein näher sind, lässt sich das relativ einfach bewerkstelligen (was allerdings nicht heißt, dass der Abbau einer Schreibblockade sehr rasch vor sich geht). Es gibt dafür einige Übungen, die jeder leicht selbst durchführen kann. Sie haben alle dasselbe Ziel: die Entstehung einer *Inneren Gestalt* zu fördern, die ich den »Inneren Schreiber« nenne; über ihn gleich noch mehr.

Das Hauptproblem sehe ich darin, dass wir in der Schule von Anfang an darauf getrimmt werden, Lesen und Schreiben immer rascher und regloser, mit einem Minimum an Körperbeteiligung, zu vollführen. Im Gegensatz zu Japanern und Chinesen, die einen Pinsel in Tusche tauchen und dann schwungvolle Zeichen auf große Papierbögen setzen, drückt man uns einen kleinen Stift in die

* Von griech. »vergessen«. Damit ist gemeint, dass alle Erlebnisse vor dieser Zeit nicht mehr oder nur sehr mühsam rekonstruiert werden können. Das Rückerinnern lässt sich jedoch in gewissem Maße üben – ein sehr wesentlicher Teil jedes ernsthafteren Schreibens.

Hand, mit dem wir winzige Krakel auf – vergleichsweise – winzige Blätter setzen; gelesen wird außerdem sehr früh lautlos.

Ein bewährtes Gegenmittel ist es, wieder laut vorzulesen. Das verlangsamt zum einen den Schreib- und Lesevorgang erheblich, bezieht vor allem aber eine völlig andere Sinnessphäre zusätzlich zu den Augen mit ein: das Hören. Beim Sprechen (möglichst laut!) vibriert der ganze Oberkörper mit. Noch wenig erforscht ist hierbei, welchen Einfluss es haben könnte, dass die Hörfähigkeit viel früher vorhanden ist als das Sehen; bereits das Ungeborene im Mutterleib vermag eine Fülle von Geräuschen wahrzunehmen, und zwar etwa ab dem sechsten vorgeburtlichen Monat, sobald das Gehör physiologisch ausgereift ist. Beim Gesichtssinn sind ausgereifte Leistungen erst Wochen nach der Geburt verfügbar. Noch einmal etwas anderes ist das entsprechende Training der zuständigen Gehirnareale. Auf jeden Fall lohnt es sich für alle, die schreiben, den akustischen Bereich intensiver einzubeziehen und eigene wie fremde Texte nicht nur mit den Augen zu überfliegen. Das sehende Lesen geht zudem viel schneller – akustisches Lesen verlangsamt und ent-schleunigt, was der Schreibende ja lernen soll.

Ein Mittel gegen Einsamkeit

All dies sind also bereits wesentliche Momente schreibender Selbsterfahrung, als Grundlage einer Therapie von Fehlverhalten schulischer Herkunft. So wie es »ekklesiogene Neurosen« gibt (nämlich solche, die in der »ekklesia«, der Kirche entstehen), gibt es garantiert auch »scholagene« Neurosen – die in der Schule gezüchtet werden. Alle Schreibstörungen haben dort zumindest ihren Ursprung.

Auch die Einsamkeit hat hier eine ihrer intensivsten Wurzeln; diese Vereinzelung sollte man ebenfalls abbauen. Was wäre dafür besser geeignet als das gemeinsame Arbeiten in einem Seminar oder einer Schreib-»Werkstatt«! Schwieriger ist es, wenn man gezwungen ist, trotzdem immer wieder auch allein zu schreiben, zum Beispiel um längere Texte fertig zu stellen oder sie zu überarbeiten. Das »kontinuierliche Schreib-Seminar«, zu dem sich Profis während ihrer Arbeitszeit zusammentun, und zwar über Wochen und Monate, ja über Jahre hinweg, ist einstweilen – leider – noch Utopie. Ich stelle mir deshalb manchmal einen Spiegel auf den Schreibtisch: Beim Schreiben ist man verdammt allein, was ja einem so kommunikationsbezogenen Vorgang nicht gerade förderlich ist. Der Bildschirm beim computergestützten Schreiben scheint übrigens eine ähnliche Funktion als »Pseudo-Gegenüber« zu haben – ob vielleicht auch deshalb die meisten Berufsautoren und Journalisten auf Computer umgestellt haben?

Das Einbeziehen möglichst des gesamten Körpers in den Prozess des Schreibens/Lesens lässt sich noch verstärken durch die nächste Übung:

Stehend kurze Texte mit der Hand in die Luft malen (die Schulkinder fangen so an, das Schreiben überhaupt zu lernen), zunächst mit der Schreibhand, dann mit der anderen Hand, schließlich mit beiden. Auch die Füße kann man mit einbeziehen, man kann mit Bewegungen des Kopfes schreiben, ja mit dem ganzen Körper.

Eine andere Variante: sich vorstellen, man stehe nachts um drei Uhr vor einer fremden Hauswand, eine Sprühdose in der Hand – was würde man da hinsprayen, welchen schlauen Satz oder welch alten Ingrimm – gegen wen?

Sehr heilsam ist eine weitere Erfahrung, die uns an den Anfang unserer Schreibkarriere – und damit unserer Schreibschwierigkeiten – zurückführt. Sie können es gerne selbst einmal ausprobieren: Schließen Sie für ein paar Minuten die Augen, in bequemer Sitzstellung, und erinnern Sie sich an Ihre ersten Schulstunden, vor allem an Ihre Schreibversuche. Beschreiben Sie dann diese frühen Erfahrungen – aber nicht mit der gewohnten Schreibhand, sondern mit der anderen, die das ja nie gelernt hat. Die erzwungene Verlangsamung des Schreibtempos macht tiefere Schichten der Erinnerung zugänglich, in der Tat bis in die früheste Schulzeit. Sie werden staunen, was Ihnen dabei alles bewusst werden kann.

Sich »frei« schreiben

Eine wichtige Hilfe bei der Überwindung von Schreibstörungen und zugleich ein sehr brauchbarer Zugang zur schreibenden Selbsterfahrung ist für mich das »Freie Assoziieren« geworden. Genau wie der Analysand auf der Couch des Psychoanalytikers frei drauflosspricht, schreibt man sich dabei scheinbar blindlings alles von der Seele, was einem gerade so einfällt. In Wirklichkeit ist man jedoch keineswegs »blind«, sondern man benutzt nur andere Augen – diese sind allerdings nicht nach außen, in die Umwelt gerichtet, sondern nach innen, in das Unbewusste mit seinen verborgenen Schätzen an Erinnerungen, Erkenntnissen und Erfahrungen.

Das ist, als löse sich ein störender Pfropfen, wonach dann der Text ganz zwanglos zutage treten kann. Ich habe das für mich selbst als Student während eines Examens herausgefunden, als ich vor Prüfungsangst kein Wort aufs Papier brachte. Erst nachdem es mir gelungen war, etwa zwanzig Minuten lang einfach wirr und wütend zugleich alles niederzuschreiben, was mir durch den Kopf schwirrte (vor allem mein Ärger auf die Prüfer und meine eigene Blockierung), war ich fähig, die gestellte Arbeit zu bewältigen.

Eine andere Methode, Blockierungen abzubauen, kann noch effektiver sein: Manchmal rede ich mir den »Pfropf« buchstäblich von der Seele, indem ich einen Kassettenrecorder damit füttere; das ist besser, als nur ins Blaue hinein zu sprechen. Offensichtlich erfüllt der Recorder die Funktion von einer Art Phantom-Gegenüber (ähnlich wie einsame Kinder mit einem eingebildeten Gefährten Zwiesprache halten).

Dass das Schreiben als solches schon ein Stück weit »frei« macht, das ist wohl die eigentliche Triebkraft jeder literarischen Betätigung. Sobald Schreiben von inneren Nöten befreit, lassen sich Texte leichter formulieren. Die massivsten Schwierigkeiten, etwas zu Papier zu bringen, treten immer dann auf, wenn der Druck primär von außen kommt, als gestellte Aufgabe, und der innere, der Leidens-Druck zu gering ist.

Hier hilft es, einen persönlichen Bezug zum Thema herzustellen. Ich konnte schon manchem Doktoranden, der mit seiner Dissertation nicht vorankam, helfen, indem ich ihn fragte: »Was hat denn das Thema Ihrer Arbeit mit Ihrer persönlichen Lebensgeschichte zu tun?« Es stellt sich nämlich immer wieder heraus, dass die Wahl des Themas (oder auch die »zufällige« Verordnung durch den Doktorvater) mit einem zentralen Konflikt des Doktoranden zu tun hat.

Sehr viel deutlicher ist dieser Zusammenhang von Text und Schicksal natürlich beim belletristischen Schriftsteller, beim Dichter und beim Autor von Erzählungen und Romanen oder beim Dramatiker.

»Für mich ist Literatur eine Möglichkeit, zu mir selbst zu kommen«, stellte Hermann Lenz in seiner Dankrede nach dem Empfang des Georg-Büchner-Preises im Herbst 1978 fest. Grimmelshausen hat sich in seinem »Simplicissimus« von den erlebten Gräueln des Dreißigjährigen Krieges befreit. Goethe schrieb über sein Drama »Clavigo«, motiviert von Schuldgefühlen gegenüber seiner Geliebten Friederike Brion: »Sein Charakter, seine Tat amalgamieren sich mit Charakteren und Taten in mir« – womit er Gericht über sich selbst hielt. Kurt Vonnegut hat sich in »Schlachthof 5«, verpackt in eine skurrile Science-Fiction-Groteske, mit grimmigem Humor von dem entlastet, was er als Gefangener bei der Vernichtung Dresdens im Zweiten Weltkrieg erlebte. Ähnliches wagt James Ballard, einer der besten Science-Fiction-Autoren der Gegenwart, in seinem autobiographischen Roman »Das Reich der Sonne«. Es ist dies sein erschütternder Versuch, jene drei Jahre zu bewältigen, die er von seinem elften bis zu seinem vierzehnten Lebensjahr, losgerissen von den Eltern, in einem japanischen Internierungslager nahe Shanghai verbrachte, ständig am Rande des Todes. Ein großartiges *document humain*, ein literarisch anspruchsvolles Werk und eine ungemein spannende Abenteuergeschichte zugleich (von Steven Spielberg inzwischen auch kongenial verfilmt).

Marcel Prousts vielbändiges Romanwerk »Auf der Suche nach der verlorenen Zeit« ist ein einziger endloser Trip der Selbsterfahrung, bei dem er eintaucht in Kindheit und Jugend.

Und in seinem Roman »Überhaupt nicht komisch«, um noch ein neueres Beispiel anzuführen, beschreibt Joseph Heller seinen Kampf gegen die totale körperliche Lähmung nach der Erkrankung an dem Guillain-Barré-Syndrom, die ihn hilflos wie ein Neugeborenes machte.

Selbsterfahrungstexte sind noch keine Literatur

Die Beispiele ließen sich beliebig vermehren. Allerdings kommt beim wirklichen Dichter noch etwas hinzu, was über die reine Selbsterfahrung und ihre spontane Niederschrift in Rohtexten beträchtlich hinausgehen kann (aber nicht unbedingt muss – Flauberts »November« wurde in einem Guss hingeschrieben und ist ein kleines Meisterwerk). Von Franz Kafka hieß es bei einem Symposium zu seinen Ehren mit dem programmatischen Titel »Politische Prophetie oder Selbsterfahrung?«, er sei nicht »an gesellschaftlichen und politischen Entwicklungen, sondern ausschließlich an seiner individuellen psychischen Existenz interessiert« gewesen. Nun, dieser scheinbar so ins eigene Innenleben versponnene Autor hat immerhin mit hellsichtiger Klarheit vieles von jenem Grauen der Zukunft vorweggenommen, im »Prozeß«, im »Schloß«, in der »Verwandlung«, was erst heute als Teil unserer Gegenwart erkannt wird. Ist das etwa nicht »gesellschaftlich und politisch« relevant?

Als Kafka am Abend des 10. November 1916 in München seine damals noch unveröffentlichte Erzählung »In der Strafkolonie« einem neugierigen Publikum vortrug, da fielen drei Zuhörerinnen in Ohnmacht, und – wie ein Augenzeuge, der Graphologe Max Pulver, berichtet – die Reihen lichteten sich, »manche flohen im letzten Augenblick, bevor die Vision des Dichters sie überwältigte«. Die offiziellen Zeitungskritiker nannten dieselbe Erzählung eine »wenig geglückte Groteske«, nannten Kafka selbst einen »Lüstling des Entsetzens« …

Wenn wir Lessings Briefe an Eva König lesen, in den »Tagebüchern« der Anaïs Nin oder in Sigmund Freuds nicht minder bewegendem Briefwechsel mit seiner späteren Frau Martha Bernays blättern, dann können wir solche Veränderungen mitvollziehen. Und wir können es an uns selbst erleben, wenn wir uns die Mühe machen, Briefe mit entsprechend persönlichem Anliegen oder Tagebuch zu schreiben.

Noch intensiver wird Selbsterfahrung im Schreiben, wenn es

in meditativer Versenkung gelingt. Vielleicht kommt der Schreib-Meditation am nächsten, was William Butler Yeats widerfuhr, als er am 24. Oktober 1917 sich im »automatischen Schreiben« versuchte und dabei in eine Art Trance fiel, während der er Visionen hatte. Es war, als diktiere ihm ein – unbekannter – Dichter diese »zerrissenen, fast unverständlichen Sätze, die so aufregend waren …« Auf diese Weise entstand nach und nach ein ganzes symbolisches Weltsystem in poetischer Form.

»… und täglich bist du fröhlich …«

Jedes Jahr werden auf der Welt Hunderttausende von Büchern neu auf den Markt gebracht. Wie viel davon werden mehr als ein Jahrzehnt überdauern oder gar ein Jahrhundert? Nimmt man noch all die Erzählungen und Artikel hinzu, die bei uns und anderswo in der Welt gedruckt werden, diese ungeheuerliche Flut von Gedanken und Bildern, so muss man sich fragen: Wozu das Ganze?

Eine Zeit lang habe ich vor jeder Buchhandlung, in deren Fenster sich die Neuerscheinungen farbenprächtig darboten, regelrechte Depressionen bekommen und mir geschworen, nie wieder selbst eine Zeile zu schreiben. Das hat sich gelegt, vor allem deshalb, weil mir inzwischen klar geworden ist, wie unendlich wichtig dieses Ventil für viele Menschen ist, die nur diese schreibende Form der Selbsterfahrung kennen und noch nicht den Schritt gewagt haben, in einer Gruppe sich dem Gespräch und dem Feedback der anderen auszusetzen (was ja eine weitaus intensivere Erfahrung sein kann).

Ich habe Selbsterfahrung viele Jahre auch nur in der stummen schriftlichen Form, als Zwiesprache mit mir selbst gekannt; bis ich mich als Student einer Psychoanalyse unterzog und den Panzer der Isolation aufzubrechen begann. *Nur* zu schreiben kann auch eine Flucht vor jeder Veränderung und vor dem Leben schlechthin sein!

Inzwischen habe ich die Erfahrung gemacht, dass eine Kombination von beidem, von Aus-Reden und Auf-Schreiben, sehr sinnvoll ist, vielleicht sinnvoller als jene reinen Selbsterfahrungsgruppen, in denen unaufhörlich nur mit dem Mund über Probleme geredet und »mit dem Körper gesprochen« wird – ohne dass sich wirklich Wesentliches ändert. Das Aufgeschriebene lässt sich nicht so leicht wieder wegdiskutieren und verdrängen wie das nur Ausgesprochene und Ausgelebte.

Aufschreiben, was einen bedrückt, das ist schon ein erster Schritt einer echten Bearbeitung dieser Probleme. Ich beginne deshalb immer besser zu verstehen, was König Assurbanipal, den letzten Herrscher Assyriens (669–630 v. Chr.), bewegt haben könnte, in diesem überlieferten Selbstzeugnis Lesen und Schreiben den eigentlichen »königlichen« Künsten gleichzusetzen, ja ihnen sogar einen vorrangigen Platz in dieser Aufzählung einzuräumen:

»Nabu, der Schreiber von allem, hat mir die Erlernung seines Wissens zum Geschenk gemacht… die Kunst des weisen Adapa habe ich erlernt, das versteckte Geheimnis aller Tafelschreibkunst, die Wahrzeichen von Himmel und Erde kenne ich … ich lese die kunstvollen Tafeln in Sumerisch, das verdeckte Akkadisch, das schwer zu meistern, ich verstehe den Wortlaut von Steininschriften von vor der Sintflut, die völlig rätselhaft … Dieses tat ich den ganzen Tag: ich bestieg immer wieder Rosse, ritt feurige Vollblüter, nahm den Bogen, ließ, wie es einem Krieger geziemt, Pfeile fliegen, schleuderte schwerste Lanzen wie einen Pfeil …« (zit. n. Ekschmitt, S. 22).

Ähnlich hymnisch äußern sich zwei ägyptische Schreiber über ihre Fähigkeiten und ihren Beruf:

»Erwirb dir dies große Schreiberamt! Angenehm und reich sind dein Schreibzeug und deine Papyrusrolle, und täglich bist du fröhlich.

Werde Schreiber! Er ist von der Arbeit befreit … und von der Mühsal erlöst. Du hast nicht viele Herren, nicht eine Menge von Vorgesetzten.

Trachte danach, Schreiber zu werden, daß du alle Welt leitest« (Ekschmitt, S. 93).

Dies mag für jemanden, der heute als Autor oder Journalist sein Geld verdient, reichlich schönfärberisch klingen – aber es gibt etwas von der hohen Meinung wieder, die man in früheren Geschichtsepochen von dieser (damals) noch jungen Kunst hatte. Die andere Lobpreisung übertrifft diese Wertschätzung sogar noch:

»Der Mensch vergeht, sein Leib ist Staub, die Seinen alle, sie werden zu Erde – die Schrift ist es, die ihn am Leben erhält im Munde des Vorlesers« (Ekschmitt, S. 94).

Gewinn an weltlicher oder auch geistiger Macht über andere kann es kaum allein gewesen sein, was die Schreiber jener Zeiten zu solchen Hymnen beflügelte. Ich vermute, dass es die Selbsterfahrungs-Komponente des Aufschreibens war und in ihrem Gefolge der enorme Gewinn an *Macht über sich selber*, der hinter solcher Begeisterung stand. Die bessere Verfügbarkeit über die eigene Vergangenheit, gefördert von einer gesteigerten Fähigkeit des Erinnerns, sie wird den Ausschlag gegeben haben. Ich erinnere in diesem Zusammenhang auch an die weiter oben zitierten Verse aus dem »Gespräch eines Lebensmüden mit seinem ›*BA*‹«.

8 Der Innere Schreiber

Es wird eine Teil-Persönlichkeit vorgestellt, die alle jene Funktionen, die mit dem Schreiben zu tun haben, gewissermaßen bündelt und in sich zu einer eigenständigen psychischen Struktur koordiniert. Manchmal tritt einem diese Figur im Traum entgegen.

Wie lernt man eigentlich das Schreiben? Und von wem? Mir stehen keine Zahlen zur Verfügung – aber eine solche Statistik ist auch keineswegs notwendig. Die Erfahrung lehrt, dass nahezu alle Autoren Autodidakten sind. Natürlich hat jeder, der zur Feder greift oder sich an den Computer setzt, seine Vorbilder. Deren ist er sich später mehr oder minder bewusst, er ahmt sie wahrscheinlich geraume Zeit nach, ehe er zu seinem eigenen Stil findet. Was man gelesen hat, das prägt einen nachhaltig – und die ersten Leseerfahrungen prägen einen wahrscheinlich am nachhaltigsten überhaupt. Ich erinnere mich noch ganz genau, dass ich als Abiturient die »Blechtrommel« las – und ab da in meinen eigenen Geschichten eine Weile den schleppenden, manieristischen Sprachduktus von Günter Grass übernahm –, gewissermaßen automatisch und ohne es zunächst zu merken. Erst als mich Freunde darauf aufmerksam machten, schaute ich mir den Sachverhalt näher an und bemühte mich von da ab mehr darum, meinen eigenen Stil zu finden.

Aber es ist nicht nur Nachahmung, die den Schriftsteller prägt. Intensive Erlebnisse tun das ihrige. Sie formen nicht nur das Seelenleben, sondern auch den Schreibstil. Eines der frühesten Werke von Gustave Flaubert, der Kurzroman »November«, war die Verarbeitung von Flauberts erstem nachhaltigen Liebeserlebnis. Er schrieb es sich von der Seele – und hat es später stets unter Verschluss gehalten, weil er über diesen impulsiven, vom unmittelbaren Erlebnis geprägten Stil längst hinausgewachsen zu sein glaubte.

Ähnlich hat Peter Handke den Tod seiner Mutter verarbeitet, indem er die erschütternde Erzählung »Wunschloses Unglück« schrieb – sicher auch ein Porträt seiner glücklosen Mutter, noch mehr vermutlich ein Porträt seines eigenen *inneren Bildes* von der Mutter. Und Franz Kafka, um ein drittes Beispiel stellvertretend für unzählige andere Schicksale und Autoren zu nennen, schrieb mit seinem »Brief an den Vater« die ungeheuerliche Anklage eines Kindes nieder, das aus der Distanz erstmals gegen den tyrannischen Vater aufzubegehren wagt.

Wie entsteht der Innere Schreiber?

Wer an die Anfänge der Kulturgeschichte des Schreibens zurückgeht, wird dort immer auch einen Mythos finden, der davon handelt, wie das Schreiben in die Welt kam und durch wen. Bei den Germanen war es der Göttervater Odin, der – am Weltenbaum hängend, dem Tod geweiht – sterbend die Runen schuf und sich dadurch befreite. Bei den Ägyptern war es der ibisköpfige Gott Thoth, der den Menschen das Schreiben beibrachte – und ihnen damit den Zugang zur geistigen Welt öffnete. Wir lasen davon schon weiter oben.

Hier ist, tief im archetypischen Urgrund, eine der Wurzeln des Inneren Schreibers zu finden. Was trägt noch zu seiner Genese bei?

Er entsteht so wie andere Figuren auch in der vielfältigen inneren Menschenwelt: als »Niederschlag der Objektbeziehungen« (S. Freud). Wer sich mit der Tiefenpsychologie von C. G. Jung befasst hat, wird darin vielleicht einen Archetyp im Sinne des »Alten Weisen« erkennen. Jedenfalls ist es ein Teil der Persönlichkeit, den man sich, nach meinen Erfahrungen, zum Verbündeten machen kann. In der Meditation kann man sich dem Inneren Schreiber zuwenden und ihn um Hilfe bitten – durchaus vergleichbar der Anrufung eines Heiligen. Man sollte annehmen, dass der Innere Schreiber frühestens dann Gestalt im Unbewussten anzunehmen beginnt, wenn ein Kind in der Schule das Schreiben lernt, also im Alter von etwa sechs Jahren. In der Tat wird dort etwas völlig Neues gelernt – etwas, das jener psychischen und geistigen Revolution (die ja immer auch ihren sozialen Aspekt hat) entspricht, die stattfindet, wenn das Kind um das erste Lebensjahr anfängt zu laufen, also buchstäblich selbständig wird, und wenn es zu sprechen beginnt.

Das Schreiben verleiht dem Kind einen zusätzlichen Grad an – vor allem – innerer Freiheit, den ich auf den vorangehenden Seiten bereits skizziert habe. Der Innere Schreiber wird dann immer weiter geformt, einfach indem das Schreiben in immer neuen Variationen und mit immer anderen Zielsetzungen, Formen und Inhalten geübt wird, also geschrieben wird. Bei den meisten Menschen bleibt er freilich eine unbedeutende Figur, die allenfalls einmal in Aktion treten darf, wenn es gilt, eine Arbeit in Schule, Universität oder Berufsleben zu verfassen oder einen Brief. Nur wer viel schreibt – sei es privat oder beruflich –, dessen Innerer Schreiber bekommt allmählich mehr Konturen. Aber selbst beim Schriftsteller oder Journalisten bleibt diese Figur in der Regel unbewusst; allenfalls tritt sie gelegentlich einmal im Traum auf – und wird dann nicht einmal erkannt, weil sie einem nicht vertraut ist. Die literarischen Vorbilder können dominierende Züge des eigenen Inneren Schreibers werden – seien es die in der Schule vermittelten Ideale, seien es die selbst entdeckten. Sie sind einem aber meist auch nicht bewusst, sobald man selbst schreibt. Wer also von Goethe träumt, oder von Günter Grass, darf ruhig annehmen, dass es in Wirklichkeit der eigene Innere Schreiber in dieser Verkleidung ist, der sich da meldet. Und es lohnt sich dann sehr, genau zu beachten, was er tut, sagt, verlangt …

Ein wichtiger Wesenszug meines eigenen Inneren Schreibers stammt aus dem, was ich von und über James Joyce erfahren habe. Ein anderer seiner Charakterzüge ist – was mir sehr spät klar wurde – dem Schriftsteller Sigmund Freud abgeschaut (während ich sehr lange annahm, dass es primär der Forscher und Privatmensch Sigmund Freud sei, der mich geprägt hat). Irgendwann entdeckte ich Franz Kafka.

Dann flogen Vögel
sprühend auf, ich
folgte ihnen mit
den Blicken, sah

wie sie in einem
Atemzug stiegen,
bis ich nicht mehr
glaubte, daß sie
stiegen, sondern
daß ich falle …

Der Ich-Erzähler spaltet einen Teil seiner Persönlichkeit im Verlauf des kreativen Prozesses ab; dieser Teil identifiziert sich mit den auffliegenden Vögeln, die das Kind beobachtet, während es schaukelt (Franz Kafka, »Kinder auf der Landstraße«).

Und zurzeit (Mai 2002) fesseln mich die Romane von Andreas Eschbach, der als Thriller-Autor den amerikanischen Kollegen leicht das Wasser reichen kann – und zudem noch über eine erstaunliche Portion europäischen Tiefsinn verfügt (»Das Jesus Video«, »Eine Billion Dollar«). Auch diese Autoren bereichern meinen Inneren Schreiber.

Aber die Anfänge des Inneren Schreibers liegen natürlich viel weiter zurück, in der persönlichen wie in der kollektiven Vergangenheit. Der Arbeitsstil der Eltern geht in ihn ein und formt ihn zutiefst, desgleichen deren Art, mit dem Schreiben und dem kreativen Prozess überhaupt umzugehen. So wie Mozarts Vater Leopold sicher den »Inneren Musiker« des kleinen Wolfgang Amadeus geformt haben wird oder Albrecht Dürers Vater, ein Goldschmied, den »Inneren Maler« des berühmten Sohnes, so haben bei mir ein voluminöse Tagebücher schreibender Urgroßvater und Anregungen meines eigenen Vaters den Inneren Schreiber geprägt.

Doch die Spuren führen noch weiter zurück. Irgendwann stieß ich auf das Bild des ägyptischen Schreibers Heti und begann mich für die Anfänge des Schreibens überhaupt zu interessieren. Dieses Buch ist nicht zuletzt das Produkt dieser Grabungen nach dem Inneren Schreiber in meiner Lebensgeschichte.

Auch mythologische und kulturgeschichtliche Wurzeln gehen wohl in den Inneren Schreiber mit ein – ohne dass wir uns dessen in der Regel bewusst sind. Wir nehmen sie schon dadurch in uns auf, dass wir eben die Schrift benützen, dass wir also jene geistigen

Strukturen in uns aufgenommen haben, die durch die Buchstaben verkörpert werden, durch die Worte, die Sätze. Durch die Inhalte und Formen eines Buches. Durch über die Jahrtausende tradierte Symbole, wie beispielsweise das Labyrinth oder den Pegasus.

(Man denke in diesem Zusammenhang auch an das, was ich in Kap. 4 über die »Installation der Hirn-Schreib-Maschine« gesagt habe, S. 46.)

Wie kann man den Inneren Schreiber entwickeln?

Zunächst einmal: Er entwickelt sich ohnehin mit jeder neuen Erfahrung, die wir beim Schreiben machen. Ich bringe den Teilnehmern meiner Schreib-Seminare außerdem bei, ganz bewusst Kontakt mit dieser Inneren Figur aufzunehmen. Ein Bild an der Wand mit dem Porträt des Lieblingsautors, ein kulturgeschichtliches Vorbild (da gibt es recht eindrucksvolle sumerische und ägyptische Schreiber), aber nicht zuletzt auch die bewusste Auseinandersetzung mit Vater und Mutter als den lebensgeschichtlichen Wurzeln dieser Inneren Figur, die Großeltern und noch weiter zurückliegende Vorbilder der eigenen Verwandtschaft nicht zu vergessen, all dies kann helfen.

Probleme gibt es stets, wenn ein Elternteil, oder eine andere wichtige Figur der Kindheit, sich kritisch oder gar abfällig äußerte über »verkrachte Schriftstellerexistenzen«, einen »brotlosen Künstler«, einen »Bohemien« in der Verwandtschaft, der schrieb, malte oder musizierte. Da gibt es dann manchen Schaden zu reparieren, wenn man selber kreativ sein, gar seinen Lebensunterhalt damit verdienen möchte – und nicht mit einem richtigen »anständigen« Beruf!

Da gibt es meist Wichtiges zu entdecken, was den Kontakt mit dem Inneren Schreiber fördert und ihn weiter zu entwickeln hilft, ihn stärkt, ihm neue Facetten und Farben verleiht. In der schreibtherapeutischen Arbeit sollte man darüber hinaus vermehrten Wert auf die Durcharbeitung der »negativen Übertragung« legen, also jener alten Gefühle aus früheren Situationen, die man in die Gegenwart übernommen hat und nun anderen Menschen umhängt wie alte Kleider. Vor allem die schlechten Erfahrungen aus der Schulzeit müssen in diesem Zusammenhang abgebaut werden – die »schlechten Vorbilder« entladen, die guten gefördert werden. (Details über den Abbau solcher Blockaden in Kap. 7.)

Genau genommen ist diese Entwicklung des Inneren Schreibers ein lebenslanger Vorgang.

Man kann sich – dies abschließend – nun darüber streiten, ob diese innere Figur nur der »Niederschlag der Objektbeziehungen« ist, also rein lebensgeschichtlicher Erfahrungen, oder ob nicht – zu dieser Ansicht neige ich mehr und mehr – viel ältere, archetypische Muster da in die Genese des Inneren Schreibers mit eingehen; eventuell hilft da, zumindest als Denkmodell, sogar die asiatische Lehre von der Reinkarnation?

Doch wie gesagt: Darüber kann man streiten. Als was man letztendlich diese Figur ansieht, das muss jeder für sich selbst entscheiden. Ich finde nur wichtig, dass man – wenn man schreibt – dem Inneren Schreiber einen gebührenden Platz einräumt – und ihm nicht zuletzt den nötigen Respekt zollt. Nur dann wird er einem wirklich dazu verhelfen, dass »es wie von selber schreibt«. Die Ursache ist, nach meiner Vorstellung, das Ergebnis eines guten Kontakts zu dieser Inneren Gestalt. Wenn es mir gelingt, ihn seine Arbeit möglichst ungestört durch meine sonstigen Inneren Gestalten (oder durch das, was mir an ablenkenden Gedanken durchs Bewusstsein stöbert) verrichten zu lassen, dann fließen die Einfälle, dann kommen die passenden Bilder, Vergleiche, Metaphern, Symbole, dann wird ein Text persönlich und lebendig.

Die Aufgaben des Inneren Schreibers

Ähnlich wie die des Therapeuten in der Psychotherapie ist es die wesentliche Aufgabe des Inneren Schreibers, virulente Ängste, Schuldgefühle und Abwehrmechanismen aus Kindheitstagen zu mildern, die das Erinnern und damit das »Ganz«-Werden verhindern. *(Dank dir, mein Innerer Schreiber!)*

Auf ihn kann ich immer dann zurückgreifen, wenn ich schriftlich etwas formulieren möchte oder muss. Das ist ähnlich wie früher in unseren Breiten und heute noch in vielen Gegenden der Dritten Welt, wo die des Schreibens nicht Kundigen zu einem Berufsschreiber gehen und ihm ihre Briefschaften und Verträge diktieren oder sie ihn sogar formulieren lassen. Auch in mir gibt es Gestalten, die des Lesens und Schreibens unkundig sind (einen Neugeborenen, einen Fünfjährigen, einen Kranken) oder unwillig sind (einen Erschöpften, einen vom Zorn Übermannten, einen Depressiven). Der Innere Schreiber ist, so scheint es jedenfalls, fast immer in der Lage, die Botschaften und Aufträge dieser anderen meiner Teil-Persönlichkeiten zu notieren.

Wenn Sie die »Unendliche Geschichte« aufmerksam lesen, werden Sie dort ein gutes Beispiel für meine Ausführungen finden. Der Held der Geschichte ist ein zwölfjähriger Bub, Bastian Balthasar Bux. Ich gehe wohl nicht fehl in der Annahme, dass es der Zwölfjährige ist, welcher der Autor Michael Ende selber einmal war. Nun kann ein Zwölfjähriger noch keinen Roman schreiben – aber diese Innere Gestalt Endes konnte den Inneren Schreiber benützen –, und so gelang ein Bestseller, der genau davon lebt, dass er sehr authentisch die Welt aus der Perspektive eines Zwölfjährigen beschreibt – aber mit den sprachlichen Fähigkeiten eines Erwachsenen.

Viele Gestalten bevölkern die Innere Bühne

Es gibt außer dem Schreiber noch eine andere sehr nützliche Figur: den Inneren Archivar. Er kennt sich hervorragend in den riesigen Speichern des Gedächtnisses aus und ist – wenn ich mich gut mit ihm stelle – in der Lage, die vertracktesten Zitate oder tief im Unbewussten verdrängte Erlebnisse auszugraben. Ich habe manchmal den Verdacht, dass der Archivar ein Ergebnis meiner Psychoanalyse und mithin ein Abbild meines damaligen Analytikers ist – aber das ist nur so eine Vermutung, basierend auf der Tatsache, dass ich mit ihm die Speicher meiner Vergangenheit geöffnet habe und darin herumzuspazieren begann – voller Staunen und Schrecken … *(Dank dir, mein Innerer Archivar!)*

Einem Artikel (von Borch 1980) entnahm ich einmal, dass es in der neueren medizinischen Literatur die Vorstellung vom »Arzt im Inneren gibt«. Dort wurde ein Gespräch mit Albert Schweitzer zitiert, der auf die Frage, ob jemand von einem einheimischen Medizinmann geheilt werden könne, antwortete: »Der Medizinmann hat Erfolg aus dem gleichen Grund wie wir anderen. Wir sind am besten, wenn wir dem Arzt, der in jedem Patienten wohnt, eine Gelegenheit geben, an die Arbeit zu gehen.«

Nimmt man die Vorstellung von den Inneren Gestalten, von den Teil-Persönlichkeiten, ernst, so ergeben sich daraus ungeahnte Konsequenzen. Für das Schreiben von erzählender Literatur finden wir hierin das einzige brauchbare Erklärungsmodell, das uns einigermaßen plausibel machen kann, wie das eigentlich möglich ist: zu erzählen (was ja immer heißt: die verschiedensten Figuren auf einer Art Inneren Bühne auftreten und miteinander reden und handeln zu lassen). Was ist denn Schreiben anderes, als diese Inneren Gespräche und Aktionen (mögen auch noch so realistische Vorbilder in der Außenwelt Pate gestanden haben) zu Papier zu bringen? Auch das »Abmalen« der Wirklichkeit draußen geschieht ja beim Schreiben zwangsläufig immer aus der Erinnerung – also wirklich aus dem – wie das Wort ja schon sagt – Inneren. Selbst wenn ich etwas beschreibe, was sich justament vor meinen Augen abspielt, ein Fußballspiel oder ein Familienkrach, so hinkt mein Beschreiben doch stets mindestens um Sekunden hinter der Wirklichkeit her. Üblicherweise halten wir das Erlebte jedoch erst Stunden, wenn nicht Tage, Monate, sogar Jahrzehnte nach dem tatsächlichen Ereignis fest.

Wo kämen wir da ohne die Innere Bühne der erinnernden Vorstellung, wo kämen wir da ohne Inneren Archivar und ohne Inneren Schreiber hin?

Weil diese Vorstellungen noch recht ungewohnt sind, für das Verständnis des Schreibens jedoch recht hilfreich, möchte ich sie im nächsten Kapitel etwas genauer vorstellen. Aber vielleicht machen Sie sich vorher die Mühe, setzen sich für ein paar Minuten hin und denken einmal darüber nach, wie Ihr eigener Innerer Schreiber aussehen könnte – wann und wo er entstand, welche Erfahrungen in ihn eingegangen sind, welche Vorbilder ihn geprägt haben? Und schreiben Sie diese Gedanken bitte auch auf! Das Folgende überrascht Sie dann vielleicht nicht mehr so sehr.

9 Ich bin viele

Mancherlei Beobachtungen deuten darauf hin, dass die Vorstellung vom intakten »Ich« eine Fiktion ist, dass wir in Wirklichkeit aus einer Fülle von Teil-Persönlichkeiten oder inneren Gestalten bestehen. Ein Blick in die Literaturgeschichte belegt diese Vorstellung ebenso wie die Selbstbeobachtung. Die moderne psychologische Forschung liefert erste wissenschaftliche Hinweise, dass so etwas wie »Multipersonalität« sogar der Normalfall sein könnte – eine Fundgrube an Ideen für jeden, der schreibt.

Die Gedanken, die ich in diesem Kapitel entwickle, kreisen um ein uraltes Problem, das sich in einer einfachen Frage zusammenfassen lässt: »Was ist der Mensch?«, genauer: »Wer bin ich?«

Die Psychologen und Soziologen unserer Tage sind nicht die ersten, die sich mit Antworten auf diese alte Frage abmühen – die Philosophen, Dichter und Priester, in Urzeiten vermutlich bereits die Schamanen und wohl immer schon jeder einigermaßen aufgeweckte Mensch waren längst vor ihnen da in diesem geheimnisvollen Frage-und-Antwort-Spiel. Im Mythos vom Jüngling Narziss, der sich – verliebt ins eigene Spiegelbild – über die Quelle beugt, ist alles schon gleichnishaft gesagt. Aber verstehen wir den Jüngling wirklich, wenn wir ihn als »verliebt ins eigene Spiegelbild« sehen?

Die moderne Psychologie, speziell die psychoanalytische »Psychologie des Selbst« in der Folge von Heinz Kohut, sieht etwas ganz anderes darin: nämlich nicht den selbstverliebten, sondern den selbstverlorenen Menschen, der sein Selbst, seine Identität erst noch (oder wieder?) sucht.

Beispiel Albtraum

Um das Nachdenken über dieses schwierige Thema zu erleichtern und um es gleichzeitig wegzubringen von den psychologischen Theorien, möchte ich den Zugang anhand eines Beispiels versuchen, das mit großer Wahrscheinlichkeit allen geläufig sein wird, mit dem Traum, genauer: mit dem Erwachen aus einem Albtraum.

Ich vermute sicher nicht falsch, wenn ich annehme, dass die meisten von Ihnen schon einmal einen solchen Traum gehabt haben, aus dem Sie schweißgebadet – oder gar schreiend – aufgewacht sind. Irgendwann, meist schon sehr bald nach dem Auftauchen aus den Abgründen des Unbewussten und dem Eintreten in die Wachwelt, hat der nächtliche Schrecken dann wahrscheinlich an Intensität verloren – und im Verlauf des Tages werden Sie vielleicht schon darüber gelächelt und das Ganze vergessen haben.

Vielleicht haben Sie das schreckliche Erlebnis jemandem erzählt oder es wenigstens aufgeschrieben, um sich davon ein Stück weit wieder zu befreien. Aber haben Sie sich Gedanken über die eigenartige Tatsache gemacht, welch tief greifende Persönlichkeitsveränderung da mit Ihnen vorging, und zwar in Sekundenschnelle?

Eben noch hatte Sie irgendeine entsetzliche Angst in den Krallen – da wurden Sie verfolgt und versuchten vergeblich zu fliehen – da taumelten Sie in den bodenlosen Abgrund –

Albträume haben viele Gesichter, eines schlimmer als das andere. Und dann das Wunder: Sie wachen auf. Und sind gerettet.

Ich nehme an, dass man in keiner anderen Situation ähnlich drastisch mit dem Phänomen konfrontiert wird, um das es in diesem Buch geht: dass da nämlich mehr als nur eine Person in uns wohnen könnte. Wie anders sollte man diesen raschen Wechsel von einem Bewusstseinszustand in einen ganz anderen sonst erklären können?

Wer seine Albträume genauer studiert, wird nicht selten die Beobachtung machen, dass die Feinde, dass die Verfolger und die bedrohlichen Naturgewalten im Tram deutlich überdimensioniert sind: Riesen, gigantische Meereswogen, endlose Fluchten von Hallen oder Höhlen, gewaltige Monster aus dem Weltall …

Doch schon Sekunden nach dem Erwachen sind wir wieder selber »groß« – und können mit Recht lächeln über den Schrecken, der uns eben noch gepackt hatte.

Der Wechsel von einer Position in die andere im Traum, im Wahn oder im Drogenrausch (zum Beispiel vom Kleinkind zum Erwachsenen) zeigt deutlicher als vieles andere, dass da zwei sehr verschiedene Gestalten in uns zu Hause sind; und nicht nur diese beiden.

Die Wahngebilde und die Rauschekstasen mögen nur wenigen Menschen vertraut sein – wenn auch die Beobachtungen und Statistiken deutlich zeigen, dass beides zunimmt. In unserem Traumleben jedoch (wir müssen es nur aufmerksam genug studieren) können die Phänomene der Aufspaltung in verschiedene Existenzen und der Multipersonalität grundsätzlich jedem von uns begegnen. Wenn Sie Ihre eigenen Träume über einen längeren Zeitraum hinweg sorgfältig beobachten, werden Sie gewiss selber fündig mit eigenen solchen Inneren Gestalten, können diese nach und nach kennen lernen – und staunen über die Fülle in Ihrer Inneren Wirklichkeit. Und wir verstehen, warum der griechische Philosoph Heraklit in einem seiner beeindruckendsten Fragmente feststellte: »Der Seele Grenzen kannst du nicht ausfinden, auch wenn du gehst und jede Straße abwanderst; so tief ist ihr Sinn.«

Doch wir wollen Traum und Träumer hier verlassen. Ich möchte mich jetzt einem scheinbar ganz anderen Gebiet zuwenden – das sich allerdings, bei näherem Hinsehen, aus ähnlichen, wenn nicht denselben Quellen speist wie der Traum: Phantasie und Phantasiegebilde der Dichter und Autoren.

Die Schriftstellerin Barbara König hat ihrem 1965 erstmals erschienenen und seitdem immer wieder neu aufgelegten Roman »Die Personenperson« als Motto einen Satz von Novalis vorangestellt, der mehr ist als nur eine Provokation: dass nämlich »jeder Mensch eine kleine Gesellschaft« sei. Der Roman nimmt dies ernst und beschreibt die verwirrenden Abläufe im Inneren der Hauptperson – in der sich mehr als zwanzig weitere Figuren tummeln. Der Leser merkt dies allerdings zunächst mit Verwirrung.

Aber das Thema hat mehr als nur literarischen Wert. Seit einigen Jahren beobachtet man eine Zunahme von Menschen mit einer eigenartigen seelischen Störung: Die Psychiater nennen sie »Multiple Persönlichkeit«. Was vor Jahrhunderten erst die Dichter ahnten (und was man gerne als ihr privates Problem zu sehen geneigt war), das beschäftigt heute bereits die Nervenärzte und die Psychotherapeuten. Buchveröffentlichungen zu einigen dieser Fälle (»Die drei Gesichter Evas« wurde in den 50er Jahren sogar verfilmt) haben nicht nur bei der Fachwelt Interesse und Verwunderung ausgelöst. Nicht selten wurde aber auch Ablehnung gezeigt. Deutliche Hinweise darauf, dass es sich wirklich um ein *wesentliches* seelisches Phänomen handelt.

Es stellt sich die faszinierende Frage, ob hier nicht eine Grundverfassung der Psyche sichtbar wird, die im Roman amüsiert, die aber als Realität zum Schrecken werden kann: Sind wir vielleicht am Ende alle solche »Multiplen Persönlichkeiten«, denen lediglich – anders als den Patienten in den Nervenheilanstalten – das Kunststück besser gelingt, die diversen »Einzelteile« zusammenzuhalten? Doch lesen wir zunächst noch ein anschauliches Beispiel, wie so etwas aussehen könnte: eine Mehrzahl von Personen, die in *einer Person* versammelt sind. Das Zitat entstammt dem schon erwähnten Roman von Barbara König (s. Kasten S. 112).

Eine der zentralen Figuren der Geschichte, der Journalist Cyril, schlägt dem Redakteur der Zeitschrift, für die er arbeitet, ein Thema vor, über das er gerne schreiben möchte. Doch dieser, ein gewisser Stranitzky, ziert sich:

»Stranitzky … schüttelte den Kopf, wobei seine Halswirbel knirschten, was für seine sanfte Gemütsart und für die Tatsache spricht, daß er nur selten verneint.

›Seien Sie mir nicht böse‹, sagte er, ›aber die Idee ist abstrus: ein Dutzend Personen in einer Person! Das glaubt Ihnen kein Mensch. Das Äußerste, was man sich in dieser Beziehung bisher geleistet hat, war die einfache Spaltung, Sie wissen ja, zwei Seelen wohnen, ach …‹

›Also stört Sie nur die Menge?‹

Stranitzky ließ seine Wirbel knirschen, er brachte sie zum Schweigen und sagte:

›Ich kann mir da keine rechte Meinung bilden. Der Künstler in mir sagt ja, der Geschäftsmann sagt nein, der Kritiker ist ebenfalls dagegen …‹

›Und was sagt der Redakteur?‹ fragte Cyril.

Der Redakteur schwieg und nickte dann, aber lautlos, was wieder für sich spricht. Cyril hatte, in der ersten Runde wenigstens, gewonnen.« (König, S. 11).

Da ist, mit wenigen Sätzen, fast schon alles gesagt.

Barbara Königs Erzählung wurde gerade wegen ihrer psychologischen Implikationen sogar schon in psychiatrischen Lehrveranstaltungen als anschauliche Demonstration einer literarischen Bearbeitung des Themas »Spaltung der Persönlichkeit« verwendet.

Der Fall Billy Milligan

Der nun zu schildernde Fall des »Billy Milligan« ist so ungewöhnlich – und für viele offenbar auch so unglaubhaft –, dass es nicht verwundert, wenn man erfährt, dass die deutsche Übersetzung im Rahmen einer Science-Fiction-Reihe erschienen ist. Aber es handelt sich, dies sei hier betont, *nicht* um einen Roman, sondern um eine seriöse dokumentarische Nacherzählung der Lebensgeschichte dieses bedauernswerten Menschen. Daniel Keyes hat zwar auch schon Science-Fiction geschrieben – sehr gute übrigens; aber im vorliegenden Fall beschränkte er sich ganz auf die Rolle des Rechercheurs und Reporters. Über Jahre hinweg unternahm er es – fast wie ein Therapeut –, in seinen Tonbandinterviews die verworrenen Fäden dieser Biographie mit nicht weniger als 24 Inneren Gestalten und deren individuellen Biographien (im Anhang des Buches sind sie zusammengestellt) zu entwirren und linear, als auch für Außenstehende nachvollziehbare Lebensgeschichte, aufzuzeichnen. Inzwischen kennt man sogar einen Fall mit an die hundert Teil-Persönlichkeiten. Aber die Geschichte Billy Milligans ist nicht nur die am besten dokumentierte, sondern – dank Daniel Keyes' großartiger journalistischer und schriftstellerischer Leistung – auch am besten nachvollziehbare Studie eines Falles von »Multipler Persönlichkeit«. Hier sei sie kurz skizziert:

Ein junger Mann vergewaltigt drei Frauen. Er wird gefasst und vor Gericht gestellt. Dann machen seine Pflichtverteidiger eine eigenartige Beobachtung: Vor ihren Augen verwandelt sich Billy Milligan, in seinen psychischen und körperlichen Äußerungen und Reaktionen, in eine völlig andere Person. Nicht lange später – inzwischen hat sich eine Psychologin seines Falles angenommen – taucht eine weitere Person auf – im selben Körper des Billy Milligan. Dann noch eine dritte, eine vierte ...

Insgesamt wurden im Körper dieses erstaunlichen Menschen, ich sagte es schon, bislang 24 völlig verschiedene Gestalten entdeckt. Eine davon ist der »Lehrer«, eine Art übergeordnete Figur, Resultat einer Psychotherapie durch einen renommierten amerikanischen Psychiater.

Eine andere dieser »inneren« Gestalten ist der gewalttätige »Ragen«, der serbisch spricht. Woher hat der ungebildete Milligan solche Sprachkenntnisse – eines der vielen Rätsel um diesen Mann; so wie seine unglaubliche Fähigkeit, sich ähnlich wie der weltberühmte Entfesselungskünstler Houdini vor Zeugen aus jeder Zwangsjacke und Fessel zu befreien! Wie ist so ein körperlich eher schwacher junger Mann in der Lage, während eines Gefängnisaufenthaltes in einem Anfall von Jähzorn, vor den Augen der Wärter, eine Kloschüssel mit der bloßen Hand zu zertrümmern?

Die Teilfigur, die solche erstaunlichen Leistungen vollbringt, bekam von Milligan selber den treffenden Beinamen »Hüter des Hasses«. Eine andere Figur ist der achtjährige David (wohlgemerkt: innerhalb des da schon 26-jährigen Billy Milligan). David ist der »Hüter der Qualen«, der alle körperlichen Schmerzen erträgt, die man Milligan zufügt. Eine weitere Figur ist die lesbische Adalana. Laut Billy war *sie* es, welche die Frauen vergewaltigte – eine Behauptung, die nicht nur die amerikanischen Feministinnen verwirrt und empört hat.

Billy ist ein Fall von »Multipler Persönlichkeit«, einer neuartigen Form von Neurose im Grenzgebiet zum Borderline-Syndrom und zur Schizophrenie. Für Psychiater ist differenzialdiagnostisch wichtig, dass jede der Inneren Gestalten eine eigene, klar abgrenzbare Biographie hat und dass die einzelnen Figuren einander in der Regel – zunächst – nicht kennen; dass ihnen lediglich immer wieder auffällt, dass ihnen Zeitabschnitte fehlen, manchmal recht erhebliche Phasen, in denen nämlich eine der anderen Inneren Gestalten den Körper und das Bewusstsein übernommen hat.

Folgendermaßen erläutert Milligan, wie er sich vorstellt, was nach seiner Vorstellung in ihm vorgeht. Er benützt dafür das Bild einer Inneren Bühne, auf der alle seine Inneren Gestalten sich aufhalten – die meisten schlafend. Nur eine Gestalt ist jeweils im *Spot*, wie er das nennt, im Scheinwerferlicht des Bewusstseins:

»Es ist ein großer weißer Lichtfleck, der auf dem Boden leuchtet. Alle anderen stehen drum 'rum, oder sie liegen auf ihren Betten im Dunkel, manche beobachten die andern im Schlaf oder passen auf sie auf, oder kümmern sich um ihre eigenen Sachen. Aber wer in den Spot tritt, der bestimmt unser Bewußtsein« (S. 189).

Die gegenwärtige Situation

Die Therapie eines Falles von »Multipler Persönlichkeit« besteht vor allem darin, die verschiedenen Figuren miteinander bekannt zu machen und dadurch allmählich – und sehr behutsam – zu integrieren; soweit dies überhaupt möglich ist. Vor allem in Stress-Situationen, welche die gerade das Bewusstsein beherrschende Gestalt überfordern, wird diese manchmal blitzschnell gegen eine andere ausgetauscht, welche die Lage besser meistert; da dies nicht immer gelingt, bemerken die anderen Gestalten manchmal doch etwas von der Existenz der übrigen Figuren, die sich ansonsten nur über »fehlende Zeit« wundern.

In den USA scheinen solche Fälle deutlich zuzunehmen; man nimmt derzeit an, dass etwa einer von 20 000 Menschen ein Fall von »Multipler Persönlichkeit« ist, wenn auch meist nicht als solche diagnostiziert.

Die internationale Forschung misst der neuen Entwicklung erhebliches Gewicht bei. Man kann dies daran erkennen, dass das Syndrom »Multiple Persönlichkeit« in der dritten Auflage des Handbuches »Diagnostical and Statistical Manual of Mental Disorders« (kurz »DSM-III«) 1983 neu aufgenommen wurde. Es wird dort unter der Index-Nummer »300.14« folgendermaßen charakterisiert und klar abgegrenzt gegen die anderen »dissoziativen Störungen« wie die »Psychogene Amnesie«:

»›*Multiple Persönlichkeit*‹: Das Hauptmerkmal ist die Existenz von zwei oder mehr verschiedenen Persönlichkeiten innerhalb eines Individuums, von denen jede zu einer bestimmten Zeit dominiert. Jede Persönlichkeit ist eine voll integrierte und komplexe Ganzheit mit einmaligen Erinnerungen, Verhaltensmustern und sozialen Beziehungen, die sämtlich das Wesen der Handlungen des Betroffenen bestimmen, wenn die betreffende Persönlichkeit dominiert. Der Übergang von einer Persönlichkeit zur anderen ist abrupt und oft mit psychosozialer Belastung verbunden.

Üblicherweise hat die ursprüngliche Persönlichkeit keine Kenntnis oder kein Bewußtsein von der Existenz der anderen Subpersönlichkeiten …

Die Einzelpersönlichkeiten sind fast immer stark voneinander verschieden und erscheinen häufig als Gegner. Zum Beispiel könnte eine ruhige alte Jungfer in bestimmten Nächten mit einer extrovertierten, Promiskuität übenden Lebedame alternieren ...

Eine oder mehrere der Subpersönlichkeiten können vorgeben, zum anderen Geschlecht zu gehören, zu einer anderen Rasse oder Altersgruppe oder zu einer anderen Familie als die ursprüngliche Persönlichkeit« (»DSM-III«, S. 269).

In Amerika hat sich inzwischen eine eigene Arbeitsgemeinschaft gebildet, die Kongresse über das Problem der »Multiplen Persönlichkeiten« veranstaltet. In der Bundesrepublik, und auch im übrigen europäischen Raum, scheint man das Thema noch völlig zu ignorieren, wenn man einmal von gelegentlichen Sensationsberichten absieht (so konnte man im »stern-Magazin« vor Jahren über Billy Milligan lesen).

Aufgrund des Milligan-Falles wurde im US-Staat Ohio sogar ein Gesetz geändert, wodurch es möglich wurde, solchen Persönlichkeitsstörungen in Zukunft besser gerecht zu werden: Man führte das oben erwähnte neue Syndrom »Multiple Persönlichkeit« ein, das zwischen Neurose (bei der normale Unrechtseinsicht und damit auch Strafbarkeit angenommen wird) und Psychose (verminderte oder völlig aufgehobene Zurechnungsfähigkeit) gesehen wird.

Dadurch wurde Milligans Fall zu einem brisanten Politikum, und Milligan hatte in der Folgezeit nicht wenig unter den politischen Querelen (progressiv vs. konservativ) zu leiden, zusätzlich zu seiner massiven Gestörtheit. Eine brisante Frage werfen dieser und andere ähnlich gelagerte Fälle in der Tat auf: Wer ist denn eigentlich verantwortlich von unseren Inneren Figuren, wenn das »Ich« eine Fiktion sein sollte? Aber das »Krankhafte« könnte ja nicht so sehr die Vielzahl der Inneren Gestalten sein, sondern das Zerfallen des steuernden Ich – bei Milligan durch die unglaublich brutalen Attacken seines Stiefvaters hervorgerufen, denen die Psyche des damals Achtjährigen nicht standhielt.

Ein faszinierendes Phänomen, von dem noch längst nicht alles bekannt ist, von dem derzeit allenfalls die »Spitze des Eisbergs« sichtbar ist, wie man so sagt. Zwei frappierende Hinweise nur noch:

Die Hirnströme, sichtbar zu machen mit Hilfe eines Elektroenzephalogramms, gelten als ebenso unverwechselbare individuelle Signatur eines Menschen wie die Abdrücke seiner Fingerkuppen und das Abbild seiner Netzhäute in den Augen. Es gibt schon einige Untersuchungen, denen zufolge die Hirnstrombilder von »Multiplen Persönlichkeiten« typisch verschieden ausfallen – je nachdem, welche der Subpersönlichkeiten gerade im Spot ist, also im Helligkeitskegel des Bewusstseins.

Nicht minder verblüffend ist auch die Beobachtung, dass die verschiedenen Teilfiguren unterschiedliche Brillenstärken haben können – oder die eine Teilfigur eine Brille braucht und eine andere keine, bei gleicher Sehtüchtigkeit.

Ist Verantwortung teilbar?

Sokrates sprach von der inneren göttlichen Stimme, der man folgen solle und die er seinen *»daimon«* nannte. Das Christentum entwickelte daraus später den Begriff des »Gewissens«. Etwa zur Zeit von Sokrates ersann im fernen China Dschung-dse die paradoxe Fabel von jenem Menschen, der nach dem Erwachen aus einem Traum nicht weiß, ob er »ein Mensch ist, der träumt, er sei ein Schmetterling – oder ein Schmetterling, der träumt, er sei ein Mensch«.

1808 dichtete Goethe im 1. Teil des »Faust«:

»Zwei Seelen wohnen, ach, in meiner Brust …
Die eine will sich von der andern trennen:
Die eine hält, in derber Liebeslust,
Sich an die Welt mit klammernden Organen;
Die andre hebt gewaltsam sich vom Dust
Zu den Gefilden hoher Ahnen …«

Und bei Novalis findet man 1798 diesen Satz, der das Phänomen elegant auf den Punkt bringt: »… Jeder Mensch ist eine kleine Gesellschaft.«

Die Gnade Gottes ist der Leim

Es gibt noch viele andere literarische Fundstellen, so bei Adelbert von Chamisso, E. T. A. Hoffmann, Jean Paul, Fjodor M. Dostojewskij und Robert L. Stevenson, von modernen Autoren wie Luigi Pirandello ganz zu schweigen.

In Alfred Kubins phantastischem Roman »Die andere Seite«, der eine Fülle von Anspielungen auf Innere Gestalten des Zeichners und Autors enthält, ist an zentraler Stelle die Rede von dem »Ich hinter dem Ich hinter dem Ich ...«

In Eugene O'Neills Drama »The Great God Brown« setzen sich die Protagonisten im Verlauf des Stückes, ja sogar innerhalb desselben Dialogs wechselnde Masken auf, um anzudeuten, dass sie mehr als nur eine einzige (innere) Gestalt sind.

»Nur ganz selten bringt es einer von ihnen über sich, ganz er selber zu sein, geschweige denn, den Partner als das hinzunehmen, was er in Wirklichkeit ist«, heißt es in einer Rezension – aber was ist jemand denn »in Wirklichkeit«? O'Neills eigenes Fazit lautet: »Der Mensch kommt zerbrochen auf die Welt. Sein Leben ist Flickwerk. Die Gnade Gottes ist der Leim!«

Auch die Psychiater und Psychologen wurden bald fündig – bei Freud und Jung und deutlicher noch bei ihren Nachfolgern Fritz Perls (Gestalt-Konzept) und Jakob Moreno (Rollenspiel und Psychodrama), vor allem aber in der »Psychosynthese« von Roberto Assagioli finden sich eine Fülle von Hinweisen auf das Konzept von den Inneren Gestalten und sogar direkte Umsetzungen in therapeutische Anweisungen des Konzepts.

Wohlgemerkt: Dies alles hat noch nichts zu tun mit massiven Spaltungen, wie wir sie bei der »Multiplen Persönlichkeit« in extremer Ausprägung vorfinden, sondern hier handelt es sich immer noch um vergleichsweise harmlose Spaltungstendenzen bei normalen oder »normal neurotischen« Menschen. Das heißt nicht, dass diese unbedingt weniger unter ihren Beschwerden zu leiden hätten – ganz im Gegenteil könnte es sogar so sein, dass jemand, der total abzuspalten vermag, leichter durchs Leben kommt als jemand, dem dies nicht so leicht gelingt.

Die Folgen von alledem, denkt man seine Konsequenzen einmal zu Ende, sind allerdings beängstigend. Wie soll sich beispielsweise der Jurist verhalten, vor allem der anklagende Staatsanwalt und der entscheidende Richter, wenn jemand straffällig wird? Kann er die anderen Teil-Persönlichkeiten mitbestrafen – und es würde ja auch *sie* treffen, weil sie im selben Körper zu Hause sind –, obgleich die Straftat nur *von einer einzigen* von mehreren Inneren Gestalten verübt wurde?

Und wie steht es dabei mit jenen Inneren Gestalten, die sich noch in einem Kind-Stadium befinden, also strafunmündig sind und deshalb rechtlich eigentlich noch gar nicht belangt werden können? In dem 26-jährigen Billy Milligan gab es zum Beispiel den 13-jährigen »Christopher«, den achtjährigen »David«, den vierjährigen »Shawn« und die dreijährige »Christine«. Strafrechtlich nicht verantwortlich ist, wer zur Zeit der Tat noch nicht vierzehn Jahre alt ist, heißt es im deutschen Strafrecht!

Es braucht nicht viel Phantasie, um sich weit reichende Konsequenzen juristischer, aber auch grundsätzlicher moralischer und ethischer Art auszudenken, falls eines Tages sogar eine grundsätzliche »Multi-Personalität« des Menschen sichtbar werden sollte, wie ich sie vermute (und wie sie zum Beispiel Assagioli formuliert hat).

Ich habe diese Gedanken hier eingefügt in der Hoffnung, damit dem Thema dieses Buches, dem Kreativen Schreiben, etwas mehr Tiefe zu geben. Ich überlasse es Ihrer Phantasie, lieber Leser, liebe Leserin, sich selbst weiter auszumalen, was das Konzept der Multipersönlichkeit für die Literatur bedeutet – vor allem aber für Ihr eigenes Schreiben.

Ein abschließender Hinweis noch: Vernachlässigen Sie nicht Ihr Inneres Kind, vor allem das fünfjährige nicht – es ist der Hüter der Kreativität. Erinnern Sie sich noch an diese Zeit (bei sich selber oder bei Ihren realen Kindern) und an das, was man in diesem Alter alles schon kann, spielt, phantasiert, experimentiert – ohne durch die schrecklichen Filter der Schule eingeengt und ausgelaugt worden zu sein, die bald darauf die Herrschaft für so viele Jahre übernimmt? Aber da lässt sich vieles wieder reparieren. Man muss nur den Dialog mit diesem Kind aufnehmen, den Inneren

Dialog. Vielleicht mit Hilfe einer kleinen Zeitreise zurück ins Jahr – Wann? –

Der folgende Text entstand während eines Seminars unter dem Eindruck der »friedlichen« Atomexplosion in Tschernobyl, am 26. April 1986. Meine Inneren Gestalten waren alle sehr aufgeregt – und sehr unterschiedlicher Meinung, was sie von dem Geschehen »hinten in der Ukraine« und draußen auf dem üppigen Rasen im Englischen Garten halten sollten. Versuch einer Klärung durch Schreiben.

10 A hard rain 's a gonn-a fall

Innerer Monolog für acht meiner Inneren Gestalten am Freitag, dem 16. Mai 1986, gegen 20.00 Uhr.

(Seltsamer Zufall: Wochen vor dem Reaktor-Unfall im April 1986 in Tschernobyl, der dreimal eine ungeheure radioaktive Wolke über den Erdball schleppte, hörte ich eine bestimmte Schallplatte von Joan Baez – nie zuvor, nie wieder danach. Am häufigsten, weil es mich am tiefsten berührte, hörte ich mir daraus das Lied »A hard rain 's a gonn-a fall« an. Damals wusste ich noch nicht, was das für ein »harter Regen« sein könnte, der da irgendwann fallen sollte – heute weiß ich es.)

Spötter:
»Auf den Stimmen-Salat bin ich schon gespannt. Aber Salat soll man jetzt ja gar keinen zu sich nehmen, habe ich gehört, und keine frische Milch – alles kontaminiert.«

Nihilist:
»Endlich ist es so weit. Mich wundert nur, dass es so lange gedauert hat.«

Wissenschaftler:
»Schauen wir uns das Ganze doch mal sachlich an. Was ist passiert?«

Vater:
»Ich will wissen, ob meine Kinder im Freien gefahrlos spielen dürfen, ob sie wirklich keine Milch trinken dürfen –«

Spötter:
»Schön, wenn man sich um andre Sorgen machen darf. Aber wie

ist es denn mit unserem eigenen Körper? Sind wir vielleicht auch in Gefahr?«

Historiker:
»Mich interessiert, ob die Werte, die derzeit als radioaktiver Fallout gemessen werden, höher sind als die Strahlenbelastung, die der Menschheit, der ganzen Welt, in den 50er-Jahren zugemutet wurde, als ein Atombomben-Testversuch dem anderen folgte. Damals wurden die Atommächte immerhin so vernünftig, dass sie das Test-Stopp-Abkommen unterschrieben – und bis heute auch eingehalten haben.«

Spötter:
»Schwätzt nur schön sachlich weiter. Und was ist mit der deutlichen Erregung, die heute Morgen bei uns festgestellt wurde, als Jenny zum Kinder-Grüppchen kam und darauf bestand, dass ihre Tochter Dana auf keinen Fall im Freien spielen darf?

Wir haben sie rasch für hysterisch und viel zu emotional erklärt. Aber in uns selber – habe ich mich getäuscht – oder war da nicht auch ein gewisses Bibbern, mit dem Tenor: Jetzt könnte es ernst werden – **FÜR ALLE!?**«

Psychologe:
»Ich meine, dass da unsere alten Weltuntergangsängste doch ganz schön aktiviert worden sind. Geschichten, die wir in den 50er-Jahren verschlungen haben, als Hiroshima noch allen in den Knochen steckte, Mutationen, meist schrecklicher Art –«

Arzt:
»Vielleicht reagiere ich auch schon hysterisch. Aber meine Selbstbeobachtung nimmt einen gewissen metallischen Geschmack in der Mundhöhle wahr und einen leichten, aber doch unangenehmen Druck im Hals –«

Psychologe:
»Das könnte eine psychosomatische Überreaktion auf eine allgemeine Angst-Situation sein –«

Spötter:
»Redet nur recht schlau daher. Der metallische Geschmack ist da und nicht wegzuleugnen.«

Wissenschaftler:
»Gesetzt den Fall, er ist wirklich vorhanden – dieser dubiose Geschmack – Was hat er zu bedeuten? Woher soll er kommen?«

Science-Fiction-Autor:
»Lasst mich mal phantasieren. Vielleicht gibt es Menschen, die besonders empfindliche Antennen für alles Ungewöhnliche haben? Eine Art lebende Seismographen? So wie Hunde angeblich Erdbeben vorausahnen –«

Wissenschaftler:
»Gerüchte, nicht eindeutig nachweisbar. Die Chinesen, die sich zur Erdbeben-Frühwarnung viele Gedanken gemacht haben, fanden nichts dergleichen.«

Vater:
»Was sage ich meinem viereinhalbjährigen Sohn, der wissen will, warum schwangere Frauen und Babys durch die frische Luft verletzt werden können? So hat er mich vorhin verabschiedet, mit ebendieser Frage. Wie gesagt: Er fragt nicht nach der Realität, sondern nach dem Warum. Und nicht nur er will eine Antwort, sondern ich auch.«

Wissenschaftler:
»Aber du hast doch vorhin eine recht gute, differenzierte und allgemein verständliche Antwort durch einen Physiker bekommen, der auch hier im Schreib-Seminar mitmacht: dass man keine große Sorge haben muss, derzeit jedenfalls.«

Vater:
»Derzeit! Als Vater muss und will ich mir aber auch Gedanken darüber machen, was morgen und übermorgen ist. Wir haben vorhin von unserer Schwester gehört, dass ihr Mann, immerhin ein

ordentlicher Professor für Biochemie an der Uni, in seinem Labor im Institut so hohe radioaktive Werte gemessen hat, dass man dort unter normalen Verhältnissen gar nicht mehr arbeiten dürfte! Eine Tonne radioaktives Material steht in so einem Reaktor, haben wir gehört. Und ich frage mich außerdem: Welche weitere zusätzliche Schadstoffbelastung zu dem bisherigen Dreck verkraftet der menschliche Körper denn eigentlich noch?

Ich werde zornig, wenn ich an die Leichtfertigkeit der Politiker und Techniker denke, die verantwortlich sind für die Summe allen Drecks auf diesem Planeten!«

Spötter:
»Gut gebrüllt, Vater. Aber besser wird doch sein, wenn du ein paar Tage wartest, bis das Schlimmste vorbei ist, und nur Sprudel trinkst. Fasten wolltest du ja sowieso, wegen deinem voll gefressenen Ranzen, deinen vier bis fünf Kilo Übergewicht. Das ist die Chance, würde ich meinen: Fettschmelze als Antwort auf Kernschmelze.«

Psychologe:
»Haha – Mit deinem Spott willst du dich nur verstecken – und deine Angst verdrängen. Die Angst ist aber da. Und nur sie mobilisiert auf Dauer die heilenden Kräfte.«

Spötter:
»Nur, wenn es genügend Tote gibt – und die recht bald!«

Science-Fiction-Autor:
»Zum Glück hast du nicht das letzte Wort –«

11 Erinnern – Wiederholen – Durcharbeiten

Beim Schreiben spielen dieselben seelischen Abläufe eine zentrale Rolle wie bei einer Psychoanalyse. Man muss sich zunächst an Vergangenes erinnern. Im Aufschreiben wiederholt man die damaligen Erlebnisse und arbeitet sie schließlich, beim kritischen Überarbeiten des Rohtextes, nochmals durch. Die Biographien vieler Dichter und Schriftsteller zeigen deutlich, dass es mit dem Aufschreiben allein noch nicht getan ist – auch nicht mit dem Veröffentlichen eines Werkes, und sei es stilistisch noch so brillant und ästhetisch noch so befriedigend. Es fehlt nämlich noch ein vierter Schritt: die Änderung von erkannten falschen Vorstellungen und Verhaltensweisen in der Praxis des täglichen Lebens. Dennoch kommt das Schreiben einer Therapie erstaunlich nahe.

1914 schrieb Sigmund Freud den Aufsatz »Erinnern, Wiederholen und Durcharbeiten.« Er stellte darin programmatisch die wesentlichen Entdeckungen seiner – bis dahin – 30-jährigen Forschungsarbeit und ärztlichen Tätigkeit mit neurotisch kranken Menschen dar und charakterisierte sie mit diesen drei Worten (S. 121):

Erinnern – das bedeutet während einer Psychotherapie, dass der Patient mit Hilfe des Therapeuten seine Verdrängungen abbaut und sich jene (meist sehr unangenehmen) Erlebnisse ins Gedächtnis zurückruft, die vor allem in der Kindheit nicht verarbeitet werden konnten und deshalb ins Unbewusste abgeschoben werden mussten.

Wiederholen – das bedeutet, dass innerhalb (oder gelegentlich auch außerhalb) der vergleichsweise beschützten therapeutischen Umgebung alte Verhaltensweisen (zunächst völlig unbewusst) reproduziert werden – zum Beispiel indem der Patient den Therapeuten als ebenso »versagend« erlebt wie in der Kindheit die eigene Mutter; Freud nannte dies die »Übertragung« alter Gefühle in die neue Situation.

Durcharbeiten – das bedeutet schließlich, dass der Patient sich darüber klar wird, dass er in der Tat alte Muster wiederholt und dass er sich mit Hilfe dieser Einsicht nun um neue Ausdrucks- und Handlungsmöglichkeiten bemüht.

Wissen – Erfahren – Gestalten

Ich habe seine Anregung, die ja aus Beobachtungen des therapeutischen Prozesses entstand, aufgenommen und diese Stichworte für den kreativen Prozess des Schreibens lediglich ein wenig abgewandelt:

- Aus dem »Erinnern« wurde dabei das »Wissen« (nämlich das Wissen des Schreibenden sowohl über den Stoff, den zu bearbeiten er sich vorgenommen hat, wie auch über sein eigenes Leben).
- Aus »Wiederholen« habe ich »Erfahren« gemacht (nämlich das neuerliche Erfahren der Erlebnisse der Vergangenheit bei der ersten vergegenwärtigenden Niederschrift, also der Rohfassung eines Textes).
- Aus dem »Durcharbeiten« wurde das »Gestalten« (nämlich die Bearbeitung eines Rohtextes, eventuell bis zur Druckreife).

Bei einem seelisch gestörten Menschen fällt zunächst sein Symptom auf. Wie lärmendes Trommeln übertönt es das übrige Seelenleben des Patienten:

- als grüblerische Zwangsvorstellung einer Mutter beispielsweise, dass sie ihr Kind mit dem Küchenmesser erstechen könnte;
- als hysterische Angst vor Schlangen;
- als klaustrophobisches Erstickungsgefühl im Kino.

Beim körperlich Kranken ist es meist eine auffällige Veränderung im leiblichen Bereich. Der Magen entwickelt Geschwüre, das Herz gerät aus dem gewohnten Rhythmus, Migräne-Attacken peinigen ihn ... Freud sprach wörtlich von »lärmenden Symptomen«, die seine Aufmerksamkeit erregten. Wenn wir beim Bild des Trommelns bleiben: Was könnte solcher Lärm ankündigen, worauf könnte er hinweisen – und wovon lenkt er vielleicht gleichzeitig ab?

Der Neurotiker leide an seinen Erinnerungen, entdeckte Freud. Das Fatale ist nur, dass gerade diese Erinnerungen vom bewussten Erleben gewissermaßen ausgesperrt bleiben. Das Symptom, das »Trommeln« also, wird wahrgenommen, wird vom Kranken freigebig gezeigt. Aber die eigentliche Botschaft, auf die es ankommt, bleibt im Verborgenen, bleibt in jenem geheimnisvollen Bereich, den man in der Psychoanalyse als das »Unbewusste« bezeichnet. Es handelt sich dabei um einen Vorgang, der noch weit intensiver ist als bloßes Vergessen. Das ist kein passives Geschehen: Irgendetwas (eine der Inneren Figuren oder Teil-Persönlichkeiten?) »verdrängt« sehr aktiv die Erinnerungen, wie Freud dies anschaulich nannte: »… der Analysierte erinnert überhaupt nichts von dem Vergessenen und Verdrängten, sondern er agiert es. Er reproduziert es nicht als Erinnerung, sondern als Tat, er wiederholt es, ohne natürlich zu wissen, daß er es wiederholt.« (1914, S. 129)

Die
Schreibkunst

Du sollst dein Herz
an die Schreibkunst
setzen!
Siehe, da ist nichts,
das über die Schreib-
kunst geht.
Die Schreibkunst
– du sollst sie mehr
lieben als deine
Mutter.
Schönheit wird vor
deinem Angesicht
sein.
Größer ist sie als

jedes andere Amt,
sie hat im Lande
nicht ihresgleichen.

(Der Ägypter Cheti an seinen Sohn Pepi)

Verdrängung und Widerstand

Die Kraft, mit der sich das Unbewusste gegen die Aufhebung der Verdrängungsschranke wehrt, nannte Freud »Widerstand«. Die therapeutische Praxis lehrte ihn, solchen Widerstand nicht zu brechen, sondern ihn vielmehr zu akzeptieren – und vor allem: diesen Widerstand genau anzuschauen und zu erforschen. Wie eine Überschrift zu einer Geschichte oder einem Artikel enthält der Widerstand nämlich – gewissermaßen in komprimierter Form – die wesentlichen Details der verdrängten Inhalte.

Neurotische Herzstörungen können beispielsweise ein deutlicher Hinweis darauf sein, dass mit der »Herzlichkeit«*, also dem Gefühlsleben und den Beziehungen des Kranken zu ihm nahe stehenden Menschen, etwas nicht in Ordnung ist. Ähnlich deutet man Kopfschmerzen dahin gehend, dass sich der Betroffene über etwas »den Kopf zerbricht«, dessen Hintergrund er nicht kennt bzw. nicht bewusst wahrnimmt. Vor allem die psychosomatischen Symptome sprechen da mit ihrer Aufdringlichkeit eine deutliche Sprache.

Doch dies soll ja kein Kolleg über Neurosenlehre sein, sondern wir wollen uns mit dem Schreiben befassen. Was könnte das bisher Gesagte uns über den seelischen Vorgang beim Schreiben verraten?

Ich halte für das wichtigste Element beim Schreiben den Vorgang des Erinnerns. Schon um eine Beobachtung oder ein Erlebnis schriftlich niederlegen zu können, muss ich aus meinem Gedächtnis das erinnern, was ich in vielen Jahren, und zwar von Kindesbei-

* Es gibt auch andere Deutungsmöglichkeiten, die detaillierter auf die komplexen Zusammenhänge der körperlichen Erscheinungen mit den seelischen Tiefenschichten sowie den sozialen und kulturellen Dimensionen eingehen.

nen an, als deutsche Sprache und als Schrift gelernt habe. Doch ich meine mit »Erinnern« etwas noch viel Direkteres. Jeder Vorgang, den ich beobachte (sei es ein Ereignis in der Außenwelt, sei es eines innerhalb meines Körpers und meiner seelischen Welt), dringt ja zunächst einmal in mein Bewusstsein ein – und verschwindet sofort wieder daraus, weil die nächsten Eindrücke schon andrängen. Es bedarf einer willentlichen Anstrengung, um einen Vorgang oder eine Wahrnehmung, die gerade meine Aufmerksamkeit erregt haben, ins Bewusstsein zurückzuholen. Ein Beispiel:

Während ich diese Sätze schreibe, klingelt die Türglocke. Ich registriere zwar irgendwie die Glockentöne – aber da ich ja mit dem Inhalt des Textes und mit der Tastatur meiner Schreibmaschine beschäftigt bin, geht das Türsignal zunächst einmal unter. Doch irgendeine Instanz in mir hat es aufgenommen, hat es mit anderen Signalen in meinem bisherigen Leben verglichen, erinnert sich, dass das Läuten an der Tür etwas Wichtiges sein könnte. Und jetzt erst, eine ganze Reihe von Sekunden später, werde ich mit vollem Bewusstsein aufmerksam, gehe zur Tür und schaue nach. Wäre ich jedoch völlig im Vorgang des Schreibens absorbiert gewesen, dann hätte ich die Türglocke überhört. Genau dieses »Überhören« von wichtigen Signalen, zum Beispiel den feinen warnenden Vorsignalen von Herzstörungen, ist aber typisch für den seelisch Kranken.

Wenn nur der Postbote vor der Tür steht, ist es meist nicht so tragisch, wenn das Signal nicht wahrgenommen oder gar vergessen wird. Aber nehmen wir ein anderes Beispiel: Sie fahren mit dem Auto in der Stadt, hören Musik. Eine bestimmte Melodie fesselt Sie regelrecht – und Sie merken gar nicht, dass die Ampel vor Ihnen gerade auf Rot schaltet. Mir ist das einmal passiert, weil mich eine bestimmte Melodie weit zurück in die Vergangenheit verführte. Nur den buchstäblich eingefleischten Reflexen meines Körpers, gesteuert von irgendwelchen Überlebensfunktionen in meinem Unbewussten, hatte ich damals zu verdanken, dass mein Fuß doch noch auf die Bremse rutschte und der Wagen zum Stehen kam, ehe ich mit einem der Fahrzeuge des bereits anrollenden Querverkehrs zusammenprallte.

Die genauere Analyse der Verkehrsunfall-Statistik lehrt, dass ein enorm hoher Prozentsatz der tödlichen Unfälle – gut ein Viertel – geschieht, weil der Unfäller von ganz anderen Bewusstseinsinhalten, nämlich irgendwelchen Erinnerungen, absorbiert ist.

Im Fluss der Erinnerungen

Während einer Psychotherapie können solche verdrängten Gedächtnisinhalte wieder auftauchen:

- Zum einen, weil der Therapeut aufmerksam beobachtet, was ihm vom Patienten erzählt wird, und er dann den Erzähler auf Zusammenhänge aufmerksam machen kann, die diesem entgangen sind; dies nannte Freud »Deutung«;
- zugleich erleichtert es diesen Vorgang des Erinnerns, dass er in einer entspannten Atmosphäre des Vertrauens zum Therapeuten stattfindet.
- Hinzu kommt noch die wiederholte Erfahrung, dass diese Auffrischung des Gedächtnisses tatsächlich hilft; sie kann von lästigen Symptomen befreien.

Etwas verblüffend Ähnliches geschieht nun beim Schreiben. Man setzt sich beispielsweise vor das Tagebuch und schreibt hinein, was einem so einfällt. Die meisten Menschen haben dabei ein bestimmtes Leitthema im Kopf: etwa den Verkehrsunfall vom Vormittag, auf dem Weg zur Arbeit, bei dem man mit knapper Not heil davongekommen ist. Das Ereignis wühlt einen noch lange danach so auf, dass man es loswerden möchte. Also würde man es gerne einem anderen Menschen anvertrauen. Ist keiner verfügbar oder ist die innere Beunruhigung durch das Erlebte noch immer so intensiv vorhanden, dass man sich einem anderen Menschen gar nicht anvertrauen mag, so bleibt eben oft nur der Griff zum Tagebuch.

Noch interessanter wird der Vorgang des Schreibens, wenn man das bewusst gewählte Thema irgendwann verlässt – oder wenn man überhaupt auf ein festes Thema verzichtet und einfach so drauflosschreibt – gemäß der Empfehlung des Dichters Ludwig Börne.

»Es gibt Menschen und Schriften, welche Anweisung geben, die lateinische, griechische, französische Sprache in drei Tagen, die Buchhalterei sogar in drei Stunden zu erlernen. Wie man aber in drei Tagen ein guter Originalschriftsteller werden könne, wurde noch nicht gezeigt. Und doch ist es so leicht! Man hat nichts dabei zu lernen, sondern nur vieles zu verlernen; nichts zu erfahren, sondern manches zu vergessen …

Nehmt einige Bogen Papier und schreibt drei Tage hintereinander ohne Falsch und Heuchelei alles nieder, was euch durch den Kopf geht. Schreibt, was ihr denkt von euch selbst, von euern Weibern, von dem Türkenkrieg, von Goethe, von Fonks Kriminalprozeß, vom Jüngsten Gericht, von euern Vorgesetzten – und nach Verlauf der drei Tage werdet ihr vor Verwunderung, was ihr für neue, unerhörte Gedanken gehabt, ganz außer euch kommen. Das ist die Kunst, in drei Tagen ein Originalschriftsteller zu werden!« (Börne, S. 741 f.)

Folgen wir der dort von Börne gegebenen Empfehlung, so überlassen wir uns jenem Vorgang, den Freud »Freies Assoziieren« nannte. Dieses Fließen, dieses lockere Dahinsprudeln der Einfälle, gelingt nicht so ohne weiteres, vor allem am Anfang nicht. Aber es lässt sich üben, lässt sich lernen, wahrscheinlich von jedem.

In der Psychotherapie hat man den Therapeuten als Begleiter, der diesen Fluss des Erinnerns in Gang hält – nicht nur durch gelegentliche Fragen oder deutende Hinweise, sondern zuvorderst dadurch, dass er ein aufmerksamer Zuhörer ist.

Der Jazz-Gitarrist und der indische Trommler an seinen Tablas beherrschen ebenfalls dieses Freie Assoziieren: die Improvisation. Auch dies lässt sich fraglos trainieren, jedenfalls bis zu einem gewissen Ausmaß. Die Voraussetzung scheint eine gewisse Angstfreiheit zu sein. Nur wenn dieses Mindestmaß an Mut vorhanden ist, gelingt der Sprung in die unbekannten Tiefen der Phantasie (und das heißt auch: des Unbewussten), nur dann kann man sich »fallen lassen«, um in den inneren Abgründen fündig zu werden mit Erinnerungen, aber auch mit neuen Einfällen.

Erinnern schafft Tiefe

Die Reizflut des Alltags (und unser Aktionismus als Abwehr gegen unangenehme Erinnerungen) halten uns immer an der Oberfläche unserer Existenz. Nur im Traum können wir ungehindert in die Tiefe sinken – sofern wir uns nicht am Träumen hindern.

Schreiben verlangt – auf verschiedenen Ebenen – ein Sich-Erinnern, das zurückführt in die eigenen Ge-Schichten. So bekommen wir (wieder) eine Ahnung von der eigentlichen Tiefe unserer Existenz – einer Tiefe und Intensität, wie wir sie vielleicht nur als Kinder richtig erlebt haben, mit all ihren Schönheiten, mit all ihren Schrecknissen. Wegen Letzteren (und weil Schule und Elternhaus uns in eine bestimmte Richtung erziehen und verbiegen) entwickeln wir immer neue Kompromisse, leider auf Kosten der Intensität unseres Lebensgefühls. Wir nehmen damit auch Abschied von unserer seelischen Tiefe. Der Preis ist unermesslich hoch: eine Oberflächlichkeit, die schließlich zu Langeweile und irgendwann zum Gefühl der Sinnlosigkeit führen kann.

Schreiben – als Erinnern – ist ein Weg in die Tiefe, der sich lernen lässt. Es lassen sich sowohl das Handwerkszeug erwerben, mit dem der Weg begangen und befestigt werden kann, wie auch die Methode(n), mit denen Hindernisse seelischer Natur auf diesem Weg fruchtbar gemacht werden können: als literarische Themen.

Die »Verlorene Zeit« wiederfinden

Man muss dazu allerdings die alten antrainierten Themen und Denkmuster gewissermaßen über Bord werfen und sich ganz dem überlassen, was da von innen, aus dem Unbewussten, an Gedanken und Bildern ins Bewusstsein aufsteigen will. Zuerst tröpfelt das nur ganz sachte – aber allmählich wird es ein Bach, der immer munterer sprudelt.

Das Verfahren dazu ist die Meditation (s. auch Kap. 15); es ist allerdings kein unproblematisches Verfahren, so einfach es aussehen mag: sich fünf Minuten, oder mehr, mit geschlossenen Augen in einen ruhigen Raum setzen, ohne jede Ablenkung. Wenn man in der meditativen Besinnung nur so dasitzt, ist es nämlich für den

Ungeübten zunächst sehr schwierig, sich wirklich angstfrei und unbeschwert zu erinnern. Dem Gitarristen hilft seine Gitarre, dem Trommler seine Tabla, diesen Prozess in Gang zu bringen. Was könnte dem Schreiber helfen? So paradox es klingen mag – meine Antwort darauf heißt:

das leere weiße Blatt, das gefüllt werden will.

Allerdings sind dazu auch gewisse Rituale nötig, die ich im dritten Teil »GESTALTEN« noch im Detail vorstellen werde. Hier nur so viel: Auch der Musiker hat ja seine Rituale, die ihm helfen, die Angst vor dem inneren Unbekannten zu überwinden, Rituale, die nur scheinbar rein zweckbestimmt sind. Der Gitarrist stimmt erst einmal seine Saiten; ähnlich muss der Tabla-Spieler die Felle seiner Trommeln nachspannen und stimmen. Ehe ich einen Text beginne, präpariere ich das große Blatt, im Zeichenblockformat DIN-A1, indem ich es zweimal falte, sodass vier senkrechte Spalten entstehen. Dann werden oben links in der Ecke das Datum und der Ort der Niederschrift notiert sowie das Thema (das ist auch von Bedeutung, wenn man den Text später in einer Datenbank einspeichern möchte). Und dann geht es los mit dem Schreiben.

Nun gibt es allerdings Sperren, gibt es Widerstände, die bestimmte Erinnerungen blockieren. Diese Mechanismen der Verdrängung, die jeder von uns hat, möchte ich nicht unterschätzen.

Aber auch hier gilt die alte Erkenntnis, dass steter Tropfen den härtesten Stein zu höhlen vermag. Auch beim Schreiben wird man ein Meister nur durch ständiges Üben. Und wie für den Gitarristen oder Trommler gilt für den Schreiber: Es werden nicht nur die Finger steif, wenn man das Instrument längere Zeit nicht bedient – es wird auch das »Bachbett«, in dem die Einfälle und Erinnerungen fließen, verstopft durch allerlei Gerümpel, also durch ungenügend verarbeitete Erlebnisse. Wurde der Bach zu selten gereinigt, so kann sein Lauf derart versperrt worden sein, dass nur noch eine fachgerechte Räumung den ursprünglichen Fluss wiederherstellen kann.

Beim seelisch Kranken entspricht dem die Psychotherapie. Und beim Schreibenden? Vielleicht ist auch bei ihm eine Therapie nötig – »wenn gar nichts mehr geht«. Das Patentrezept ist jedenfalls, aus der Isolation herauszugehen und mit anderen gemeinsam zu schreiben, in irgendeiner Form. Dass es da bessere und weniger geeignete Formen gibt, muss ich hier nicht mehr eigens betonen; mein ganzes Buch handelt davon.

Im Vorgang des Niederschreibens geschieht aber noch mehr und anderes als nur das Erinnern (was an sich schon ein erstaunlich heilsamer Vorgang ist). Stellen wir uns einen Autor vor, der Geschichten schreibt, kürzere, längere, sehr lange bis hin zum siebenbändigen Lebenswerk eines Marcel Proust mit dem wunderbar treffenden Titel: »Auf der Suche nach der verlorenen Zeit«. Was ist dieses Suchen nach der »verlorenen Zeit« denn anderes als solch ein immer wieder unternommener Anlauf, sich zu erinnern?

»... Man kann fast sagen, daß es mit den Werken wie mit dem artesischen Brunnen ist, nämlich daß sie sich um so höher erheben, je tiefer die Grube ist, die das Leiden in unserem Herzen ausgehoben hat (...) Die glücklichen Jahre sind die verlorenen, man wartet auf einen Schmerz, um an die Arbeit gehen zu können. Die Vorstellung des vorausgegangenen Leidens verbindet sich mit der Vorstellung von Arbeit, man fürchtet sich vor jedem neuen Werk, wenn man an die Schmerzen denkt, die man zuvörderst ertragen muß, um es zu konzipieren ...« (zit. n. Mauriac, S. 84).

Marcel Proust beschreibt hier, im Bild des artesischen Brunnens, sehr exakt den Vorgang des Sich-Erinnerns. Und er fügt auch sogleich hinzu, dass dieses Erinnern beim Aufschreiben leidvoll ist; unter Umständen so leidvoll, dass man es lieber bleiben lassen würde. Ich denke, man versteht, weshalb nicht jeder nur mit Vergnügen schreibt. Sich schreibend zu erinnern heißt im Grunde: in die Tiefen des Brunnens hinabsteigen und all das noch einmal erleben, was einem in früheren Jahren Schmerzen zugefügt hat. Es ist eine uralte Erfahrung, dass nur das Annehmen des Schmerzhaften auch den Weg frei macht für die Erinnerungen angenehmerer Art.

Der Clown wirkt ja bekanntlich dann am komischsten, wenn ihm die Tränen der Verzweiflung über seine hoffnungslos verbaute Situation in den Augen stehen, also wenn er unsäglich leidet – und uns stehen die Tränen in den Augen, weil wir so schrecklich über den Tollpatsch lachen müssen ...

Das Aufschreiben des Erlittenen ist jener zweite therapeutische

Schritt, von dem Freud in Zusammenhang mit der psychoanalytischen Kur sprach: das »Wiederholen«: »Die Taktik, welche der Arzt … einzuschlagen hat, ist leicht zu rechtfertigen. Für ihn bleibt das Erinnern nach alter Manier, das Reproduzieren auf psychischem Gebiet, das Ziel, an welchem er festhält … Er richtet sich auf einen beständigen Kampf mit dem Patienten ein, um alle Impulse auf psychischem Gebiet zurückzuhalten, welche dieser aufs Motorische lenken möchte, und feiert es als einen Triumph der Kur, wenn es gelingt, etwas durch Erinnerungsarbeit zu erledigen, was der Patient durch eine Aktion abführen möchte« (Freud 1914, S. 133).

Anders als der Patient agiert der Schreibende aber seine leidvollen Erfahrungen nicht lediglich mit seinen körperlichen oder seelischen Symptomen aus – vielmehr kommt es dem Schreibenden oft ja gerade darauf an, den Zusammenhang zwischen einem »Symptom« und dem es verursachenden Leid im Wiedererinnern auf dem Papier freizulegen. Wer schreibt, »reproduziert auf psychischem Gebiet« *und* auf dem Papier. Er kann auf diese Weise zum Deuter seiner eigenen Erfahrungen werden. Im glücklichsten Fall wird er sogar zum Deuter und Sinngeber der gesamten Existenz, auch der Existenz anderer Menschen, ja der gesamten Menschheit. Auch hier gilt der Satz, meines Wissens von Goethe geprägt, dass »das Persönlichste das Allgemeinste« sei.

Autoren-Elend

Nicht jedem Autor oder Dichter gelingt dies. Die Liste derer, die sich aus Verzweiflung umbrachten oder in Alkoholismus und Drogensucht endeten, ist unglaublich lang: Ernest Hemingway, Hans Fallada, Rainer Werner Fassbinder, Edgar Allan Poe, Samuel Coleridge, Klaus Mann, Else Lasker-Schüler – einige von vielen Namen, die mir spontan einfallen … Andere, wie Kafka und Büchner, erlagen Jahrzehnte zu früh ihren Leiden, weil es ihnen – aus welchen Gründen auch immer – nicht gelang, die Ursachen vollends aufzudecken. Hemingway hat sich wahrscheinlich deshalb erschossen, weil ihm nichts mehr einfiel, das heißt, weil er den versiegten Fluss seiner Erinnerungen nicht wieder in Gang bringen konnte, auch nicht mit dem geliebten Whisky. Uwe Johnson ist 1984 als erst 49-Jähriger gestorben; in den Nachrufen hieß es, es sei kein Geheimnis gewesen, dass »der einsame Schriftsteller seit langem Rettung beim Alkohol gesucht habe«.

Virginia Woolf brachte sich, nach zwei vorangegangenen missglückten Selbstmordversuchen, schließlich doch noch um, obgleich ihr Mann Leonard sich viele Jahre aufopfernd um ihre Genesung und die Möglichkeit ungestörter literarischer Arbeit bemüht hatte.

Jean-Paul Sartre »arbeitete wie ein Besessener. Um sich aufzuputschen, nahm er Drogen – ein Röhrchen Dorydramine pro Tag, dazu Optalidol und nachts Schlafmittel. Auch dem Whisky sprach er ... recht gern zu« (Kardorff).

Studiert man die Anfänge von Schriftsteller-Karrieren (hervorragendes Material in dieser Hinsicht findet man in den Bänden von »rowohlts monographien«), so steht bereits dort oft deutlich sichtbar der Versuch, irgendwelchem unerträglichem Leid zu entrinnen. Karl May war auf dem besten Weg, kriminell zu werden, als er den erlösenden Ausweg entdeckte: In seinen Abenteuerromanen lebte er vieles von dem phantasierend aus, was ihn quälte. Dadurch musste er seine Phantasien nicht in selbstzerstörerische Handlungen umsetzen. Stephen King, Bestseller-Autor von weltweit in Millionenauflagen verschlungenen Horror-Geschichten, sagte in einem Interview:

»Ich bin kein großer Künstler, aber ich habe immer einen Drang zum Schreiben verspürt. Ich brauche das für meine geistige Gesundheit. Als Autor kann ich meine Ängste, Unsicherheiten und Albträume auf dem Papier dingfest machen. Meine Obsession läßt sich vermarkten. Überall auf der Welt gibt es Verrückte in Gummizellen, die dieses Glück nicht haben.«

Das mag drastisch ausgedrückt sein – aber es trifft sicher den Kern der Wahrheit. Tennessee Williams schrieb sein erfolgreichstes Drama »Endstation Sehnsucht«, als ihn Zwangsvorstellungen zu quälen begannen, er müsse bald sterben. Anthony Burgess ging es ähnlich: 30 Jahre zuvor erklärten ihn Ärzte, infolge einer schrecklichen Fehldiagnose, für todkrank. Als Therapie, wie er ausdrücklich vermerkt, begann er, wie ein Wilder zu schreiben – und blieb am Leben. Der große Hugo von Hofmannsthal meinte einmal in Hinblick auf seine frühen Schriften: »Erkennt denn niemand den furchtbar autobiographischen Charakter dieses Werks?« (zit. n. Fiedler).

Nun wissen wir alle, dass unsere Tagebuchnotizen oder unter innerem Druck verfasste Briefe selten geeignet sind, gedruckt zu werden. Das Erinnern und das schreibende Wiederholen von Leid bedürfen also noch – ganz wie Freud es für die Therapie feststellt – eines dritten Elements: der »Durcharbeitung«. Genau dies geschieht, wenn man einen Text überarbeitet, den man spontan, ganz dem Fluss der freien Einfälle folgend, dahingeschrieben hat. Bestseller mit Millionenauflage verlangen hohes handwerkliches Können – sonst erreichen sie ihr zahlendes Publikum ebenso wenig wie das kleine Lyrikbändchen, das der Dichter für vielleicht nur hundert andere Menschen geschrieben hat.

Der Vielschreiber hält sich an bewährte Rezepte – seien es die, welche er mit seinem ersten großen Wurf selbst gefunden hat, seien es jene, welche er erfolgreichen Kollegen abschaute.

Viele Menschen sind sich freilich beim Schreiben selbst im Weg, vor allem weil sie zu hohe Anforderungen an ihre gestalterischen Qualitäten stellen. Allzu strenge Selbstkritik erstickt den schöpferischen Prozess im Keim; wahrscheinlich ist sie ein Ausdruck neurotisch-zwanghaften Drills aus der Kindheit. Jeder Autor, der gedruckt wurde – heiße er Böll, Simmel oder Kafka –, musste einmal über diese Hürde springen und sich selbst Mut machen:

Ich bin wahrscheinlich nicht Goethe oder Hölderlin – aber ich riskiere jetzt den Schritt in die Öffentlichkeit …

Leiden als Rohstoff

Der Autor, der sich seiner Sache sicher ist, nicht zuletzt aufgrund großen Erfolges, übertreibt vielleicht ein wenig nach der anderen Seite. Simenon, Schöpfer unzähliger Kriminalromane, denen auch von strengen Kritikern gute literarische Qualität bescheinigt wird, hat in seinen »Intimen Memoiren« sehr genüsslich sein Privatleben, nicht zuletzt seine Liebesaffären, mit wirklich intimen Details vor der gesamten Leserschaft ausgebreitet. Doch da er sehr ehrlich ist und auch seine Misserfolge und Zweifel nicht unterschlägt, sind diese »Intimen Memoiren« trotz ihrer narzisstischen Selbstbespiegelung – oder gerade deshalb? – mit Genuss zu lesen.

Es ist ja ein Kennzeichen des Kitsch- und Trivialautors, dass er meint, sein persönliches Leiden als Quelle der Inspiration seinem Publikum vorenthalten zu müssen. Simenon dreht den kausalen Ablauf gewissermaßen um, wenn er feststellt: »Ich wollte leben, verstehen Sie. Nicht nur für mich, sondern weil ich mir klar wurde, daß allein das, was man selbst erlebt hat, andern durch Literatur erlebbar gemacht werden kann.«

Hier geht Simenon, wie ich meine, über die Trias von »Erinnern«, »Wiederholen« und »Durcharbeiten« noch einen Schritt hinaus. Er stellt nämlich im Grunde fest, dass es nur mit dem Aufarbeiten alter Kindheitsängste und unbewältigter Pubertätsprobleme nicht getan ist – irgendwann sollte ein Schriftsteller neue Anregungen, neue Themen entdecken, mit denen er seine ureigensten Themen, gewissermaßen seine Narben, anreichert und erweitert. Warum überragen Shakespeare und Goethe ihre Kollegen so turmhoch – wenn nicht deshalb, weil irgendwann die Selbsttherapie mittels Schreiben den alten Erinnerungsschutt erfolgreich beiseite schaffte und der kreative Fluss der Gedanken und Erinnerungen weiterging – oder überhaupt erst richtig in Bewegung kam! Aus den Biographien großer Schriftsteller erfahren wir nicht zuletzt auch von den Krisen ihres Schaffens, als der Strom plötzlich versiegte. Therapeutische Erfahrungen lassen vermuten, dass die Erinnerung stets dann versagt, wenn heikle Themen auftauchen, die mit viel alter Angst besetzt sind und die in der Tat verdrängt werden, also von starken seelischen Widerständen in den Speichern des Unbewussten festgehalten werden. Uwe Johnson musste ein volles Jahrzehnt pausieren, ehe er den abschließenden Band seiner Tetralogie »Jahrestage« über das Leben seiner Heldin Gesine Cresspahl fertig stellen konnte. Der Abschlussband war kaum erschienen, als er zusammenbrach und auf eine Weise starb, die einem Selbstmord sehr nahe kommt.

Im Rahmen seiner zweibändigen psychoanalytischen Studie über Goethe beschreibt der aus Wien stammende, lange in New York lebende Freud-Schüler Kurt R. Eissler (1908–1999) mit liebevoller Akribie eine aufschlussreiche Phase im Leben des Dichters, die er »Goethes Versuch einer Psychotherapie« nennt. Aus dem »Versuch« wurde allmählich, während Goethes zweiter Reise in die Schweiz, eine Art Proto-Psychoanalyse – wenn man so will, ein durchaus als gelungen anzusehender Versuch der Selbsttherapie: »Ich schreibe hier über etwas, das ich Goethes Arbeitsstörung nennen möchte. Es scheint lächerlich zu sein, von Arbeitsstörung bei einem Manne zu sprechen, der die Verkörperung der Kreativität war. Und doch bestand eine Zeitlang die konkrete Gefahr, daß sogar dieser überreiche Geist in eine Phase beträchtlicher Paralyse trat, als die Zeit biologischer Reife den Platz der unbezähmbaren Jugend eingenommen hatte« (S. 216).

Konflikte durcharbeiten

Eissler geht nun in vielen Details dieser Arbeitsstörung und ihren Ursachen nach, die vor allem darin ihre Wurzeln hatte, dass Goethe den ungeliebten Beruf des Rechtsanwalts noch nicht recht loslassen und zum anderen sich weder seiner neuen Tätigkeit als Hofbeamter noch seiner eigentlichen Berufung, nämlich dem Schreiben, ganz überlassen konnte. Eissler macht drei verschiedene Ebenen aus, in denen intensive Konflikte die Arbeitsstörung Goethes nährten: »Der juristische Beruf entsprach den Wünschen des Vaters; die künstlerische Kreativität der Sturm-und-Drang-Zeit entstammte hauptsächlich der Beziehung zu seiner Mutter. In der neuen Situation (nämlich am Hofe in Weimar, bei seiner Gönnerin Charlotte von Stein; der Verf.) war es eine Frau, der er gefallen konnte, indem er Verwaltungsfachmann wurde, einer Frau obendrein, welche die höchste Achtung für seine Kunst hatte. Allmählich spürt man aber auch den Kindheitskonflikt, wenn man die Tatsache berücksichtigt, daß der Ehemann der Charlotte von Stein zur Gruppe der Traditionalisten und Konservativen gehörte (was ihn in die Nähe des Vaters rückte). So bewegte sich Goethes hervorragende Arbeit als Regierungsbeamter, übersetzt in die Begriffe der Persönlichkeitsstruktur, auf drei Ebenen:

a) Aktueller Konflikt: Goethe gegen den Ehemann von Charlotte von Stein und seine Liebe zu Charlotte.
b) Konflikt der jüngsten Vergangenheit: Goethe gegen seinen Schwager Schlosser und seine verblassende Liebe zur ›verehrten Schwester‹ Cornelia.
c) Kindheitskonflikt: Goethe gegen seinen Vater und die verdrängte Liebe zur Mutter« (S. 223).

In Weimar gelang Goethe also – und zwar ohne Hilfe eines Psychotherapeuten im heutigen Sinne – die Lösung massiver seelischer Probleme. Eissler vermutet, dass Charlotte von Stein eine therapeutenähnliche Rolle spielte. Liest man jedoch die Schriften nach, welche Goethe in jener Zeit verfasste, so wird rasch deutlich, dass er seine Konflikte nicht zuletzt schreibend meisterte. Im November 1775 kam er in Weimar an und lernte auch Frau von Stein kennen. Ein Jahr zuvor hatte er den – für die damalige Zeit sensationell erfolgreichen – Roman »Werthers Leiden« geschrieben, mit deutlich autobiographischen Inhalten. Neben Gedichten, unter anderem an Frau von Stein, und dramatischen Versuchen war es dann vor allem der neue Roman »Wilhelm Meisters theatralische Sendung«, der einen völlig neuen Lebensabschnitt signalisierte. Aus dem »Stürmer und Dränger«, der nicht ans romantische Ziel gelangte und dies im Selbstmord seines Alter Ego Werther deutlich auch zum Ausdruck brachte, war der ruhigere, besonnenere Klassiker geworden.

Worauf es mir ankommt, ist, dass dies nicht auf Kosten der literarischen Qualität gelang – oder gar durch Verstummen (wie bei anderen Autoren), sondern gerade durch das Aufnehmen neuer Themen oder das erneute Aufnehmen alter Themen auf einem reiferen Niveau.

Auch in einer Psychotherapie wird ja, im Verlauf des Dialogs zwischen Patient und Therapeut, altes Erlebnismaterial aus den Tiefen des – von Marcel Proust so genannten – »artesischen Brunnens« gefördert. Aber die »Enge des Bewusstseins« verhindert, dass eine bestimmte Weite des Überblicks überschritten beziehungsweise überhaupt erst erreicht wird. Das zeitliche Nacheinander vieler Therapiesitzungen muss manchmal ersetzen, was einem auf der Fläche eines Blatt Papiers viel rascher zusammenwachsen kann – *kann*, möchte ich betonen, nicht muss!

Hier kommt hilfreich ins Spiel, was insbesondere bei Träumen so unmittelbar sichtbar wird: dass nämlich Symbole und Bilder sonst zunächst unvereinbare Elemente aus unserem Leben (eben unsere Erinnerungen an Erlebnisse) zusammenfügen und dadurch völlig neue Einsichten zu vermitteln vermögen. Ganz sicher haben aus ebendiesem Grund die Dichter und Schriftsteller den Träumen schon immer ihre besondere Wertschätzung gezollt.

Das »Persönlichste« und das »Allgemeinste«

Wenden wir uns nun einer modernen Form des Schreibens und des kreativen Geschehens zu: dem Schreiben in einer Gruppe, wie es typisch für *Creative Writing* ist. Eines möchte ich allerdings noch klarstellen: Die Teilnahme an einer Schreibgruppe ist eigentlich nur zum Teil Selbsterfahrung (und streckenweise auch Therapie), insofern der darin ablaufende gruppendynamische Prozess in den Teilnehmern auch innerseelische Prozesse auslöst, bis hin zu tief emotionalen Erinnerungen; vor allem aber ist die Gruppe ein Ferment, das – aus den verschiedensten Gründen – den Vorgang der Selbsterfahrung erleichtert. Dazu tragen insbesondere die wechselseitigen (unbewussten) Übertragungen der Teilnehmer aufeinander wie auf den Seminarleiter bei. Weitere Effekte der Gruppe sind

- ihre stimulierende Wirkung (die Themen und Texte der anderen regen eigene Themen und Texte an, ohne dass man sie deshalb »abschreiben« müsste: die Gruppe als Katalysator);
- die sofortige Reaktion (Feedback) auf vorgelesene Texte – sie hilft, Unfertiges leichter zu vollenden;
- ihre Präsenz als »Publikum«, die es sehr erleichtert, einen Text überhaupt niederzuschreiben.

Und noch ein weiteres Moment dieses »kreativen Schreibens in der Gruppe« möchte ich betonen, um etwaigen Missverständnissen vorzubeugen: Ich fordere nicht, dass in Zukunft alle Bücher und Zeitschriften, nicht einmal die meisten von ihnen, nur noch aus Selbsterfahrungsberichten ihrer Autoren bestehen sollten! Nichts liegt mir ferner. Aber ich bin davon überzeugt, dass es allen Autoren und allen ihren Texten gut täte, wenn sie einen solchen Zugang, via Selbsterfahrung, zu ihrem Inneren finden könnten, gerade zu den am tiefsten verdrängten und verschütteten Bereichen. Schon um in Zukunft nicht mehr der häufigsten Berufskrankheit der schreibenden Zunft, nämlich den Schreib-Blockaden (bis hin zum Burn-out) und ihren zum Teil recht üblen Folgen (bis hin zu Suff und Suizid), so völlig hilflos ausgeliefert zu sein, wie es leider so oft der Fall ist.

Die Verbindung vom Persönlichsten mit dem Allgemeinsten, von Privatsphäre und Berufsalltag zumindest während des kreativen Schreib-Prozesses selber ist in meinen Augen die ideale Lösung für diese Probleme. Wie schon an anderer Stelle erwähnt: Man kann das Persönliche dann ja bei der Schlussredaktion wieder entfernen, wenn man möchte – oder muss.

Schreiben als Selbsterfahrung ist die Quelle aller Formen des privaten und beruflichen Schreibens. Wer diese Quelle fortwährend fließen lässt, für den wird das Schreiben zum wichtigsten Denk-Werkzeug, mit dem man dem eigenen Erleben nicht länger mehr, wie ein Billardball, passiv ausgeliefert ist, sondern mit dem man sich zunächst einen umfassenden Überblick, gewissermaßen von einer »höheren Warte« aus, verschaffen kann, um mit Hilfe der schreibend gewonnenen Erkenntnisse aktiv das Leben besser gestalten zu können.

12 Zum Beispiel: Wut abreagieren

In einem köstlichen Abenteuer-Film mit Jean-Paul Belmondo in der Hauptrolle hat Philippe de Broca 1978 ins Bild gesetzt, wie die Psyche eines (Kolportage-)Romanautors funktioniert. Der Klempner kommt und soll die Wasserleitung richten – aber weil der Elektromonteur noch nicht da war, zieht er unverrichteter Dinge ab und lässt einen wütenden Autor zurück.

Doch Belmondo bzw. der Filmheld bleibt nicht lange wütend und hilflos. Er schwingt sich auf seinen Stuhl und hämmert seine Wut in die Tasten der Schreibmaschine – verwandelt sich in »Le Magnifique« und lebt seine Frustration und Aggression aus, indem er den Klempner in einen seiner Gegner verwandelt, die er – im Text – genüsslich mit einer Maschinenpistole niedermäht.

Zu de Brocas Film »Le Magnifique« ist mir leider kein veröffentlichter Text bekannt. Der Science-Fiction-Autor Barry Malzberg hat jedoch eine ähnliche Idee zu einer sehr guten Story umgesetzt, die höchst vergnüglich und spannend zu lesen ist und im speziellen Milieu der Science-Fiction-Autoren und -Verleger spielt. Sein Roman durchleuchtet zum einen mit großem Scharfblick, voller ausgesprochener Hassliebe, diese spezielle literarische Subkultur und entlarvt viele ihrer kleinen und großen Schwächen; zum anderen durchleuchtet er – und dies ist speziell für unser Thema interessant – die Mechanismen einer wahren Schreiberseele; darüber hinaus ist »Herovits Welt« aber auch noch eine sehr spannende Abenteuergeschichte. Unterhaltung mit »dreifachem Boden« also.

Christopher Priest hat mit »Der weiße Raum« ebenfalls eine spannende Science-Fiction ersonnen; dieser hintergründige Roman gräbt jedoch um einiges tiefer in der Autorenseele. Während der Held in einem weiß gestrichenen Zimmer (daher der Titel) einen Roman schreibt, in dem er eine beendete Liebesaffäre zu verarbeiten sucht, entwickelt sich in einem zweiten Handlungsstrang halluzinatorisch eine parallele Welt, die den Autor immer tiefer in sein – ursprüngliches – Phantasieprodukt hineinzieht … Ein literarisches und psychologisches Lesevergnügen zugleich – wenn man eine solche im Grunde tragische Geschichte einmal als »Vergnügen« bezeichnen darf.

Noch weit problematischer geht der Versuch des Schriftstellers Jeantôme aus, der nach seinem Erstlingserfolg so blockiert ist, dass er keine Zeile mehr schreiben kann. Bis ihm ein Arzt rät, sich seinen Frust in einer Art Tagebuch von der Seele zu schreiben. Da es sich bei dem schon erwähnten Roman »Mr. Hyde« von Boileau und Narcejac um einen Thriller handelt, wird aus diesem Ratschlag weit mehr als nur ein Experiment in kreativem Schreiben.

Und noch anders bringt Sigrid Heuck die Geheimnisse des Erzählens in »Saids Geschichte« dem Leser näher, denn sie versteht es auf spannende und kunstvolle Weise, die Entstehung dieser Geschichte von Said zum eigentlichen Thema zu machen: Der Märchenerzähler Suleiman, der mitten in der Wüste zu einer Karawane gestoßen ist, bezieht die kleinen Erlebnisse und Funde während des Kamelritts und vor allem die Erinnerungen, Phantasien und Sehnsüchte der Reiter in sein Fabuliergespinst mit ein. Ein zauberhaftes Buch, aus dem man vieles über den kreativen Prozess beim Schreiben erfahren kann. Wie die Autorin mir erzählte, entstand das Buch als Antwort auf die Fragen von jugendlichen Lesern, wie sie, die Autorin, denn ihre Geschichten »erfinde«.

Schreiben als Abreaktion, als Triebabfuhr, als Ersatzhandlung … Nur das?

Wenn es nicht nur Katharsis bleiben, wenn es therapeutisch wirken soll, so muss noch etwas Wesentliches hinzukommen: Im Prozess des Schreibens sollte anhand eines gegenwärtigen Auslösers (oder auch ohne sichtbaren äußeren Anlass) Unangenehmes (mit Angst, Schuldgefühlen und dergleichen besetzte Erlebnisse) dem Bewusstsein zugänglich werden. Das eben Erlebte verbindet sich mit dem Erinnerten in der Wiederholung und kann dann – z. B. im Prozess des Niederschreibens oder Aussprechens – weitergestaltet und damit verarbeitet werden. Sigmund Freud hat diesen Ablauf in seinem Aufsatz aus dem Jahr 1914, den wir bereits kennen (»Erinnern, Wiederholen und Durcharbeiten«), detailliert beschrieben.

An einem Beispiel, das ich selbst erlebt und – schreibend – verarbeitet habe, möchte ich einen ähnlichen Vorgang skizzieren.

Zur Vorgeschichte

Wir saßen zu elft in einem Schreib-Seminar, das ich leitete. Begonnen hatte es mit einem Wochenende; drei Abende zu zwei Sitzungen waren gefolgt; dieser Abend war bereits seit einer vollen Stunde im Gange. Die Gruppe befand sich also bereits seit rund 20 Stunden in einem intensiven Prozess des Kennenlernens: Vertrauen ineinander war allmählich gewachsen, wir hatten gemeinsam schon einiges erlebt, hatten viele Texte zusammen geschrieben, hatten sie uns vorgelesen, darüber diskutiert –

Da kam plötzlich eine Frau in den Raum, setzte sich neben mich und sagte: »Ich konnte nicht früher kommen.«

Ich hatte sie bereits als Teilnehmerin eines früheren Kurses kennen gelernt und wusste, dass sie gern ihre dicksten Probleme in die Gruppe warf, alle dafür interessierte – und dann doch alles beim Alten ließ. Ihre paradoxe Mischung aus kindlicher Ängstlichkeit und selbstbewusster Chuzpe (ihr legeres Eindringen in diese Gruppe bestätigte das nur wieder) hatte mir in einer anderen Gruppe, vor über einem Jahr, bereits erhebliche Mühe gemacht, vor allem aber ihr Suchen (bei mir als Gruppenleiter) nach therapeutischer Intervention und Hilfe – die dann aber gar nicht angenommen wurde, wenn ich sie zu geben versuchte.

Ich merkte, dass mich ihr Verhalten ärgerte. Aber mir war noch nicht bewusst, wie intensiv mein Ärger war. Ich fragte zunächst die anderen Teilnehmer, ob sie bereit wären, Ille (wie ich sie nennen möchte) in der Runde aufzunehmen. Wie sie versicherte, hätte sie sich ordnungsgemäß angemeldet, sei aber – aus persönlichen Gründen – bisher verhindert gewesen, teilzunehmen.

Zwei aus unserer Runde sagten, sie würde das »neue Gesicht« nicht stören; eine Frau sagte, ihr würde das unverhoffte Auftauchen Mühe machen, es würde sie blockieren. Und einer der Männer sagte ungeduldig, er wolle jetzt endlich mit dem Schreiben seines Textes anfangen. Ich merkte inzwischen, dass ich vor Wut innerlich bebte (war mir aber zugleich auch bewusst, dass sie nur kräftig ein Gefühl anregte, das viel älter sein musste als der unmittelbare Ärger). Ich sagte deshalb zu ihr:

»Ich merke, dass mich dein Eindringen in diese Gruppe stört. Ich werde keine einzige Zeile schreiben können, wenn du jetzt hier bist und neben mir sitzt. Vor allem stört mich die Art, wie du hier einfach reinkommst, noch dazu eine Stunde zu spät, ohne vorher mit mir darüber zu reden.«

»Ja – soll ich gehen?«

»Ja.«

Und sie ging. Die anderen begannen zu schreiben. Und ich saß da und spürte, wie es immer mehr in mir kochte. Endlich nahm ich meinen Block in die Hand und schrieb den folgenden Text. Da ich mir deutlich bewusst war, dass hinter dem Anlass noch etwas ganz anderes stecken musste, schrieb ich so phantasievoll, wie es mir gerade in den Sinn kam – also eben nicht realistisch, das Geschehene lediglich sachlich berichtend.

Ich erinnerte mich deutlich des Verlaufs der eben geschehenen Ereignisse – aber zugleich drangen von ganz woanders her neue Bilder in mein Bewusstsein, während ich ein paar Minuten mit geschlossenen Augen einfach dasaß und in mich hineinhorchte und -schaute.

Außerdem schrieb ich die Geschichte in der dritten Person, benützte zur Verfremdung eine Kunstfigur, »Thomas Lauffner« genannt, die ich schon früher zu ähnlichen Gelegenheiten verwendet hatte (s. nächste Seiten).

Die übrigen Teilnehmer schrieben bereits an ihren eigenen Texten; gleich neben mir war eine Frau, die völlig übermüdet aus der Arbeit in die Gruppe gekommen war, eingeschlafen und röchelte leise vor sich hin. Meine Geschichte* schrieb sich nahezu von selbst, so wie sie auf den nächsten Seiten abgedruckt vorliegt;

* Den fiktiven Hintergrund dieser Geschichte, die Stadt »O'Thar«, habe ich bereits in einer Reihe anderer Erzählungen benützt. Man störe sich deshalb bitte nicht an einigen vielleicht nicht ganz verständlichen Details.

ich habe fast nichts daran verändert, habe lediglich einige geringfügige Schönheitskorrekturen vorgenommen.

Mein ursprüngliches Manuskript war in der Ichform und im Gegegenwartsmodus geschrieben. In drei Stufen habe ich diesen Text dann später verfremdet: Zunächst änderte ich die Zeit, machte ich aus Gegenwart Vergangenheit; das schuf Abstand zum Erleben. In einem nächsten Schritt veränderte ich den Ort des Geschehens, baute gewissermaßen die *Kulissen* um: Aus dem Esslokal in München-Schwabing (das ja ursprünglich der Gruppenraum des Schreib-Seminars gewesen war) wurde eine völlig fiktive Kneipe in der Phantasiewelt »O'Thar« (an der ich seit vielen Jahren bastle).

In einem dritten Schritt ging ich von der Ichform über zu einer Kunstfigur namens »Thomas Lauffner«, was die Distanzierung (und zugleich die emotionale Verarbeitung) des ursprünglichen Erlebnisses komplett machte.

Hier nun zunächst der Anfang der ersten Fassung, die ja bereits das reale Erlebnis ein wenig verfremdet und den Ort des Geschehens verlagert – vom Gruppenraum in das Lokal (in das ich anschließend, wie geplant, mit den Seminarteilnehmern gehen wollte und auch ging. Sie dürfen raten, was dort dann das Hauptgesprächsthema war …)

»Du glaubst wohl, mit mir kannst du das machen!« Ich ziehe das Glas Bier, das die Frau zu sich geholt hat, zu meiner Seite des Tisches zurück. Sie hat davon getrunken, ohne mich zu fragen. Ich hatte gehofft, ich könnte den Zwischenfall übergehen, ihre Frechheit auf sich beruhen lassen. Und sie hatte wohl dasselbe gedacht. Aber der Ärger steigt mir nun viel zu intensiv hoch. Er unterbricht den Fluss meiner Gedanken, denn der Ärger stört das Gespräch mit Sebastian und den anderen, die noch an dem runden Tisch in der Kneipe zum »Kaiser Friederich« sitzen.

Sie steuert auf unseren Tisch zu und drängt sich auf den Platz zwischen Sebastian und mir.

Jetzt spüre ich, dass es nicht nur Ärger über die momentane Störung ist, über ihre Aufdringlichkeit, der mir da in den Hals steigt, sondern dass da, tiefer in mir, noch etwas ganz anderes sitzt: Ärger. Nein, Wut.

»Geh!«, sage ich zu ihr und seh ihr in die Augen. Sie bekommt diesen Gesichtsausdruck, den ich von früher bei ihr kenne: geradezu hündische Unterwürfigkeit und tief sitzende Angst, die sich nicht recht fassen lässt.

Das schürt jetzt, ganz im Gegensatz zu früheren Gelegenheiten, meine Wut nur noch mehr. »Ich will nicht, dass du dich in unser Gespräch drängst!«

Ich hätte ihr das früher niemals so klar gesagt. Deshalb ist sie wohl so überrascht von meiner Reaktion, dass sie wortlos aufsteht und geht.

Nun dasselbe Textstück, aber noch mehr verfremdet durch die neue Kulisse »O'Thar« (die hier allerdings nur durch einige kleine Details sichtbar wird, etwa durch den Freund des Helden, Oleg, und den Namen des Lokals – der »Vogel Garuda« ist in jener Phantasiewelt ein wichtiges »Requisit«):

»Du glaubst wohl, mit mir kannst du das machen!« Ich zog das Glas Bier, das die Frau zu sich geholt hatte, zu meiner Seite des Tisches zurück. Sie hatte davon getrunken, einen kräftigen Schluck, einfach so, ohne mich zu fragen.

Ich hatte gehofft, ich könnte den Zwischenfall übergehen, ihre Frechheit auf sich beruhen lassen. Und sie hatte wohl dasselbe gedacht. Aber der Ärger stieg mir viel zu intensiv hoch. Er unterbrach den Fluss meiner Gedanken, er störte das Gespräch mit Oleg und den anderen, die noch an dem runden Tisch in der Kneipe zum »Bunten Garuda« saßen.

Sie war durch die Tür hereingekommen, ich hatte das genau beobachtet, weil ich gerade nach dem Kellner suchte, bei dem ich etwas zu essen bestellen wollte. Sie sah sich unruhig, ja gehetzt um. Dann erblickte sie mich. Es mag trivial klingen, wenn ich so betone, dass sie durch die Tür hereinkam – aber in so heißen Sommernächten steigen nicht wenige Gäste, vor allem wenn sie mit den Gepflogenheiten dieses Lokals vertraut sind, durch die bis fast zum Boden reichenden Fenster herein oder hinaus. Na, jedenfalls kam sie zur Pendeltüre herein, sah mich (als hätte sie mich gesucht) und steuerte auf unseren Tisch zu. Sie setzte, nein drängte sich auf den Platz zwischen Oleg und mir, in eine Lücke, die dort vorher gar nicht gewesen war.

Ich spürte, dass es nicht nur Ärger über die momentane Störung war, über ihre Aufdringlichkeit, der mir da in den Hals stieg, sondern dass da, tiefer in mir, noch etwas ganz anderes saß: Ärger. Nein, Wut. Eine geradezu mörderische Wut! »Hau ab!«, sagte ich zu ihr und sah ihr in die Augen. Sie bekam diesen Gesichtsausdruck, den ich von früher bei ihr kannte: geradezu hündische Unterwürfigkeit und tief sitzende Angst, die sich nicht recht fassen lässt.

Das schürte jetzt, ganz im Gegensatz zu früheren Gelegenheiten, meine Wut nur noch mehr. »Ich will nicht nur, dass du mir nicht mein Bier wegsäufst – ich will auch nicht, dass du dich hier so neben mich wanzt und dich in unser Gespräch drängst!«

Ich hätte ihr das früher niemals so klar gesagt. Deshalb war sie wohl so überrascht, dass sie wortlos aufstand und ging.

Der letzte Schritt bestand dann schließlich darin, auch noch das ursprüngliche »Ich« in den Helden mit Namen »Thomas Lauffner« zu transponieren. Das ganze Kapitel liest sich nun folgendermaßen:

»Mit mir nicht!«

»Du glaubst wohl, mit mir kannst du das machen!« Thomas Lauffner zog das Glas Bier, das die Frau zu sich geholt hatte, zu seiner Seite des Tisches zurück. Sie hatte davon getrunken, einen kräftigen Schluck, einfach so, ohne ihn zu fragen. Gerade wischte sie sich mit dem Ärmel ihrer Jacke den Schaum vom Mund.

Lauffner hatte gehofft, er könnte den Zwischenfall übergehen, ihre Frechheit auf sich beruhen lassen. Und sie hatte wohl dasselbe gedacht. Aber der Ärger stieg viel zu intensiv in ihm hoch. Er unterbrach den Fluss seiner Gedanken, er störte das Gespräch mit Oleg und den anderen, die noch an dem runden Tisch in der Kneipe zum »Bunten Garuda« saßen.

Sie war durch die Tür hereingekommen, er hatte das genau beobachtet, weil er gerade nach dem Kellner suchte, bei dem er etwas zu essen bestellen wollte. Sie sah sich unruhig, ja gehetzt um. Dann erblickte sie ihn. Es mag trivial klingen zu betonen, dass sie durch die Tür hereinkam – aber in so heißen Sommernächten steigen nicht wenige Gäste, vor allem wenn sie mit den Gepflogenheiten dieses Lokals vertraut sind, durch die bis fast zum Boden reichenden Fenster herein oder hinaus. Na, jedenfalls kam sie zur Pendeltüre herein, sah Lauffner (als hätte sie ihn gesucht) und steuerte auf seinen Tisch zu. Sie setzte, nein drängte sich auf den Platz zwischen Oleg und ihm, in eine Lücke, die dort vorher gar nicht gewesen war, mit einer Arschbacke auf Olegs Stuhl und mit der anderen auf seinen. Lauffner spürte, dass es nicht nur Ärger über die momentane Störung war, über ihre Aufdringlichkeit, der ihm da in den Hals stieg, sondern dass da, tiefer in ihm, noch etwas ganz anderes saß: Ärger. Nein, Wut. Eine geradezu mörderische Wut!

»Hau ab!«, sagte er zu ihr und sah ihr in die Augen. Sie bekam diesen Gesichtsausdruck, den er von früher bei ihr kannte: geradezu hündische Unterwürfigkeit und tief sitzende Angst, die sich nicht recht fassen lässt.

Das schürte jetzt, ganz im Gegensatz zu früheren Gelegenheiten, seine Wut nur noch mehr. »Ich will nicht nur, dass du mir nicht mein Bier wegsäufst – ich will auch nicht, dass du dich hier so neben mich wanzt und in unser Gespräch drängst!«

Er hätte ihr das früher niemals so klar gesagt. Deshalb war sie wohl so überrascht, dass sie wortlos aufstand und ging. Kurz darauf, die beiden Türhälften schwangen noch immer leicht hin und her, hörte man von draußen laute Stimmen. Ein Streitgespräch, wahrscheinlich zwischen Ille und ihrem unsichtbaren Begleiter.

Dann entfernten sich die Geräusche, und der übliche Kneipenlärm, mit Gläserklirren und der alles übertönenden Stimme des Schankwirts, waren wieder gegenwärtig wie zuvor. Thomas fing Olegs fragende Blicke auf und die der anderen am Tisch. »Ich muss mal raus«, sagte er und stand auf, »muss mir über was klar werden.«

Er stellte sein Glas, ohne es noch einmal benützt zu haben, dem Kellner, der gerade vorbeikam, aufs Tablett und sagte nur: »Bring mir ein neues. Bin gleich wieder da.«

Dann ging er ins Freie. Irgendwo in Richtung Dunkles Viertel sah er zwei Gestalten davonhasten. Andere Leute kamen entgegen und überlagerten den Eindruck der Forteilenden. Neben der Kneipentür, in einer schattigen Ecke, lag jemand (eine Frau?) und schnarchte leise. Er lief weiter und versuchte sich über die Ursache seiner schrecklichen Wut klar zu werden.

So ganz allmählich dämmerte ihm eine Erkenntnis. Es war diese Selbstverständlichkeit, mit der Ille »gewusst« hatte, dass er ihr dieses distanzlose Eindringen nicht übel nehmen würde. Aber sie hatte eben nicht damit gerechnet, dass er sich in diesen Wochen und Monaten seit ihrer letzten Begegnung verändert hatte, dass dieses rätselhafte O'Thar allmählich einen anderen Menschen aus ihm zu machen begann, in Teilen zumindest, wichtigen Teilen.

Er war durch eine harte Schule gegangen. Nicht zuletzt durch ihre Trennung! Und er hatte gelernt, sich nicht mehr so ausnützen zu lassen. Dieses arrogante, dumme Weib! Das ihm mit seiner kindlich-naiven Hilflosigkeit so oft auf die Nerven gegangen war! Dieser Hilflosigkeit, bei der er nie so recht wusste, ob sie echt war oder ein übler Trick. Immer wieder war er darauf hereingefallen, wie ein dummer kleiner Junge; hatte ihr aus dieser Patsche geholfen und aus jener Not …

Thomas merkte allmählich – weil andere Bilder, von anderen Situationen mit anderen Frauen sich davor schoben –, dass Ille nur die erste Figur in einer ganzen Reihe war. Lea tauchte auf, Veena, dann Kora ... Wie aufgestellte Dominosteine, die, wenn man einen von ihnen antippt, einander umstoßen (ein sehr beliebtes Spiel in O'Thar), so riss Illes Bild das von Veena mit, deren Eindruck den von Lea ... Doch auch vor O'Thar hatte es ja schon Frauen in seinem Leben gegeben, und sie alle tauchten jetzt auf. Lauter Gesichter, deutlich sah er sie, mit dem Ausdruck dümmlicher Hilflosigkeit, hinter dem sich – auch dies nahm er auf einmal wahr! – so viel unbezwingbare Macht versteckte!

Später, beim Schreiben dieser Worte, sah er auch, wie einseitig diese Betrachtungsweise, diese Erlebnisweise damals vor dem »Garuda« in O'Thar war ... aber damals, als die Steine umfielen, einer den anderen mitreißend, war das andere überhaupt nicht zu erkennen. Die Steine purzelten, und mit ihnen all diese weiblichen Existenzen, die jemals in sein Leben getreten waren. Bis sie alle flach, mit dem Gesicht nach unten, kreuz und quer auf dem Weg verstreut, vor ihm lagen, mit einheitlich schwarzen, nichts sagenden Rückseiten.

Nur ein einziger Stein, am fernen Ende dieser langen umgekippten Reihe, stand noch fest da, steif, trutzig, starr und unbeirrbar. Erst erkannte er nicht, was, wen er darstellte. Also lief er, mit erwachender Neugier, los. Aber der Stein war weiter von ihm entfernt, als er vermutete. Er wusste nicht, wie viele Schritte er machen musste, bis er endlich die Konturen etwas klarer fassen konnte. Derweil staunte er nur, wie viele Frauen es in seinem Leben gegeben hatte. Nicht nur jene, mit denen er eine intensivere, auch erotische Beziehung hatte, standen da herum, waren umgefallen, sondern auch alle möglichen anderen, eine Lehrerin, eine Verkäuferin, eine Wirtshausbedienung, eine, noch eine und noch und noch eine –

Und dann, zum Schluss, wie konnte es anders sein, was für ein mit Blindheit geschlagener Dummkopf war er gewesen!, seine Mutter. Er schüttelte den Kopf und öffnete seine Augen, um dieses unglaubliche Bild zu verscheuchen. Aber es blieb. Was hatte seine Mutter da zu suchen, in dieser langen Reihe schwächlicher Frauengestalten?

Er musste wohl immer weitergegangen sein und dabei in eine dieser rätselhaften Zonen *Schrecklicher Helle* getappt sein, vor denen man in O'Thar nie sicher ist.

Dicht bei sich sah er nämlich einen mächtigen Felsblock, wie ein Denkmal, der deutlich die Züge seiner Mutter trug, hoch gewachsen, breit in den Hüften, die Arme in die Seiten gestemmt, ein Lachen auf den Lippen – aber die Augen, im Schatten, kühl und blau und freundlich distanziert. Sie, ausgerechnet sie, streckte ihm Hilfe suchend ihre Arme entgegen, die Hände mit den kräftigen Fingern, die so fest und ausdauernd zupacken und schaffen konnten – deutlich sah er ihren Ehering blitzen, den sie nie abstreifen mochte, außer zum Abwaschen der Geschirrberge, deutlich sah er ihn im Licht der nächsten Straßenlaterne –

»Ich bin sehr allein«, sagte sie, und ihre Stimme grollte am Horizont wie der Donner eines fernen Gewitters. »Komm zu mir, hilf mir aus meiner Einsamkeit –«

»Hau ab!«, rief er unwillkürlich. »Mit mir nicht!« Und: »Hau ab, dräng dich nicht dauernd in mein Leben!«

Er erschrak über seinen Ausbruch. Verwirrt suchte er nach einem Ausweg aus dieser Falle. Er trat ein paar Schritte zur Seite – und hatte Glück. Diese *Schreckliche Helle* war nur ein vergleichsweise kleiner Punkt oder ein schmaler Streifen von nur wenigen Schritten Breite. Wenn es nicht eine der viel gefährlicheren *Wandernden Zonen* war … Das Bild der grollenden Statue verblasste, die suchenden, lockenden Hände zogen sich zurück. Dann erst begriff er, was da geschah. Er hatte sich zum ersten Mal die Hilflosigkeit seiner Mutter eingestanden – und war sofort davor weggelaufen. Weil er das nicht aushielt: hinter ihrer Fassade von Willenskraft und unerschöpflicher Machtfülle unendliche Hilflosigkeit und Abhängigkeit von ihm, ihrem Sohn, auszugraben.

Das musste alles mit dem zusammenhängen, was vorher in der Kneipe geschehen war. Nun gut, was er mit Ille gemacht hatte, das konnte er ja auch mit ihr machen.

»Mit mir nicht mehr«, schrie er, und es war ihm völlig gleichgültig, ob jemand ihn hörte. In O'Thar fragt zum Glück niemand, was eine *Schreckliche Helle* aus einem heraustreibt. Er trat also wieder in die Zone hinein und lief auf die Stelle zu, an der sich das Monument erhob. Dieser wuchtige Block in Form eines Grabsteines mit dem Körper und dem Gesicht seiner Mutter.

Er lief und lief – bis ihm klar wurde, dass dieser immer größer werdende Stein, der schon hoch über ihm in den sternlosen Nachthimmel ragte, im Begriff war, umzustürzen – haargenau in seine Richtung.

Während er stürzte, unwirklich langsam, zögernd, wie Thomas schien, verwandelte er sich in alle möglichen Anblicke, nahm dazwischen aber immer wieder deutlich das Gesicht seiner Mutter an. Das eine Mal war da ein glühendes Monstrum von Vulkan, das feurig-rote Lavafontänen in den Himmel schleuderte, hoch hinauf, beim Zurückfallen erkaltend und erstarrend, bis endlich zerbrochene Schlackentrümmer gegen ihn prasselten, zum Glück ohne ihn zu verletzen. Dann wieder verwandelte es sich in die kühle gläserne Fassade eines Computers, hinter dessen grünlich fluoreszierender Fläche unaufhörlich Ketten von Buchstaben und Wörtern sich zu Texten formten, deren Inhalt er nicht erfassen konnte – nur einmal gestalteten sich übergroß, in blinkenden Lettern von mehr als Manneshöhe, die Worte:

»RETTE MICH«

»Geh zum Teufel!«, brüllte er und rannte gegen die Flut der rasch wechselnden Bilder an. Der Text-Computer verwandelte sich in einen Zahlen-Prozessor. Dann war da unvermutet wieder der Vulkan, an dessen Stelle sofort die starre, Grabeskälte verströmende Silhouette eines Eisbergs trat. Der kippte unaufhörlich aus dem tiefblauen Meer, in dem er trieb, sodass Spitze und – sonst in der Tiefe verborgener – Unterleib gleichzeitig sichtbar wurden, ein unglaubliches Schauspiel für seine Augen, die nicht fassen wollten, wie dieses Ungeheuer aus gefrorenem Meer kantig und scharf und alle Wärme aus ihm saugend auf ihn zurollte, sein mächtiges Wesen, schimmernd wie ein unterirdischer Himmel, bald als mondragende Pyramide über ihm, kippend, kreiselnd, ihn verwirrend, alle Kraft aus ihm ziehend im Widerstand gegen diesen Mahlstrom von Energie –

Und dann lag er wieder still vor ihm, der Eisberg, er war bei ihm angelangt. Er zerbarst in Milliarden Trümmer, wie zuvor der Vulkan, Trümmer, die ein Chaos von Buchstaben und Zahlen auf ihn herabregneten, die Thomas unter sich begruben, die einen Hügel aus Mutterschutt und Mutterasche über ihm errichteten –

Lauffner hielt lange den Atem an. Traute sich kaum, Luft in dünnen, flachen Zügen einzuholen. Irgendwann atmete er dann doch tief durch, schüttelte die Erstarrung aus seinem Körper und erhob sich langsam von der Erde, wohin ihn der Ansturm geschleudert hatte. Der Schutt war so schwer, dass er es kaum schaffte, die *Schreckliche Helle* aus eigener Kraft wieder zu verlassen.

Sie hielt ihn mit rätselhaften Kräften fest. Irgendwann gab er seine Bemühungen auf, sich diesen Kräften zu widersetzen, und ließ sich einfach seitlich umfallen. Er rollte einen kleinen Hügel hinunter. Und landete genau vor dem Eingang der Kneipe. Der Platz vor dem »Garuda« war menschenleer, wie ausgestorben, völlig ungewöhnlich für diese Zeit, zu der man hier gerne sein Glas Bier oder einen Schoppen Wein trank, ehe man weiterzog ins Dunkle Viertel –

Ob sie sich wegen ihm zurückgezogen hatten? Dann sah er undeutlich im Eingang Bewegungen. Die beiden Flügel der Pendeltür wurden beiseite gedrückt, und ein Mensch trat ins erleuchtete Rechteck, beide Arme breit in die Hüften gestemmt.

»Na, alles gut überstanden?«, hörte er eine vertraute Stimme. Zögernd brummte er etwas, das wohl ein »Ja« war.

»Klingt nicht sehr begeistert«, sagte die Stimme. Zwei kräftige Männerhände streckten sich ihm entgegen, halfen ihm auf.

»Danke, Oleg«, sagte er. Er klopfte den Erdstaub aus seinen Kleidern. Dann ging er hinter Oleg in die Kneipe. Das frische Bier stand schon auf seinem Platz, mit einer schönen hellen Krone aus Schaum und langsam an den Seiten über gelbes Glas perlenden Tropfen. Sehr lange konnte er nicht dort draußen gewesen sein. Wollte er überhaupt ein Bier? Die Frage erschien ihm absurd. Er hob das Glas an seinen Mund, öffnete die Lippen und ließ das kalte Nass in seine ausgedörrte Kehle gluckern.

»Prost«, sagte einer aus der Runde.

Lauffner setzte das Glas ab, wischte sich den Schaum vom Gesicht, antwortete »Prost«. Dann nahm er gleich wieder einen tiefen Schluck, dachte insgeheim an seine Mutter und sagte auch zu ihr »Prost«. Dachte an die Trümmer seiner Phantasien von ihr, die draußen vor der Kneipe lagen, dort, wo sie hingehörten. In den Staub der Erde.

Erst jetzt wurde ihm bewusst, dass quer über seinen Rücken, von der linken Schulter ausgehend hinunter zur rechten Hüfte, ein schmerzhaftes Ziehen seine Muskeln quälte. Einen Augenblick zog der Schmerz ihn glühend zusammen, sodass er sich unwillkürlich nach vorne neigte, um ihm nachzugeben. Doch dann atmete er tief durch, wie der Herr T'Rao es ihm beigebracht hatte.

Und spürte Erleichterung.

Nachbemerkungen

Vor fast einem Monat habe ich diese Erzählung aus mir herausgeschrieben, unter dem Eindruck des frischen Erlebnisses. Wie geht es mir jetzt, nachdem ich den Text noch einmal abgetippt habe? Da ist natürlich Distanz, zeitlich wie emotional – und dennoch der Eindruck, als hätte ich es eben erlebt – aber was? Weder das, was tatsächlich in der Gruppe vorfiel (obgleich der zwiespältige Ausdruck in »Illes« Augen mir noch sehr gegenwärtig ist), noch das, was ich gleich anschließend im Seminar niedergeschrieben hatte.

Vielmehr drang beim Abtippen noch eine tiefer liegende Erinnerungsschicht ins Bewusstsein, aus allerfrühester Kindheit, die sich nur mit Bildern, kaum mit Worten fassen lässt. Ich habe mir lange überlegt, ob ich diese Erzählung so, wie sie nun hier gedruckt vorliegt, wirklich veröffentlichen soll. Genau genommen: Mühe gemacht hat mir in dieser Hinsicht speziell der zweite Teil, in dem ich über die Mutter schrieb. In der Gruppe, in der der Text ja entstanden war, habe ich an jenem Abend nur den ersten Teil vorgelesen – die Passagen, die »meine Mutter« betrafen, ließ ich aus. Dies teilte ich den anderen auch so mit – ich war selbst zu überrascht von dem, was aus mir herausgesprudelt war, ausgelöst von der aktuellen (irrationalen) Wut auf die Frau, die da einfach so in unseren Gruppenprozess hereingeplatzt war, rücksichtslos und wenig einfühlsam.

Inzwischen habe ich mehr Abstand zu dem Text. Und da ich Sie, den Leser dieses Buches, nicht persönlich kenne, macht es mir erstaunlicherweise wenig aus, etwas doch sehr Persönliches preiszugeben; dies nimmt sich paradox aus angesichts dessen, was ich oben über »Vertrauen in der Gruppe« gesagt habe, ist aber einfach eine Tatsache, die wohl jeder kennt, der publiziert: Vor Fremden »beichtet« es sich leichter – die Freunde, denen man so etwas erzählt oder vorliest (was immer noch leichter fällt als erzählen, mir jedenfalls), müssen schon sehr vertraut sein, damit das geht.

Erleichternd kommt allerdings hinzu, dass ich weiß (und der Leser sich dies, so hoffe ich, ebenfalls vorstellen wird), dass ich mich ja nicht mit meiner Mutter insgesamt befasse – sie hatte sicher viel mehr Facetten –, sondern nur mit einem ganz bestimmten Teil von ihr. Da die innere Auseinandersetzung mit der Mutter ohnehin eine lebenslange Aufgabe ist (wie die mit dem Vater ja auch), mag sich die oben geschilderte Ansicht, oder Einsicht, demnächst wieder etwas ändern, wenn neue Erinnerungen auftauchen, andere Akzente in den Vordergrund treten. Ich vermute, dass es sich diesmal um einen Aspekt ihres Wesens handelt, der mich als sehr kleines Kind, vielleicht als Zweijährigen, zutiefst verwirrt haben muss: diese emotionale »Hitze« der temperamentvollen Frau, die so abrupt mit »Kühle« abwechseln konnte, ein Geschehen, das mich sehr bedroht haben dürfte.

Meine Mutter ist seit 1973 tot. Das Schreiben, mehr als ein

Jahrzehnt später, hat mir geholfen, etwas mehr von dem Bild, das tief in mir eingegraben ist, deutlicher zu sehen – es vielleicht auch besser zu verstehen. Und mich mit dieser Facette ihres Wesens etwas mehr, buchstäblich, zu versöhnen. Und wieder einmal ist mir klar geworden, dass es sich bei solchen Auseinandersetzungen und Erinnerungen ja keineswegs um die real einstmals existierende Mutter handelt, sondern nur um die Erinnerungen an sie, ja noch ganz anders: Es kann sich immer nur um das Bild handeln, das ich mir irgendwann einmal von ihr gemacht habe – um eines von vielen Bildern, die in ganz verschiedenen Phasen meines Lebens entstanden sind. Der Neugeborene wird ein völlig anderes Bewusstsein (und damit auch Bild) von ihrer Wirklichkeit gehabt haben als der Fünfjährige, der Zehnjährige, der Jugendliche, der Student, der Heiratende, der Geschiedene, der ich einmal war …

Und alle diese Bilder existieren gleichzeitig in mir, überlagern sich, beeinflussen sich, jede neue intensive Erfahrung mit einer Frau verändert dieses komplexe Bildnis, so ähnlich wie die Drehung an einem Kaleidoskop die in ihm versteckten, immer gleichen Grundmuster zu immer neuen Anordnungen mischt –

Warum ich einen so privaten Text überhaupt veröffentliche? Das ist schwer zu sagen. Der Gesichtspunkt der »öffentlichen Beichte« mag da mitspielen, weil er in der Tat Erleichterung verschafft. Andererseits wollte ich auch über solche Prozesse nicht nur theoretisch berichten, sondern mit einem Text ein praktisches Beispiel dieser Art von therapeutischer Arbeit geben. Da ich ungern Texte anderer Seminar-Teilnehmer aus der Intimität des Gruppengeschehens herausreiße, in dem sie entstanden sind, blieb mir eigentlich nur ein eigener Text – nicht zuletzt auch deshalb, weil ich den Autor inzwischen ganz gut kenne, und damit den Hintergrund, vor dem dieser Text entstanden ist.

Bleibt nur noch zu ergänzen, dass es mir ausgesprochen gut getan hat, diesen Text zu schreiben. Die Wut auf den Eindringling war schon nach wenigen Sätzen verraucht. Ich begann, Spaß an der sich entwickelnden Geschichte zu haben. Und ich spürte gegen Ende deutlich, wie ein Stück alten, mir bislang unerklärlichen

Grolls gegen meine Mutter sich völlig auflöste. Ein sehr kleines Stück nur wurde da geklärt, gewiss – aber was kann man mehr in einer halben Stunde von sich selbst verlangen?

Beim Vorlesen des Textes in der Gruppe war mir dann noch die Beobachtung sehr wichtig, dass ich deutlich spürte, bis wohin ich gerne vorlas – und ab welcher Stelle ich bewusst zensieren wollte.

13 Schreiben als Therapie

Richtig eingesetzt, kann das Aufschreiben, vor allem aber das anschließende Bearbeiten von Texten heilsame Qualitäten entfalten. Voraussetzung ist lange Übung und, zumindest streckenweise, sachkundige Begleitung. Die Grenzen dieser Schreib-Therapie werden ebenfalls aufgezeigt: Wer nur allein schreibt, bleibt in der Einsamkeit und Isolation hängen, aus der er ursprünglich schreibend herauskommen wollte.

Was könnte das Ziel eines Schreibens sein, das zur Therapie wird? Es ist hier nicht der Platz, um detailliert auszuführen, was überhaupt »Therapie« ist – vor allem verglichen mit dem kreativen Prozess, in den jeder sich begibt, der auf irgendeine Weise ernsthaft künstlerisch tätig wird, der Maler ebenso wie der Komponist, der Bildhauer ebenso wie der Typus, mit dem wir es beim Schreiben zu tun haben: der Autor, Dichter, Literat, Schriftsteller.

Therapie bzw. den therapeutischen Prozess möchte ich bezeichnen als jenen Vorgang, bei dem sich jemand über einen längeren Zeitraum hinweg von einem Experten (Therapeut/in) begleiten lässt – für gewöhnlich macht man dies, wenn es nicht zu Ausbildungszwecken geschieht, nur während einer gravierenden persönlichen Krise.

Therapie ist also eine Art »Krise mit Begleitung«. Der Prozess, der da therapeutisch wirkt, kann verstanden werden als ein Wechselspiel zwischen zwei Schauplätzen:

- Betrachten dessen, wie man sich in der Außenwelt verhält.
- Betrachten dessen, was (korrespondierend dazu oder abweichend davon) in der seelischen Innenwelt geschieht.

Wenn – wie allgemein angenommen wird – psychische, somatische und soziale Störungen (diese drei Aspekte lassen sich im

Grunde gar nicht so voneinander trennen) das Resultat einer Störung im Wechselspiel von Außen- und Innenwelt sind, so sollte Ziel einer sinnvollen Therapie sein, dieses Wechselspiel auf neue Weise wieder in Gang zu bringen. Instrument oder Medium des therapeutischen Prozesses kann mancherlei sein. In der ursprünglich von Sigmund Freud begründeten Form der Psychoanalyse ist es ausschließlich (!) das Gespräch zwischen Analytiker und Patient, dem Wirkung zugeschrieben wird. Weiterentwicklungen dieser »orthodoxen« Psychoanalyse haben dem Gespräch noch andere Medien hinzugefügt, so das Malen, das Musizieren, Massage, Atemübungen, Yoga, Tai-Chi, Tanzen.

Es ist merkwürdig, dass die Psychoanalyse, vor allem ihr Begründer selbst, sich so auf das »reine Sprechen« versteift hat – wählte doch Freud selber (der ja nie eine eigene Therapie bei jemand anderem machte!) für seine Selbstanalyse*, die er zeit seines Lebens fortführte, ein ganz anderes Medium. Notgedrungen – war er doch der Entdecker und Pionier der therapeutischen Methode – wurde dieses sein Medium das Selbstgespräch, und zwar das *schriftliche* Selbstgespräch. Wesentliche Inhalte stammten aus seinen Träumen, außerdem schrieb er Tausende von Briefen. Zudem handelte er sehr persönliche Themen und Probleme in mehr verschlüsselter Form in seinen wissenschaftlichen Studien ab, zum Beispiel in dem lesenswerten kleinen Aufsatz »Über Deckerinnerungen« (S. 529). Freud tat damit etwas, das Schriftsteller schon lange vor ihm gemacht haben. Er verlegte durch das Aufschreiben gewissermaßen einen Teil seiner Persönlichkeit aus sich hinaus – auf Papier. Nichts anderes tut, wer Tagebuch schreibt, einer Person des Vertrauens einen Brief sendet, persönliche Probleme in einer »erfundenen« Geschichte so darstellt, als seien sie das Schicksal irgendwelcher anderer Menschen.

Noch einmal will ich an dieser Stelle auf den namenlosen Ägypter verweisen (s. Kap. 5, S. 59 f.), der diesen Vorgang des Hin-

* Details bei Heinz Schott, »Zauberspiegel der Seele« und Didier Anzieu, »Freuds Selbstanalyse«. Sehr interessant in diesem Zusammenhang auch der »Bericht einer Selbstanalyse« von Ernest Pickworth Farrow und die Studie »Selbstanalyse – die heilende Biographie« von Klaus Thomas.

ausverlegens innerpsychischer Probleme eindrucksvoll als einen Dialog zwischen seinem grübelnden lebensmüden Ich-Bewusstsein und seinem *BA* für alle Zeiten auf einem Papyrus festgehalten hat.

Wie solche innerpsychische Spaltung überhaupt möglich ist, das bleibt, allen Forschungen und Spekulationen über die Multipersonalität des Menschen zum Trotz (s. Kap. 9, »Ich bin viele«), ein Rätsel. Alles, was wir feststellen können, ist, dass der Mensch die Fähigkeit hat, sich auf die beschriebene Weise in Teil-Persönlichkeiten »aufzuspalten« (die zum Teil Abspaltungen von vermutlich nicht gelebten Möglichkeiten, archetypische Figuren – etwa der »alte Weise« – und ähnliche innere Figuren sind).

Diese Fähigkeit zur Spaltung ist ein völlig natürlicher Vorgang, ja scheint offenbar notwendig zu sein, um überhaupt in einer komplexeren Wirklichkeit bestehen zu können, in der ständig lebbare Kompromisse gefunden und dementsprechend nicht zu lebende Möglichkeiten (etwa bei der Berufs- oder Partnerwahl) auszuschalten, zu vergessen, zu verdrängen sind. Plastisches Beispiel solcher Aufspaltung im literarischen Bereich: das Theaterstück, in dem der Autor seine inneren Figuren auf die Bühne stellt und ins Gespräch miteinander kommen lässt – selbst wenn er sich dabei historischer Persönlichkeiten bedient, wie Heinar Kipphardt in »Bruder Eichmann« oder Schiller im »Wallenstein«.

Kreativer und therapeutischer Prozess im Vergleich

Versucht man den kreativen Prozess, etwa beim Schreiben, zu vergleichen mit dem, was während einer Psychotherapie vonstatten geht, so stößt man rasch auf interessante Gemeinsamkeiten. Da ist zunächst die Aufspaltung in ein handelndes Ich (ich nenne das den Inneren Schreiber) und ein beobachtendes Ich. Während einer Psychoanalyse ist der Patient (im Idealfall zumindest) nur Handelnder, d. h. Sprechender; er gibt sich ganz dem Fluss der Freien Assoziationen hin. Der Analytiker hingegen übernimmt den Part des Beobachters, der nur gelegentlich mit einer Deutung eingreift und Zusammenhänge zwischen den geäußerten Einfällen herstellt. Der Patient soll lernen, seine Einfälle möglichst nicht zu zensieren – was ein enormes Vertrauen gegenüber dem therapeutischen Begleiter bei dieser Selbsterfahrungsreise voraussetzt. Genau das Gleiche macht im Grunde genommen der Schriftsteller (auch schon der naive Tagebuch- oder Briefschreiber), wenn er dem Papier etwas »anvertraut« oder sich etwas »von der Seele schreibt«.

Gerade das Aufdecken verdrängter unbewusster Inhalte, um die es bei der Therapie letztendlich geht, ist jedoch stets mit Angst verbunden. Diese Angst ist es ja gerade, weshalb man zu einem früheren Zeitpunkt bestimmte Erlebnisse nicht verarbeiten konnte und sie verdrängte!

Die hohe Selbstmordrate und die nicht minder hohe Zahl der Konsumenten von Alkohol und noch ganz anderen Drogen unter den Schriftstellern weisen darauf hin, dass dieser kreative Prozess nicht ungefährlich ist – und nicht ungefährdet. Auch psychosomatische Krankheiten (ich denke da an Kafkas Tuberkulose) und psychotische Störungen (Hölderlin!) deuten in diese Richtung.

Im Lichte des heutigen Wissens über die Zusammenhänge von Störungen des kreativen Prozesses und unbewältigten Konflikten und Erlebnissen in Kindheit und Jugend sind die Bedenken, die etwa Rainer Maria Rilke gegenüber einer Psychotherapie hatte*, kaum mehr begründbar – denn eine sachgemäß durchgeführte Psychotherapie ist im Grunde nichts anderes als ein von zwei Personen (oder auch einer ganzen Gruppe) durchgeführter gemeinsamer kreativer Prozess. Ist die Störung behoben, so kann der Schriftsteller oder Künstler seinen kreativen Prozess wieder allein weiterführen. (Details hierzu bei L. S. Kubie und H. Kohut.)

Allerdings möchte ich nochmals betonen, dass ich das »einsame Arbeiten zu Hause am Schreibtisch« nicht mehr für die einzige – und schon gar nicht für die optimale – Möglichkeit halte, kreativ zu sein. In einer Gruppe schreibt es sich viel leichter. Beide Prozesse haben also offenbar ihre Nachteile, jedenfalls in ihrer klassischen, heute noch allgemein üblichen Version:

* Genau genommen war es Lou Andreas-Salomé, die ihm davon abriet – obwohl sie es eigentlich, als Kennerin der Psychoanalyse, hätte besser wissen müssen.

- Wenn ich mich schreibend auf den kreativen Prozess einlasse, so tue ich das allein – und bin damit all den Problemen des Alleinseins (vor allem sämtlichen unbewältigten Einsamkeits-Erfahrungen und den entsprechenden Ängsten) ausgesetzt, bin Blockierungen ausgeliefert und eingefahrenen Routinen (z. B. dem Alkohol als »Blockade-Brecher«).
- Wenn ich mich in einen therapeutischen Prozess begebe, so bin ich zwar nicht allein, der Therapeut meines Vertrauens kann meine Ängste mildern und mit Deutungen weiterhelfen – aber ich bin auch sehr unselbständig; darüber hinaus werde ich im Gespräch und gerade wegen der Anwesenheit eines Zweiten (oder einer ganzen Gruppe) automatisch eine strengere Zensur meiner Freien Assoziationen einsetzen, was den Fluss dieser Einfälle enorm bremsen kann.

Es lohnt sich, beide Verfahren zu kombinieren, also das Schreiben in einen therapeutischen Prozess einzubeziehen. Dann sind Angst und Einsamkeit entsprechend geringer (Ausnahmen einmal außer Acht gelassen), die Selbständigkeit hingegen ist größer. Der Vorteil ist zudem, dass der Patient/Klient einer Schreibtherapie am Ende einer solchen Arbeit ein ganz konkretes Ergebnis, nämlich einen Text, mit nach Hause nehmen und – so er will – weiter damit arbeiten kann. Eva Jaeggi und Walter Hollstein weisen in ihrem Buch »Wenn Ehen älter werden« darauf hin, dass das Verfassen von Texten bei ihrer Arbeit eine große Hilfe ist:

»Ein Weg, der aus Passivität und Depression nach der Trennung führen kann, ist der Versuch, sich die Last des Schmerzes von der Seele zu schreiben, Rebecca zum Beispiel skizzierte wochenlang die Geschichte ihrer Ehe mit Michael; Thierry intensivierte die Arbeit an seinem Tagebuch, das er seit seinem vierzehnten Lebensjahr führte; Max rekonstruierte seine Liebes- und Trennungsgeschichte mit Isabella ... Karin und Hans schrieben nach der Trennung an ihre Freunde viele Briefe, in denen sie ihre Situation, ihre Gefühle und ihre Sehnsüchte schilderten. Auch Marlene schrieb Tagebuch. Nach übereinstimmenden Aussagen war das Schreiben für Rebecca, Thierry, Max, Karin und Hans zunächst eine mehrschichtige Auseinandersetzung mit sich selbst: es wurde Zeugnis abgelegt, wie der einzelne Tag überstanden werden konnte, was er an Problemen und nostalgischen Erinnerungen, aber – nach und nach – auch an kleinen Freuden und Erfolgserlebnissen gebracht hatte. Gefühle wurden beschrieben und analysiert; Rückschritte wie Entwicklungen wurden sorgfältig bilanziert. So lernten die Schreibenden zum einen, sich selber besser zu beobachten und damit auch zu kennen; zum anderen halfen ihnen ihre Notizen, Tagebücher und Briefe, reflektierend zu merken, was sie an Erlebnissen, Orten und Gewohnheiten besser vermeiden und was sie umgekehrt zu ihrem Nutzen intensivieren sollten.«

Die zweite wichtige Dimension des eigenen Schreibens betrifft die Auseinandersetzung mit dem frühen Lebensgefährten. Über Tagebücher, literarische Versuche und Briefe wurde den Betroffenen deutlich, was in der Interaktion mit dem Partner an Fehlern, Defiziten und Zwängen, aber natürlich auch an Freuden und Stärkungen steckte. Ebenso wie die Vor- und Nachteile des einstigen Lebensgefährten nahmen die eigenen Fehler und Schwächen klarere und fassbarere Gestalt an.

Der kreative Prozess

ist ein vielschichtiges Geschehen, dessen urtümliches Vorbild die sexuelle Fortpflanzung gewesen sein dürfte: Vorher Getrenntes verbindet sich zu einer eigenständigen neuen Schöpfung – Differenzierung und Spaltung führen zu Integration auf einer neuen Ebene.

Beim Schreiben wurde das, was in früheren Zeiten (etwa beim Erzählen von Märchen und Abenteuern) ein intensives, gefühlsgeladenes zwischenmenschliches Geschehen war, verändert zu einem Vorgang, der sich in erster Linie im seelischen Innenraum des Autors abspielt (Innerer Dialog). Schöpfung des Textes und Veröffentlichung trennten sich, die Reaktion eines Gegenübers (Publikum) erfolgt, wenn überhaupt, enorm verzögert.

Allein sein ist also ein wesentliches Merkmal des modernen kreativen Prozesses. Hierzu ein bedenkenswertes Plädoyer für die Einsamkeit des Schriftstellers, gewissermaßen als Grundbedingung seiner Existenz, von Barbara König, der Autorin des Romans »Die Personenperson« (s. auch Kap. 9). Für sie ist der Dichter, ist der Schriftsteller grundsätzlich ein Fremder:

»Worauf es ankommt, ist die Tatsache, daß er ein Fremder ist, und daß er versucht, diesen Zustand einer großen Unschuld sein Leben lang zu erhalten, ihn immer wieder herzustellen, mit allen ihm zur Verfügung stehenden Mitteln, ganz einfach, weil er ihn braucht wie Luft in seinen Lungen, weil er sonst nicht schreiben kann.« (S. 3)

Andererseits nennt ein anderer Autor, Jürgen Becker, das Schreiben den »immer neuen Versuch, aus der halb angeborenen, halb freiwilligen Isolation herauszukommen«.

Wie gehen diese beiden Auffassungen zusammen? Barbara König löst das Paradoxon auf mit der Feststellung, dass beides – »Alleinsein in der Fremde« und »Leben mit der Gesellschaft« – zusammengehöre, für den Schreibenden jedenfalls: »Distanz zielt auf Nähe.« (S. 11)

Noch näher kommt sie dem wahren Sachverhalt am Schluss ihres kleinen, aber sehr gehaltvollen Aufsatzes: »Vielleicht schreibt (der Autor) überhaupt nur, weil er Heimweh hat. Weil ihm kein Haus genügt, um zu Hause zu sein, keine Heimat, um heimisch zu werden, weil er, um seiner ›halb freiwilligen Isolation‹ zu entkommen, nichts anders tun kann als Schreiben, und weil er, um die Halbheit, den Kompromiß zu vermeiden, die Fremdheit herstellen muß, ›ganz und kraß‹, damit es ihm gelingt, die einzige Heimat zu finden, die ihm angemessen ist, nämlich die in sich, in dem, was er schreibt.« (S. 12)

Der therapeutische Prozess

ist sehr ähnlich dem kreativen Prozess in seiner archaischen Form, dem Erzählen. Er hat vor allem den Sinn, die Einsamkeit abzubauen und den Inneren Dialog durch den Äußeren Dialog (wieder) zu ergänzen.

Das Deuten der Inhalte des Dialogs hilft, neue psychische und soziale Strukturen aufzubauen. Der Preis ist zunächst ein (manchmal erheblicher) Verlust an Autonomie. Wie sieht therapeutisches Schreiben konkret aus?

Eine Schreib-Sitzung, gleich ob zu zweit (Therapie) oder mit einer Gruppe (Therapie oder Selbsterfahrung), gliedert sich in fünf Phasen:

1. Kontaktaufnahme – kurzer Austausch, was jeder in die Sitzung an Erlebnissen und Problemen mitbringt (hieraus kann sich dann beispielsweise ein gemeinsames Thema ergeben). Diese Phase sollte kurz sein, etwa eine Viertelstunde nicht überschreiten – sonst ist das »Pulver« bereits verbal »verschossen«, und es fehlen Energie und Konfliktstoff, der ja gerade im Text bearbeitet werden soll.
2. Meditation, am besten mit Hilfe einer geeigneten Musik; diese sollte möglichst langsam und unaufdringlich sowie unbekannt sein (z. B. »Music for Zen Meditation« von Tony Scott). Vor dem Hintergrund der Musik kann man die Bilder und die Erinnerungen aufsteigen lassen, möglichst ohne Zensur. (Es geht natürlich auch ohne Musik – aber diese kann das Freie Assoziieren sehr erleichtern.)
3. Niederschreiben eines Textes. Für gewöhnlich beginnt man mit dem Notieren dessen, was man in der Meditation erfahren hat. Tauchen andere Themen im Fluss des Schreibens auf, so sollte man stets diesen folgen – das Moment des Spontanen und Zwanglosen ist dabei wesentlich.
4. Vorlesen der Texte. Hier gilt – jedenfalls in der Gruppe –, dass nur der vorliest, der mag, ohne Druck. Dieses »Veröffentlichen« ist jedoch nach meiner Erfahrung ein ganz wesentlicher Schritt, nicht zuletzt als Selbstsicherheitstraining. Schreiben sollte jeder seinen Text jedoch möglichst nur für sich selbst – man kann immer noch entscheiden, ob man beim Vorlesen dann (für die anderen) ganz bewusst zensiert.
   Es ist klar, dass das wachsende Vertrauen in der Gruppe bzw. in der therapeutischen Zweier-Situation die Offenheit fördert.
5. Ein weiterer Schritt ist dann das Arbeiten mit diesen Texten. Vor allem hierin sehe ich den Unterschied zwischen der Therapie und der Selbsterfahrung. Therapie wird versuchen, anhand der

geschriebenen Texte tiefer in die Erinnerungen einzudringen und – durch Deutungen – vorher nicht ersichtliche Zusammenhänge herzustellen. Hierbei wird natürlich jeder Therapeut und jeder Seminarleiter entsprechend seiner Ausbildung und Berufserfahrung (und persönlichen Neigungen, nicht zu vergessen) jeweils etwas anders vorgehen. In einer Selbsterfahrungsgruppe werde ich solche zusätzliche Vertiefung entsprechend weniger forcieren; das hängt natürlich auch vom Autor des Textes ab. Ideal wäre es sicher, wenn die eigentliche Vertiefung in der Fortsetzung durch den folgenden Text geschähe sowie bei der Überarbeitung des Rohtextes bis zur »Druckreife«. Gar nicht deuten bzw. sonderlich vertiefen werde ich die Ergebnisse in einem Seminar, zu dem die Teilnehmer nur kommen, um den Spaß am Schreiben und (schreib-)handwerkliches Können zu lernen. Die Übergänge zwischen den verschiedenen Ansätzen sind fließend.

Der kreative Prozess

ist ein vielschichtiges Geschehen, dessen urtümliches Vorbild die sexuelle Fortpflanzung gewesen sein dürfte: Vorher Getrenntes verbindet sich zu einer eigenständigen neuen Schöpfung – Differenzierung und Spaltung führen zu Integration auf einer neuen Ebene.

Beim Schreiben wurde das, was in früheren Zeiten (etwa beim Erzählen von Märchen und Abenteuern) ein intensives, gefühlsgeladenes zwischenmenschliches Geschehen war, verändert zu einem Vorgang, der sich in erster Linie im seelischen Innenraum des Autors abspielt (Innerer Dialog) – Schöpfung des Textes und Veröffentlichung trennen sich, die Reaktion eines Gegenübers (Publikum) erfolgt, wenn überhaupt, enorm verzögert.

Einsamkeit ist ein wesentliches Merkmal des modernen kreativen Prozesses – aber kein notwendiges. In der ursprünglichen Form des (mündlichen) Erzählens wird gerade die Einsamkeit aufgehoben.

Der therapeutische Prozess

ist sehr ähnlich dem kreativen Prozess in seiner archaischen Form (Erzählen). Er hat vor allem den Sinn, die Einsamkeit abzubauen und den Inneren Dialog durch den Äußeren Dialog (wieder) zu ergänzen.

Das Deuten der Inhalte des Dialogs hilft, neue psychische und soziale Strukturen aufzubauen.

Der Preis ist zunächst ein (manchmal erheblicher) Verlust an Autonomie als Abhängigkeit vom Therapeuten.

Störungen haben Vorrang

Besonders deutlich wird das große therapeutische Potenzial des Schreibens, wenn jemand Schwierigkeiten ganz konkreter Art mit dem Verfassen von Texten hat. Hier möchte ich zwischen *akuten* und *chronischen* Störungen des kreativen Prozesses unterscheiden. Mit einer akuten Störung gehe ich nicht anders um als in einer TZI*-Gruppe: Wenn jemand nicht ins Schreiben kommt, wenn die Freien Assoziationen nicht fließen wollen, dann hilft es erfahrungsgemäß, das auszusprechen, was stört – oder es aufzuschreiben. Betrifft die Störung jemanden in der Gruppe (z. B. den Leiter) oder den Gruppenprozess, so wird man sie sinnvollerweise im Gespräch bearbeiten; handelt es sich jedoch primär um private Störungen, so ziehe ich es vor, diese zuerst in den Text einfließen zu lassen und erst anschließend ins Gespräch einzubeziehen. Doch dies muss man von Fall zu Fall immer wieder neu anschauen und entscheiden.

Kommt es zu Blockierungen des Schreibflusses, so empfiehlt sich sehr, Freuds Maxime für die therapeutische Arbeit überhaupt anzuwenden: nicht *gegen* den »Widerstand« angehen, sondern *mit ihm* arbeiten. Konkret kann dies so aussehen: Wenn mir einmal absolut nichts einfallen will, beobachte ich zunächst, wie ich mich gerade fühle, was vor allem in meinem Körper vorgeht. Dann be-

* Einzelheiten zur TZI siehe Kap. 17.

ginne ich damit, genau dies aufzuschreiben: »Im Augenblick fühle ich mich unwohl. Meine Nacken-Schulter-Partie ist verspannt, ich bin müde …«

(Im Detail befasse ich mich mit Blockierungen und ihrem Abbau in Kap. 7 und Kap. 19 – von psychoanalytischer Seite ist in dieser Hinsicht besonders ergiebig »The Writer and Psycho-Analysis« von Edmund Bergler.)

Der große Vorteil der Deutungen, die der Schreibende sich während des Verfassens seiner Texte selbst gibt (in Form der Bilder und Symbole, die ihm aus dem Unbewussten zufließen), gegenüber den Deutungen eines anderen, des Therapeuten, liegt auf der Hand: Sie kommen aus der eigenen Innenwelt.

Natürlich sind sie von der unbewussten Zensur und Abwehr mitbestimmt, natürlich werden da oft auch wichtige Einsichten vermieden – aber es handelt sich stets auch um autonome Angebote des Unbewussten. Vor allem wenn das Kollektive Unbewusste sich in Form archetypischer Symbolik zu äußern beginnt, kommt es zumindest zu einer Art Balance zwischen neurotischer Verdrängung bzw. Entstellung und echter Bearbeitung der Konflikte. Dies setzt allerdings ein entsprechend langes Anhalten des kreativen und therapeutischen Prozesses voraus – im Grunde ist der Prozess ja nie abzuschließen.

Die LebensReise

Ein konkretes Beispiel ist eine längere Selbsterfahrungs-Schreib-Gruppe (mindestens während fünf Tagen, besser noch als Serie von Wochenenden über mindestens ein Jahr hinweg, noch besser während drei Jahren), die ich »LebensReise« nenne. Das Muster ist, wie oben mit den fünf Phasen beschrieben, stets ähnlich. Nach einer Musik-Meditation wird in einem Text festgehalten, was während der Meditation an Bildern aufgestiegen ist. Allerdings mache ich bei der »LebensReise« folgende Vorgabe nach Art des Katathymen Bilderlebens: »Stellt euch eine Landschaft vor … in dieser Landschaft gibt es einen Weg … Was ihr während der Musik an Bildern und Erlebnissen findet, sind Stationen auf diesem Weg …«

Von Sitzung zu Sitzung entsteht, wie bei einem Fortsetzungsroman, eine lange und komplizierte Darstellung dieses Weges, mit allerhand Abenteuern. Dies entspricht ziemlich genau der Seelenreise oder Pilgerreise des Mittelalters. Je naiver, je märchenhafter, je mythologischer das Ergebnis, umso besser! Die Anregung zu diesem Verfahren entnahm ich dem Bericht »Der Therapeut in uns« von Hermann Maass. Allerdings steht im Zentrum der Methode von Maass das Katathyme Bilderleben; das während der Therapiesitzung Erlebte wird erst nachträglich, und zwar zu Hause, vom Patienten aus dem Gedächtnis aufgeschrieben. Ich finde jedoch, dass gerade das unmittelbare Niederschreiben innerhalb der Sitzung und das anschließende Vorlesen und Bearbeiten des Textes (als selbständiger Gestaltung) das Wesentliche ist.

Mit Träumen arbeite ich in einer anderen Gruppe, die ich »Der Königliche Weg« nenne, Freuds Diktum entsprechend, wonach die Träume der »königliche Weg (via regia) zur Erkenntnis des Unbewussten« seien.

Dieses Verfahren der »Traum-Entfaltung« baut Freuds ursprüngliche Methode weiter aus, mit Träumen schriftlich zu arbeiten. Ich nehme für diese Vier-Spalten-Texte (wie ich sie nenne) ein (sehr) großes Blatt Papier, am besten DIN-A1, und falte das der Länge nach zweimal; dadurch entstehen vier Längsspalten.

In die erste Spalte wird in der Gegenwartsform (so als geschehe der Traum *jetzt*) der Text des Traumes niedergelegt, und zwar möglichst ausführlich.

In einem zweiten Schritt wird dieser Text durchgelesen, und man streicht sich Namen, Situationen, Wörter an (am besten mit verschiedenen Farben), die einem auffallen, die neugierig machen, z. B. der Name eines Schulkameraden, den man seit 20 Jahren nicht mehr gesehen hat – von dem man aber in der Nacht zuvor träumte.

In die zweite Spalte schreibt man dann, was einem alles zu diesem Namen usw. einfällt. Auch hier gilt wieder: möglichst ausführlich schreiben, richtige kleine Texte. Mit diesen neuen Texten verfährt man ebenso wie mit dem Traum-Text selber. Es wird angestrichen, was einem auffällt – und

in der dritten Spalte schreibt man kleine Texte zu diesen neuen Begriffen.

Der Traum ist nur scheinbar aus dem Blickfeld gerückt; denn diese zweite und dritte Spalte machen einem den Hintergrund des Traums zugänglich. Datiert man nun die ganz konkreten Erinnerungen, die da hinter dem kunstvollen Traumgebilde sichtbar werden, so kann man, nach einiger Übung, erkennen, auf welchen gerade aktuellen Konflikt der Traum gewissermaßen sein Scheinwerferlicht richtet, mit der Aufforderung: »Da schau hin …«

Denn dieser aktuelle Konflikt taucht erfahrungsgemäß deshalb im Traum auf, weil er alte Konflikte wiederholt – Konflikte aus der Kindheit, die dann auch in der Pubertät erneut zur Bearbeitung drängten und damals mit einem (erfahrungsgemäß: ungenügenden) Kompromiss beiseite geschoben wurden. Die Traumarbeit macht allmählich das ganze komplexe System dieses Konflikts sichtbar. So werden erste kleine Schritte zu einer besseren Lösung zugänglich.

Die vierte Spalte dient zum Festhalten dieser Ergebnisse. Auf diese Weise kann man ebenfalls mit dem (völlig zu Unrecht so wenig beachteten) »Lebenslauf« arbeiten. Auch eine »Zeitreise« bietet schöne Möglichkeiten, vergangene Erfahrungen und zukünftige Chancen und Gefahren zu erahnen. Ähnlich lässt sich schließlich mit der Vorstellung vom »Labyrinth« eine reizvolle Art der Problembearbeitung erschließen, immer schriftlich, wie gesagt.

Weitere Möglichkeiten, mit Schreiben zu arbeiten, sind »Die Stadt meiner Träume« (wo – in Fortsetzungen – nach und nach, modellhaft für die Topographie des eigenen Unbewussten, eine fiktive Stadt geschaffen wird) und »Die leere Bühne füllt sich« (wo ich mit der Vorstellung einer leeren Bühne beginne, dann »Kulissen« schaffe, Personen entstehen und miteinander handeln und reden lasse).

Die Träume, dies abschließend zu diesem Kapitel, sind nicht zufällig sowohl Freuds »königlicher Weg« wie auch der zu allen Zeiten hoch geschätzte Zugang der Dichter zum Unbewussten gewesen. Für die kreative und therapeutische Arbeit mit dem Schreiben bieten sie sich deshalb besonders gut an. Denn im Traum arbeiten wir (unser Unbewusstes) bereits auf zumindest ähnliche Weise auf wie beim Schreiben. Schreiben und Träumen sind eng miteinander verwandt – weil beide Male eine vorgegebene geistige Struktur Halt gibt. Dem Schreibenden gibt diesen Halt die geschichtlich gewachsene Sprache.

Dauer einer Sitzung

Im Gegensatz zu der sonst üblichen psychoanalytischen Einzeltherapiesitzung von 50 Minuten Dauer habe ich für Sitzungen mit Schreiben die Länge der für TZI-Gruppen üblichen Zeit von 90 Minuten eingeführt:

- nicht nur, weil ich glaube, dass man in nur 50 Minuten bestenfalls an die wesentlichen Dinge herankommt, dann aber abbrechen muss, sobald die kreative Auseinandersetzung im Fluss ist,
- sondern auch deshalb, weil die Vorbereitung des Schreibens, etwa durch eine Musik-Meditation, und die Nachbesprechung einfach entsprechend viel Zeit brauchen.

Für Einzelarbeit ist es auch praktikabel, mit jemandem in größeren Abständen, vielleicht einmal im Monat, konzentriert an einem Tag mit vier Sitzungen dieser Länge zu arbeiten, eventuell auch an zwei oder mehr Tagen hintereinander.

Beschleunigung, Ent-schleunigung und Neuhirn-Computer

Ein Einwand, den ich häufig gegen das Schreiben als Therapeutikum höre, ist der, dass es sich zu sehr »im Kopf« abspiele. Dem kann ich nur entgegenhalten, dass ich genau die gegensätzliche Beobachtung gemacht habe. Gewiss, beim Schreiben ist es leicht möglich, dass ich gefühlsarm oder sogar ziemlich gefühllos »über« eine Sache oder auch über die persönlichsten Dinge schreibe. Man muss sich nur die üblichen Lebensläufe ansehen.

Ich habe jedoch in wenigen Selbsterfahrungsgruppen Menschen so rasch starken Gefühlen nahe kommen sehen wie in Schreib-Gruppen.

Das hat offensichtlich etwas mit der inneren Einstellung zu

tun, dann mit Zensurbereitschaft und Erwartung, mit Vertrauen und Offenheit – und wie sehr einen das Erinnern und die Niederschrift berühren.

Der Trend in unserer Kultur geht ja fraglos in Richtung einer Zunahme des Lebenstempos. Da wir aber von der Natur zunächst nur für die Bewältigung ziemlich geringer Geschwindigkeiten ausgestattet worden sind (»Fußgänger-Tempo«), musste zwangsläufig jener Effekt eintreten, den ich als »Computerisierung« unserer Existenz bezeichnen möchte. Was ist darunter zu verstehen – und was hat das mit dem Schreiben zu tun?

Wenn ich das natürliche Lebenstempo als Maßstab nehme und es damit kennzeichne, dass es ein ganzheitliches, meinen gesamten Körper einbeziehendes Verhalten umfasst, dann wird begreiflich, dass bei höheren Geschwindigkeiten, die dieses natürliche Maß überschreiten, eine Transformation eintreten muss. In der Tat sind bereits unsere Augen wie winzige Computer gebaut, die den optischen Informationsfluss hoch verdichtet und abstrahiert an das Neuhirn weitergeben – das seinerseits ein ungeheuer schneller und hochkomplexer biologischer Computer ist (wenngleich sicher nicht nur das!) –, so komplex und schnell, dass alle Computer-Konstrukteure bisher noch immer neidvoll bewundernd davor stehen.

Wer mit Autobahntempo dahinrast, muss die Welt zwangsläufig mit anderen Augen und Hirnmechanismen verarbeiten als der Bauer, der auf seinem Feld neben dieser Autobahn seine Ernte einbringt. Fährt derselbe Autofahrer dann auf einen Parkplatz, lässt die Sitzlehne zurücksinken und schließt ein wenig – Entspannung suchend – die Augen, so wird er feststellen, dass er sich »im Geiste« noch immer »auf der Autobahn« befindet. Der Neuhirn-Computer hat zwar bereits auf das niedrigere Tempo umgeschaltet – aber der Kreislauf, der Hormonhaushalt (Adrenalin) und vor allem die stets nachhinkende emotionale Erinnerung arbeiten noch eine ganze Weile weiter an dem, was zuvor beim Autofahren geschah.

Der Vergleich von Autofahrer und Fußgänger lässt sich, meine ich, ganz gut auf unsere Existenz überhaupt übertragen: Wir sind alle inzwischen viel mehr »Autofahrer« als »Fußgänger«. Dementsprechend stecken wir auch viel stärker in den hochabstrakten, superschnellen Abläufen des Neuhirn-Computers und sind entsprechend »verkopft«, während ganzheitliche Erfahrungen, vor allem das Erleben der Gefühle, mehr und mehr zurücktreten. Als man vor Jahrtausenden die Schrift erfand, wurde ein richtiger Quantensprung in der kulturellen Entwicklung der Menschheit möglich – eben in Richtung höherer Verarbeitungsgeschwindigkeit und besserer Abstraktionsfähigkeit. Bis hin zum elektronischen Computer ging dieser Prozess zunehmender Beschleunigung immer weiter. Die Folgen sind allgemein bekannt.

Notwehr eines Fünfzehnjährigen

Liest man die Autobiographien von Schriftstellern, so wird man selten einen finden, der sich gern in die Isolation des Schreibens begeben hat – oder der jedenfalls gerne drin geblieben ist. Hans Bender hat in seiner Anthologie »Deutsche Jugend« mit 46 Beispielen aus dem Leben ebenso vieler Autoren nachhaltig belegt, wie schmerzhaft in Wahrheit dieses Entdecken des Schreibens war – für die meisten eine Art letzter Rettung, die vor Schlimmerem bewahrte. Nur selten berichtet jemand von der Lust, die Schreiben bereiten kann.

Exemplarisch bringt der junge Hermann Hesse diesen problematischen Beginn seiner Schreib-Karriere zum Ausdruck. Die Eltern hatten ihn ins Internat nach Stetten verbannt. Dort rettete er sich – um nicht seelisch völlig unterzugehen – ins Schreiben. Voller Zorn, aber auch im Triumph sich aufbäumend, schreibt der Fünfzehnjährige an die Eltern:

»Meine letzte Kraft will ich aufwenden, zu zeigen, daß ich nicht die Maschine bin, die man nur aufzuziehen braucht. Man hat mich mit Gewalt in den Zug gesetzt, herausgebracht nach Stetten, da bin ich und belästige die Welt nimmer, denn Stetten liegt außerhalb der Welt. Im übrigen bin ich zwischen den vier Mauern mein Herr, ich gehorche nicht und werde nicht gehorchen.

Wenn der Inspektor es merkt, wird es furchtbare Auftritte geben, ich werde geschunden werden, es geschieht ja alles zu meinem Besten!« (zit. n. Bender, S. 375).

Der Kernsatz ist der: »Zwischen den vier Mauern« sei er, der Fünfzehnjährige, sein eigener Herr. Wie konnte er diese schützenden Mauern besser aufrichten und erhalten – als durch das Schreiben?

In der Reihe der »rowohlts monographien« findet man bereits an die fünfhundert Lebensbeschreibungen von Autoren. Dabei wurde geschickt das Editionsprinzip gewählt, die Schriftsteller durch Selbstzeugnisse zu Wort kommen zu lassen. Aus dieser eindrucksvollen Bibliothek autobiographischer Dokumente möchte ich noch eines zitieren, das ein wenig aus der Reihe fällt, nicht zuletzt durch sein Alter. Es stammt von Grimmelshausen, dem Verfasser des urdeutschen Romans »Simplicius Simplicissimus«.

Dieses Buch erschien erstmals 1668 und gilt als eines der erfolgreichsten Bücher überhaupt – nicht nur in der deutschen Literatur. Zu Unrecht hat man es zum Jugendbuch deklassiert. In Wahrheit ist es der verzweifelte Versuch eines Erwachsenen, die schrecklichen Erlebnisse aus dem Dreißigjährigen Krieg zu verarbeiten, die er als Kind und Jugendlicher hatte, bis hin zur Verschleppung durch marodierende Soldaten. In einer der erschütterndsten Szenen des Buches beschreibt er als über Fünfzigjähriger, noch ganz erfüllt vom Schrecken der Kriegszeit, eine kleine Szene, die noch heute den Leser ahnen lässt, was dem damals Dreizehnjährigen geschah. Und man begreift, wie notwendig, im wahrsten Sinne des Wortes, dieses Ventil des aufschreibenden Erinnerns noch viele Jahre später für den Erwachsenen gewesen sein muss. Im Text kehrt er zurück in seine Heimatstadt Gelnhausen:

»Ich fand die Stadttore dort offen, zum Teil verbrannt, zum Teil noch halb mit Mist verschanzt. Ich ging hinein, konnte aber keinen lebenden Menschen finden; wohl aber lagen die Gassen mit Toten überstreut, von denen etliche ganz, etliche bis aufs Hemd ausgezogen waren. Dieser jämmerliche Anblick war erschreckend für mich, wie jedermann sich denken kann. Denn meine Einfalt konnte sich nicht ausmalen, was für ein Unheil den Ort in solchen Stand versetzt haben müßte. Ich erfuhr später, daß kaiserliche Truppen hier weimarische überrumpelt hätten. Kaum zwei Steinwürfe weit kam ich in die Stadt, als ich mich satt an ihr gesehen hatte. Deshalb kehrte ich wieder um, ging durch die Au und kam auf eine gute Landstraße ...« (zit. n. Hohoff, S. 20).

Dies erlebte, wohlgemerkt, ein dreizehnjähriges Kind. Ich möchte nicht wissen, wie viele Millionen Menschen in Deutschland leben, die heute noch gequält werden von solchen Erlebnissen aus dem Zweiten Weltkrieg, von Bombennächten und Vertreibung, von Lagerhaft und Todesnähe an einer der vielen Fronten. Ihnen könnte es helfen, sich diese Ungeheuerlichkeiten von der Seele zu schreiben. Damit das Grauen nicht in den geheimen Schreckenskammern des Unbewussten vergraben bleiben muss, aus denen es vielleicht gelegentlich ausbricht, um in Albträumen und schlaflosen Nächten sein Unwesen zu treiben. Nur wird es für gewöhnlich rasch wieder erfolgreich dorthin verdrängt.

Solche Erfahrungen, vor allem wenn sie in der Kindheit gemacht wurden, prägen nachhaltig unsere Persönlichkeit. Ich möchte die Persönlichkeit mit einem Haus vergleichen. Beide Male wird es auf das Fundament ankommen, ob das darauf errichtete Gebilde Bestand hat und ob es vor allem auch wohnlich ist. Ein Hausbesitzer, der sein Dachgeschoss ausbauen möchte, wird gut daran tun, zuvor die Festigkeit seiner Grundmauern zu überprüfen. Er wird dafür einen Architekten zu Rate ziehen, der das Gebäude begutachtet und in Planskizzen die Schwächen und Stärken des Gemäuers festhält. Dann werden, falls nötig, fehlerhafte Strukturen repariert, und nun erst kann man die eigentliche Absicht in die Tat umsetzen: die Ergänzung des Hauses durch neuen Wohnraum.

Ähnlich können wir uns die Zukunftsplanung eines Menschen vorstellen. Soweit überhaupt möglich, lässt sich unser Leben doch nur dann sinnvoll planen, wenn wir wissen, wie das Fundament unserer Persönlichkeit beschaffen ist – und wie es entstand. Das Schreiben von Texten mit persönlichen Inhalten können wir dabei als das Erstellen von Planskizzen betrachten, mit denen wir dieses komplizierte Gebäude »Persönlichkeit« zunächst einmal sondieren. Fehlerhafte Strukturen werden dann, soweit nötig (und vor allem: soweit möglich), korrigiert. Ich will dies mit einem Beispiel anschaulicher machen:

Nehmen wir einmal an, ein junger Mann habe in seiner Familie von klein auf gelernt, dass der Besitz von viel Geld besonders erstrebenswert sei. Er wird diesem Wert, eventuell ohne es zu merken, alle anderen Werte unterordnen. Vielleicht wird ihm erst auf dem Totenbett, im Rückblick auf die gesamte Existenz, bewusst, dass er wesentliche, ja vielleicht sogar wichtigere Ziele in seinem Leben versäumt hat. Wäre es nicht gut für ihn gewesen, sich vorher besser kennen zu lernen? Das Verfassen von Texten ist dazu hervorragend geeignet, weil sie eine buchstäblich be-greifbare Unterlage für eine solche Sondierungsarbeit sind. Es hat darüber hinaus noch einen großen Vorzug gegenüber der Erstellung einer Planskizze durch den Architekten:

Das Aufschreiben der prägenden Erfahrungen des eigenen Lebens hilft einem, Zukunft sinnvoller vorzubereiten. Pläne machen wir ständig – denn es gehört zu den Kennzeichen menschlichen Lebens, die Zukunft bewusst gestalten zu wollen. Nur begnügen wir uns leider häufig mit Phantasien und Denkmodellen. Erst das Niederschreiben erlaubt uns, den Wünschen und Ängsten angesichts der Zukunft sichtbare Gestalt zu verleihen, über die wir dann diskutieren können – mit uns selbst und mit anderen. Das Handeln und Verändern, das Erfinden neuer, lebensfähiger Kompromisse, das sind dann die nächsten Schritte.

Das ist dann die eigentliche Therapie.

Der alte Mann beginnt zu sprechen

Ich möchte dieses Kapitel mit einem anschaulichen Beispiel aus der Praxis fortführen.

Ein junger Mann, der an seiner Doktorarbeit sitzt, sucht meine Hilfe, weil er mit dem Schreiben nicht weiterkommt. Der immer näher rückende Abgabetermin blockiert ihn zusätzlich. Vor allem aber klagt er darüber, dass ihm »nichts Gescheites« einfalle, das heißt, ihm fällt überhaupt nichts mehr ein, was die Arbeit voranbringen könnte, obwohl er sein ganzes Material beisammen und es auch, wie mir scheint, ganz brauchbar gegliedert hat.

Ich lasse ihn zunächst, in der ersten Sitzung, seinen Lebenslauf verfassen. Dabei fällt mir auf, dass zwischen dem Geburtsdatum und der Mitteilung, die Familie sei umgezogen, als er etwa zehn Jahre alt war (nicht einmal das wird genau erinnert!), eine totale Lücke an Informationen besteht; danach kommt eine Fülle von

Einzelheiten. Und bei der Unterschrift kürzt er seinen Vornamen ab.

»Den mag ich nicht«, erklärt er, als ich nach dem Vornamen frage. Ich bitte ihn, im Stehen mit der Schreibhand diesen Vornamen mit großen Bewegungen, bei geschlossenen Augen, um sich herum in die Luft zu schreiben. Als er fertig ist und ich ihn frage, wie es gewesen sei, sagt er zunächst, er habe sich »hinter diesen Mauern sehr geborgen gefühlt – aber auch ein wenig einsam«. Und:

»Da war ein Buchstabe, der hat mir große Mühe gemacht, ein ›ü‹, bei dem ich nicht wusste, wo ich die Pünktchen setzen soll, das unterbrach den Fluss des Schreibens.«

Ich schlage eine Übung aus der Gestalttherapie vor, in der er sich eine Landschaft vorstellen soll, durch die ein Weg führt. Auf diesem Weg kommt ihm jemand entgegen – und den könne er fragen, was es mit diesem ominösen »ü« auf sich habe. Die Übung gelingt so weit ganz gut – aber der alte Mann, den er trifft, gibt keine Antwort, sondern läuft stumm an ihm vorbei.

Ich schlage dem Studenten vor, einen fiktiven Dialog* mit diesem Alten zu schreiben. Ungläubig weigert er sich zunächst. Aber dann beginnt er mit der Niederschrift – und es entsteht ein sehr langes Zwiegespräch auf dem Papier. Ich lasse ihn das vorlesen und frage am Schluss, wie er sich – als die Ich-Person im Dialog – denn gefühlt habe.

»Wie ein kleines Kind, vielleicht vier Jahre alt.«

Gleichzeitig fällt ihm auf, dass dieser alte Mann ihn an seinen Großvater erinnert, der für ihn sehr wichtig war, der aber starb, als er vier Jahre alt war. Er erinnert sich jetzt sehr präzis an das Datum der Beerdigung – und an die große Traurigkeit, die ihn damals überkam.

In der nächsten Sitzung teilt er mir mit, dass er zum ersten Mal seit Wochen seine Dissertation wieder in die Hand genommen und daran gearbeitet habe – »nicht gerade lustvoll, aber längst nicht so widerwillig wie zuvor«.

* Solche fiktiven Dialoge lassen sich auch im beruflichen wie im privaten Alltag zur Vorbereitung auf schwierige Verhandlungen einsetzen (»simuliertes Gespräch«).

Mir ist klar, dass dies sicher auch mit der positiven Übertragung zu tun hat, die er mir gegenüber entwickelt hat – aber es ist vor allem, wie sich im weiteren Verlauf zeigt, das Schreiben, das ihm hilft, neue Einfälle zu haben. Ehe wir mit seiner Dissertation selbst arbeiten, lasse ich ihn noch einen Brief an den toten Großvater schreiben – und die Antwort. Es zeigt sich, dass mit dem Tod des Großvaters viel Einsamkeit in sein Leben kam (die Eltern hatten kaum Zeit für ihn) – dass aber der verinnerlichte alte Mann im Unbewussten immer noch lebendig vorhanden ist und ihn zu trösten vermag.

Ein unliebsamer Buchstabe, Teil des Vornamens, führte also – wie eine Reise mit der Zeitmaschine anhand eines »Leitfossils« der inneren Paläontologie – zurück in die Kindheit. Unliebsam, dies nebenbei, war dieses »ü«, weil Nachbarskinder es besonders betonten, wenn sie ihn mit seinem Namen ärgern wollten. Der Großvater wurde wieder entdeckt als höchst lebendige innere Gestalt, aus der wir dann im Lauf der Zeit die Figur des »Inneren Schreibers« aufbauten, die dem Studenten half, mit seiner Arbeit voranzukommen.

Das Wesentliche, was der junge Mann dabei entdeckte, war, dass er, schreibend, selbständiger wurde und einen zuverlässigen Zugang zu seiner Innenwelt bekam. Auch mit dem »ü« versöhnte er sich, als er sich erinnerte, dass – gewissermaßen »hinter« dem Spottnamen – noch ein Kosename verborgen war, den eine andere wichtige Bezugsperson für ihn geprägt hatte.

14 Die Gruppe als Ko-Autor und »selbst gewählte Familie«

In unserer Kultur gibt es einen unausrottbaren Mythos: den Mythos von der Einsamkeit des Schriftstellers und damit auch von der Entfremdung. Was für andere schöpferische Bereiche, wie die Musik, unvorstellbar wäre – hier wird es geradezu gefordert. Der Schreibende soll sich in seinen Elfenbeinturm zurückziehen und von dort aus über die Welt und sich selber nachdenken. Hier wird eine ganz andere Möglichkeit vorgeschlagen, welche die Geselligkeit und das gemeinsame Erzählen (wieder) entdeckt.

In meinen Selbsterfahrungs-Seminaren wurde das Schreiben (ab 1979) zu einem wichtigen Bestandteil von dem Augenblick an, als mir klar wurde, dass dieser kreative Prozess des Schreibens gerade durch die Anwesenheit anderer Menschen in einer Gruppe

- nicht nur andere Qualitäten bekommt und dadurch ein erstaunlich fruchtbares Medium für Selbsterfahrung (und Meditation – s. Kap. 15) wird,
- sondern auch eine sehr schöne Möglichkeit ist, die im Allgemeinen doch eher flüchtigen Erlebnisse und Ergebnisse eines solchen Gruppen- und Selbst-Prozesses festzuhalten
- und sie – noch interessanter – um eine neue Dimension des Unbewussten zu bereichern.

Es zeigt sich nämlich, dass beim Aufschreiben, nachdem man die ersten konkreten Erfahrungen der vorangegangenen Stunden festgehalten hat, sich plötzlich »aus der Tiefe« andere, teilweise verschüttete Erfahrungen zu Wort melden, die gewissermaßen von alleine »in die Feder fließen«. Es ist dies eine Erfahrung, die jedem Berufsschriftsteller vertraut ist: dass sich nämlich das Schreiben bald selbständig macht. Beim Verfassen literarischer Texte ist dies wahrscheinlich früher und stärker der Fall als beim Schreiben eines Sachartikels. Man muss nur begreifen, dass dies kein Nachteil ist, sondern, ganz im Gegenteil, eine Grundvoraussetzung jeder kreativen Tätigkeit.

Vor allem Anfänger neigen dazu, sich »am Riemen zu reißen« und die unbewussten Einflüsse einzudämmen; aber ich kenne auch langjährige Profis, die diese Lektion noch nicht wahrhaben wollen und sich lieber heroisch mit ihren Schreib-Blockaden quälen, bis hin zum Alkoholismus und sogar zum Selbstmord; bei Hemingway findet man beides, und nicht nur bei ihm.

Den Text frei fließen lassen

Dies ist wohl das Wichtigste, was man begreifen und lernen muss, wenn man Schreibstörungen abbauen möchte: nämlich, dass man wegkommen muss vom Schreiben-müssen, vom Schreiben-wollen und dass man stattdessen zulässt, dass der Text wirklich aus einem herausfließt. Das laute Aussprechen der sich formenden Gedanken ist dabei, wie schon erwähnt, eine große Hilfe – nicht nur deshalb, weil man sich dann nicht mehr so allein fühlt, sondern auch, weil man die Qualität der Worte buchstäblich leibhaftig fühlt. Der Schall hat nicht nur emotionale (Sprachmelodie) und inhaltliche Qualitäten, also solche mehr seelisch-geistiger Art, sondern er hat auch ausgesprochen materielle Qualitäten, wenn er durch die Luft wandert und auf das Trommelfell trifft.

Aber solche Übungen allein bringen die Lösung von inneren Blockaden und Verkrampfungen noch nicht. Ich bin da keine Ausnahme. Obwohl mir dergleichen vertraut ist, habe ich doch vor jedem neuen Text immer wieder typische Anlauf- (was bei mir auch heißt: Weglauf-)Schwierigkeiten.

Es war eine sehr verblüffende Erfahrung für mich zu sehen, dass es in einer Gruppe viel einfacher ist, »loszulassen« und die Worte beim Schreiben zwanglos fließen zu lassen. In einem fünftägigen Workshop, den ich mit meiner Kollegin Elisabeth von Godin im Sommer 1979 durchführte, haben wir noch andere Möglichkeiten entdeckt, wie man Selbsterfahrung durch Schreiben erreichen und dabei Schreibhemmungen lösen kann, gleich, ob es um den Anfang einer Doktorarbeit, das Verfassen eines Mundart-

Gedichts oder eines Liedertextes, um eine Kurzgeschichte, um Aphorismen oder ein Märchen geht.

Wir haben damals auch herausgefunden, wie wichtig es ist, dass der Schreiber möglichst früh ein Echo bekommt – nicht unbedingt in der üblichen Form einer zersetzenden, meist mit unsinnigen Wertmaßstäben arbeitenden Kritik, sondern als authentische Rückmeldung, bei der die Zuhörer (oder Leser) mitteilen, wie der Text bei ihnen angekommen ist, welche Gefühle und Reaktionen er ausgelöst hat. Die Reaktionen des Publikums bei dieser ersten Veröffentlichung eines Textes geben außerdem noch wichtige Hinweise für die weitere Bearbeitung des Geschriebenen.

Diese neue Form »kreativer Kritik«, wie ich sie nennen möchte, ist sehr bedeutsam. Die Abende, an denen wir uns die tagsüber geschaffenen Texte mitteilen, kommen mir vor wie eine neue Art von kulturellem Ritual.

Da sitzt nicht irgendwo im »stillen Kämmerlein« einsam der Dichter und quält sich einen Text ab, sondern man arbeitet *in der Gruppe* allein oder zu zweit (oder auch zu mehreren) an einem literarischen Thema; anschließend bekommt man ein sehr deutliches und vor allem emotionales Feedback. Und muss nicht, wie üblicherweise der Schriftsteller oder Dichter, auf die Rezensionen warten, die erst viele Wochen oder gar Monate später erscheinen oder nie – und die zudem meist völlig unpersönlich und distanziert ausfallen. Und bei den üblichen Dichterlesungen vor Publikum kommt in der Regel außer höflichem Beifall oder nichts sagenden Allgemeinplätzen auch kaum etwas heraus, was für den Urheber von Nutzen ist – von einem beschämend niedrigen Honorar für seine Leistung einmal abgesehen.

Wie anders in einer solchen »Schreib-Werkstatt« (zu deren praktischen Details gleich noch mehr, in Kap. 17), bei der man aus den vorangegangenen Gesprächen den Autor auch persönlich ein wenig kennen gelernt hat und nun an den vorgetragenen Text ganz andere Maßstäbe anlegen kann – nicht die an Werken der Weltliteratur oder der gängigen Moderne gewonnenen Werturteile (die ohnehin in der Regel aus zweiter und dritter Hand stammen), sondern eigene Aussagen, zu denen man stehen kann.

Heraus aus der Einsamkeit

Trommeln kann man allein – oder zu mehreren, in einem Ensemble. In Indien wurde das Tabla-Spiel zu solcher Perfektion entwickelt, dass dort ein guter Solo-Trommler sein Publikum auch über weite Strecken allein zu fesseln vermag; ähnlich im Jazz der nordamerikanischen Schwarzen.

Aber interessanter – und vor allem abwechslungsreicher – klingt Musik eben doch, wenn andere Instrumente mitspielen. Das Thema dieses Kapitels hat genau hiermit zu tun: spielen, kreativ sein zusammen mit anderen Menschen. Für das Schreiben mag dies vielen noch ungewohnt erscheinen. Der Autor gehört doch in seine stille Klause! Schreiben ist doch ein sehr einsames Geschäft! Immer wieder liest man es so – ob dies aber wirklich so sein muss, das habe ich bereits oben ein wenig hinterfragt.

Immerhin gibt es zumindest seit der Existenz der großen Zeitungsredaktionen eine wichtige Ausnahme von dieser Regel: In einer solchen Redaktion sitzen meist eine Reihe von Redakteuren in einem großen Raum beisammen. Gewiss, jeder schreibt an seinem Text, an seinem Thema. Aber es herrscht eine Atmosphäre von Gemeinsamkeit, die zumindest für den Typ des eher geselligen Schreibers wichtig ist. Die Arbeit in einem Team ist anregend, Kreativität in der Gruppe ist für viele Menschen eine ganz wesentliche Erfahrung.

Aber es gibt auch einen ganz anderen Typ des Schreibers, nämlich den, der sich in einem Großraumbüro höllisch unwohl fühlen würde, der die Stille und die Einsamkeit in seiner Zurückgezogenheit zu Hause braucht, um denken und formulieren zu können.

Dazwischen gibt es noch einen dritten Typ, der jedoch auszusterben scheint: den so genannten Caféhaus-Literaten, der sich am wohlsten fühlt, wenn er mitten im Trubel, unter fremden Leuten sitzt, sein »Schalerl Braunen« schlürft, wie man in Wien zu sagen pflegt, und doch ganz bei sich ist, abgeschirmt im eigenen seelischen Gehäuse. Joseph Roth hat sogar in aller Öffentlichkeit seiner Sekretärin ganze Romane diktiert, während ringsrum das lebhafte Treiben der Großstadt Paris ablief.

Auch der Redakteur im geschäftigen Großraumbüro einer Tageszeitung ist unter all seinen Kollegen also letztlich allein. Er sitzt vor seinem Computer, vor seinem Blatt Papier, überlegt, formuliert, gestaltet. Genau genommen sitzt der Redakteur freilich nicht draußen, vor dem Schreibtisch und dem Papier – sondern drinnen in seinem Kopf. Denn dort spielen sich die Bewusstseinsvorgänge ab, dort arbeitet diese rätselhafte Maschinerie, die aus Beobachtungen oder Erinnerungen neue Gedanken und Bilder destilliert.

Gemeinsam mit anderen schreiben

Doch auch der gewissermaßen in Einsamkeit trainierte Schreiber kann vom Schreiben zu zweit oder in der Gruppe profitieren. Er kann zum Beispiel auf gewisse Gewohnheiten verzichten, die er sonst beim Schreiben braucht – etwa das Rauchen, den Alkohol oder andere Mittel, welche den »horror vacui« mildern –, also die Angst angesichts des noch leeren weißen Blattes Papier, das mit Text gefüllt werden will. Die Gruppensituation kann – ganz wie in der Erzählerrunde bei Sindbad oder bei Münchhausen – seelische und soziale Verkrustungen lockern und so dazu beitragen, dass die Einfälle fließen, dass das Schreiben etwas von seiner qualvollen Mühe verliert, die so viele Menschen davon abhält, sich dieses vielseitige Instrument zunutze zu machen.

Für mich ist es auch stets interessant zu hören, was andere in einer Gruppe mit demselben Thema anfangen, das auch ich gerade bearbeite. Hier zwei Variationen eines solchen Themas. Der erste Bearbeiter: »Eine trostlose Einöde, fast Wüste. Einige vertrocknete Büsche am Horizont. Der Himmel ist schwarz von Gewitterwolken – aber es wird kein Gewitter geben.«

Und hier die Variante eines anderen Teilnehmers zur selben Vorgabe: »Eine Mole am Meer, vielleicht die Nordsee. Ein kleiner Fischerhafen. Segel und Netze sind zum Trocknen aufgehängt, deutlich sieht man die großen Glaskugeln. Rechts ein Wirtshausschild – man hört fröhlichen Gesang …«

Den ersten Text schrieb ein Mann, der kurz vor seiner Scheidung stand und sein Leben als ziemlich sinnlos und leer ansah. Den anderen Text schrieb eine Frau, die sich eben verliebt hatte und von dieser Erfahrung ganz erfüllt war. Der Mann wie die Frau saßen in derselben Runde, mit der ich eine bestimmte Übung machte, eine gelenkte Phantasie. Sie heißt: »Die leere Bühne füllt sich.«

Ich lasse dazu die Teilnehmer die Augen schließen und gebe dann folgende Anweisung: »Stellen Sie sich vor, Sie sitzen in einem Theater. Es ist dunkel. Dann wird es langsam hell. Sie sehen vor sich die Bühne – sie ist noch völlig leer. Aber allmählich entstehen dort Kulissen für ein Theaterstück. Schauen Sie einfach auf die Bühne und beobachten Sie, was dort geschieht – nicht grübeln, nicht nachdenken – nur absichtslos beobachten ...«

Die Kulissen, die jeder nun entstehen sieht, oft mit sehr intensiven Farben und Formen, lasse ich anschließend beschreiben, und zwar möglichst ausführlich. In einer zweiten Phase lautet die Anweisung dann: »Auf der Bühne, in den Kulissen, tauchen jetzt Menschen auf, vielleicht auch Tiere oder andere Geschöpfe. Beobachten Sie, wer oder was da erscheint.«

Auch dieser Teil der gelenkten Phantasie wird anschließend notiert. Und schließlich folgt als dritter Schritt: »Die Geschöpfe auf der Bühne tun etwas, kommen vielleicht miteinander ins Gespräch ...«

Dies wird ebenfalls notiert. Und schon ist eine kleine dramatische Skizze entstanden, manchmal sogar der erste Akt für ein richtiges Theaterstück. Man kann es nun bei der Niederschrift bewenden lassen. Man kann aber noch mehr machen und mit den Texten wie in einer Selbsterfahrungsgruppe oder einer Psychotherapie weiterarbeiten, ähnlich wie man einen Traum interpretiert. Es sind ja phantasierte Begebenheiten, die sich da auf der inneren Bühne entfalten.

Gerade durch die scheinbare Distanz zur Person des Schreibers (gewissermaßen »um zwei Ecken herum«) führen diese Texte meist erstaunlich dicht an das Leben, an die ureigensten Themen und Probleme des Verfassers heran. Wie im Traum sind da aktuelle Neuigkeiten und weiter zurückliegende Erlebnisse eng miteinander verwoben. Sie werden verbunden durch Symbole und Metaphern, die der Schreiber – nicht selten mit spielerischer Leichtigkeit – findet. Und die er nicht erst grübelnd und studierend künstlich erfinden muss.

Solche Texte könnte man gewiss auch allein schreiben. Was einem in der Einsamkeit jedoch mit Sicherheit abgehen wird, das sind die Anregungen, die man von den anderen Teilnehmern bekommt – nicht nur beim Vorlesen oder in den Pausengesprächen, sondern auch schon dadurch, dass die anderen sichtbar vorhanden sind.

Themen und Meta-Themen

Aber Gruppenschreiben kann noch viel unmittelbarer sein. So kann man beispielsweise in Kleingruppen zu dritt oder zu viert zu einem vorgegebenen Thema einen kleinen Text fabulieren. Nach einer gewissen Zeit gibt jede(r) den Textanfang – mehr ist es ja noch nicht – an den rechten Nachbarn weiter. Zum Schluss liegen drei, vier eigenständige Texte vor, zu denen jeder Teilnehmer ein Stück beigesteuert hat. Auf diese Weise entstehen meist sehr amüsante Produkte, die sich vor allem in der »Anwärm-Phase« einer Gruppe gut verwenden lassen, um das Kennenlernen und das Entstehen einer vertrauensvollen Atmosphäre zu erleichtern.

Eine andere Möglichkeit des gemeinsamen Schreibens nennt sich »Co-Writing«; dabei wird ähnlich, wie eben für die Kleingruppe skizziert, vorgegangen – nur mit mehr Ernst. Dieses Co-Writing kann die Form eines spontanen (Kurz-)Briefwechsels haben oder eines Dialogs; auf diese Weise können aber auch längere ernsthafte Texte entstehen, sachliche oder belletristische.

Die abenteuerlichste, allerdings zeitlich auch sehr aufwendige Variante ist das »Round-Robin«. Im amerikanischen Sprachgebrauch versteht man darunter gemeinhin eine Petition oder ein Protestschreiben, das unter mehreren Leuten zirkuliert und von allen unterschrieben wird, die sich mit seinem Inhalt einverstanden erklären. Ich kenne den Begriff noch in ganz anderem Zusammenhang, und zwar aus meiner Zeit in der Science-Fiction-Szene. Vor allem in amerikanischen Fan-Clubs ist es üblich, dass jemand eine Geschichte zu schreiben beginnt und sie dann – wenn ihm zum Beispiel nichts mehr einfällt, er die Lust verliert oder einfach neugierig ist, wie die anderen sein »Garn« weiterspinnen werden – an einen nächsten Fan weitergibt. Auf diese Weise entstehen richtiggehende Ketten-Geschichten. Ich habe als 19-Jähriger einmal mit sechs anderen Science-Fiction-Fans auf diese Weise einen richtigen Roman mit weit über 150 Manuskriptseiten verfasst, der sogar, als Leihbuch, gedruckt wurde – zu unserer eigenen Verblüffung, denn wir hatten das Manuskript mehr als Gag an den Verlag geschickt. Noch wichtiger als dieser »publizistische Erfolg« und die 250 Mark (!) Honorar war uns jedoch der Riesenspaß des Co-Writing über mehr als ein Jahr hinweg, mit einem Team, das über vier Städte verstreut war. (Wenn Sie mir versprechen, diesen Riesenblödsinn nicht zu lesen, verrate ich Ihnen Pseudonym und Titel: Munro R. Upton, »Das unlöschbare Feuer«.)

Ein erfahrener Gruppenleiter (das lernt man beispielsweise in der TZI-Ausbildung) gibt dem Seminar nicht nur seine eigenen Themen vor, die ja zunächst einmal notwendigerweise *seiner* Interessensphäre entstammen, sondern versucht im Verlauf des Gruppengeschehens mehr und mehr durch genaue Beobachtung, aber auch rein intuitiv (auf Träume achten!) zu spüren, welche Themen in der Gruppe virulent sind.

Man steigt, speziell bei mehrtägigen Seminaren, am besten mit einem übergeordneten »Meta-Thema« ein; dafür eignen sich sehr gut Themen wie das »Labyrinth (der Persönlichkeit)« oder »Die LebensReise« und »Übergänge«, wobei es stets auf die passende Formulierung ankommt, in der sich die Gruppenteilnehmer wiederfinden können müssen.

Meta-Themen, die aus der Gruppe selber kommen (und die man tunlichst nicht vorgibt!), sind: Sexualität, Aggression, Krankheit, Tod und Narzissmus …

Ein weiterer Vorteil des Schreibens in der Gemeinschaft, den man gar nicht hoch genug bewerten kann, beruht darauf, dass man zwar alle Vorteile einer Gruppe hat, mit der man gemeinsam an Themen arbeitet – dass aber anders als bei einer Gesprächsrunde zunächst einmal jede(r) für sich im Stillen das Thema bearbeitet. Auf der »geschützten Fläche« des Papiers schaut man in den Spiegel der eigenen Seele, öffnet man Türen zum eigenen Inneren auch in Bezug auf Fragen und Probleme, denen man sich allein nicht stellen würde. Die Gruppe verschafft ein Stück Angstfreiheit, vorausgesetzt, dass eine Atmosphäre des Vertrauens entsteht.

Die selbst gewählte Familie

Das bisher Gesagte legt nahe, der Gruppe so etwas wie die Rolle eines »Ko-Autors« für jeden Teilnehmer zuzuordnen. Das ist vor allem deshalb wichtig, weil man sonst die Rolle des Seminarleiters ständig überschätzt. Ich zumindest räume in meinen Überlegungen der Gruppe als Ganzem und dem Gruppenprozess, der sich im Verlauf vor allem längerer Seminare entwickelt, eine ebenso wichtige Rolle ein wie mir selber als Leiter und sehe mich selbst auch als Teilnehmer, schreibe zum Beispiel immer selber auch mit, wenn ich ein Thema vorschlage. Ergänzend zu einem Vorschlag von Ruth C. Cohn, der Begründerin der Themenzentrierten Interaktion (TZI), die den Gruppenleiter als »Hüter des Themas« apostrophiert, möchte ich den Leiter eines Schreib-Seminars als »Hüter des Schreibens und des jeweils bearbeiteten Themas« definieren. Das klingt, zugegeben, etwas umständlicher, trifft den Sachverhalt aber genauer. In Schreib-Gruppen ist das Schreiben als solches das übergeordnete Thema, zu dem man sich trifft. Die jeweils vorgeschlagenen Themen, Übungen und Spiele, gleich ob sie vom Leiter oder von der Gruppe kommen, sind damit verglichen stets Unter-Themen – mögen sie für den einzelnen Schreiber und die einzelne Schreiberin noch so wichtig und brisant sein.

Die Gruppe ist aber auch noch etwas ganz anderes als nur »Ko-Autor«, etwas nicht minder Wichtiges: sie ist so etwas wie eine »Familie«. Das ist schon aufgrund der – meist unbewussten – Gruppendynamik so, der zufolge man in den anderen Teilnehmern die Gestalten der eigenen Kindheit und Jugend wiederfinden kann – oft verbunden mit sehr intensiven Erinnerungen und Gefühlserlebnissen. Genau genommen trifft man, sich erinnernd, draußen ja – außer den real existierenden anderen Gruppenmitgliedern – in erster Linie die Spiegelbilder der eigenen Inneren Gestalten an (Einzelheiten s. Kap. 8, 9 und 10).

Das ist die große Chance, die guten wie die problematischen Erfahrungen, die man mit Vater, Mutter, Geschwistern und anderen Gestalten der frühen Lebensjahre gemacht hat, schreibend aufzuarbeiten.

Ein wichtiges Moment, das in der Gruppe der Zuhörer hinzukommt, ist die Übertragung von Gefühlen auf andere sowie die Möglichkeit, schon an den Gesichtern ablesen zu können, ob man mit seiner Erzählung verstanden wird. In einer Schreib-Gruppe wird dies relevant, sobald die Schreib-Phase beendet ist und die Texte – gewissermaßen frisch aus der Werkstatt – vorgelesen werden.

Im Laufe des Seminars, vor allem wenn es über einen längeren Zeitraum seine Kraft entfalten kann (sehr gute Erfahrungen habe ich mit drei Jahren gemacht), wird nun die Gruppe selber zu einer Art Familie:

- Sie wird zur nährenden »Mutter«, die einen mit Anregungen und Einfällen versorgt und einen gewissen Schutzraum zur Entfaltung der eigenen Individualität mit all ihren Bedürfnissen und Hoffnungen, Ängsten und Wünschen darstellt;
- sie wird in vielerlei Hinsicht auch zu einem »Vater«, mit welchen Funktionen auch immer;
- und sie kann »Bruder«, »Schwester«, »Großvater«, »Großmutter« und wer sonst noch sein;
- und dies keineswegs immer in der gleichen Konstellation, sondern immer wieder neu durchmischt.

Diese »selbst gewählte Familie« wird, da gebe ich mich keinen Illusionen hin, sicher immer noch nicht die »ideale« Familie sein – aber sie hat immerhin zwei Vorzüge, die man nicht unterschätzen sollte:

– ich habe sie mir bewusst ausgesucht,
– und ich kann sie jederzeit verlassen, kann mir eine neue, vielleicht sogar besser geeignete wählen.

Allerdings sollte man diese neue Bezugsgruppe (in der Soziologie und in der TZI-Ausbildung nennt man sie »Peergroup«, abgeleitet von engl. »*peer*«, d. h. »Gleichgestellter«) nicht zu rasch wechseln, sondern zunächst einmal etwas Geduld haben. Erst wenn man nämlich nach einer gewissen Anfangsphase, in der man alles überwiegend »in Ordnung« findet, den unbewussten Übertragungen die Chance gibt, sich zu entfalten, kann man die großartigen Möglichkeiten einer solchen Selbsterfahrung in der Gruppe wirklich nutzen. All dies gilt, wohlgemerkt, nur für die Dauer des Seminars. Aber das ist doch schon eine ganze Menge. Abgesehen davon kann die Gruppe sich ja auch – wie häufig der Fall – nach Abschluss des Seminars weiter treffen und diesen Schutzraum der »selbst gewählten Familie« aufrechterhalten.

Ich denke, die Vorteile des gemeinsamen Schreibens liegen auf der Hand. Die Frage ist jetzt allerdings: Wie findet man Gleichgesinnte, um eine Schreib-Gruppe zu starten? Das Einfachste ist, man nimmt zunächst einmal an einem Seminar teil. Die entsprechenden Angebote gibt es im gesamten deutschsprachigen Raum.* Solche Projektgruppen bestehen oft noch über ein Jahr nach dem Seminar, das gewissermaßen den Startschuss gab. Die Teilnehmer (meist nur ein Teil der ursprünglichen Gruppe) treffen sich weiter regelmäßig, sie schreiben Texte und lesen sie sich vor. Die Regelmäßigkeit ist wichtig: Alle vierzehn Tage ein Abend, ein Samstagnachmittag oder gar ein ganzer Sonntag – das ist ideal. Als gute Erfahrung aus meiner Zeit im Science-Fiction-Club gebe ich gern die Anregung weiter, solche Texte auch in einer »Fan-Zeitung« zu veröffentlichen und möglichst mit anderen solchen Projektgruppen auszutauschen.

* Kontaktadresse:
Jürgen vom Scheidt, Postfach 44 02 38, 80751 München, oder im Internet: www.iak-talente.de

Frankensteins Geburt

Es gibt für die schreibende Selbsterfahrung in der Gruppe übrigens ein historisches Vorbild: Im Sommer 1816 trafen sich in der Villa Diodati am Genfer See vier Literaten, um gemeinsam, aber jede(r) für sich an eigenen Texten zu arbeiten. Es waren dies: Lord Byron, Percy Bysshe Shelley, dessen Frau Mary Godwin und Byrons Arzt John Polidori.

Angeregt von der Lektüre von Gespenstergeschichten, die man sich abends am Kaminfeuer vorgelesen hatte, schlug Byron vor, jeder der Gäste solle eine Schauergeschichte (englisch: *»gothic tale«*) schreiben. Nach einer Periode »blanker Einfallslosigkeit«, erst in einem »halb schlafenden, halb wachen« Zustand, kam Mary Shelley dann der zündende Einfall: Die Geschichte vom besessenen Wissenschaftler Dr. Frankenstein, der einen künstlichen Menschen aus Leichenteilen schaffen will, wurde geboren. Der Selbsterfahrungsanteil dieser schrecklichen Erzählung ist bekannt: Die Autorin hatte vorher auf tragische Weise zweimal ein Baby verloren, und eine literarisch-psychologische Analyse dieses Welt-Bestsellers und »ersten Science-fiction-Roman« (Brian Aldiss) zeigt deutlich die Spuren dieser Tragödie und den Versuch, sie schreibend aufzuarbeiten.

(Dieses historisch verbürgte »Schreib-Seminar« wurde von dem Regisseur Ken Russell schaurig-schön verfilmt und kam 1987 unter dem Titel »Gothic« in die Kinos.)

ich bin
der bach

es fließt
in mir

weg des
wassers

15 Schreiben als Meditation

Eine meditative Haltung ist die Grundvoraussetzung jeglichen Schreibens. Der Hauptunterschied zwischen einer richtiggehenden Meditation und dem, was üblicherweise unter Selbsterfahrung und psychotherapeutischer Erfahrung verstanden wird, besteht in einer weiteren Steigerung des Grades der Versenkung, verbunden mit einer entsprechenden Tiefe der Erfahrung.

Die prinzipiellen Gedanken zu diesem Thema sind bereits weiter oben in den Kapiteln über »Selbsterfahrung« und »Therapie« mit angesprochen worden. Ich will hier noch einige Punkte vertiefen.

Erreicht wird eine größere Intensität der Versenkung und Tiefe der Selbsterfahrung durch intensiveren Rückzug aus dem Alltagstrubel für längere Zeit, durch noch stärkere Verlangsamung und – ja, durch das Eingehen größerer Risiken angesichts sehr beunruhigender, nicht selten auch beängstigender Erfahrungen in diesen emotionalen Tiefenbereichen. Die nötige Verlangsamung wird nur schwer erreicht in den 50 Minuten der üblichen Therapiestunde; ab und zu gelingt sie im Verlauf eines mehrtägigen Workshops. Meditation setzt auch die Bereitschaft voraus, sich längere Zeit mit einem bestimmten Thema sehr konzentriert zu befassen – oder überhaupt auf ein selbst gewähltes Thema zu verzichten und geduldig auf ein Thema zu warten, das von innen kommt. Im Zen-Buddhismus gibt einem der Meister vielleicht ein Koan, einen dieser scheinbar sinnlosen Rätselsprüche wie »Der Klang der einen Hand …«.

Was kann man sich aber unter meditativem Schreiben vorstellen? Ich will es an drei Beispielen erläutern:

– einen Text abschreiben, möglichst langsam, mit großen Lettern, vorzugsweise einen Text, der von sich aus bereits in größere Tiefe führt, zum Beispiel eine Passage aus der Bibel oder die Ora-

kelsprüche des »I Ging«; Beschreibungen der Tarot-Karten, die man sich gelegt hat; ein lieb gewonnenes Gedicht, einen Psalm;
- geruhsames Schreiben mit dem Pinsel und auch farbig, nach Art der chinesischen Kalligraphie;
- längere Beschäftigung mit einem fest umrissenen Thema, zum Beispiel das Schreiben einer Novelle, einer Diplomarbeit oder eines Buches.

Auch bestimmte Träume (C. G. Jung nannte sie »Große Träume«) eignen sich für meditatives Schreiben; aber auch einfachere Träume können sehr ergiebig sein. Ganz gleich, welche Art man wählt – stets geht es darum, wirklich einzutauchen in die tiefstmöglichen Schichten des Unbewussten. Es kommt nicht so sehr darauf an, ob man eine Meditationsphase ohne Schreiben vorschaltet oder gleich auf dem Papier meditiert (sehr schön ist übrigens eine Form, die beides kombiniert: mit geschlossenen Augen schreiben). Für noch viel wichtiger halte ich, dass man das Meditieren überhaupt in Gegenwart eines entsprechend geschulten Begleiters lernt. Denn nur so bleibt man nicht in der »Grauen Zone« hängen.

Eine kleine Skizze mag dies veranschaulichen (s. Kasten S. 194).

Ein einfaches Experiment

Wir verbinden mit dem Begriff »Meditation« gewöhnlich ziemlich exotische Vorstellungen. Mönche, die in einem Zen-Kloster zehn Stunden am Boden sitzen, ohne sich zu bewegen, nur ab und zu vom Stockschlag des Meisters aus der – unerwünschten – Trance gescheucht: Klares und helles Bewusstsein wird angestrebt, nicht selbstverlorene Dösigkeit. Indische Yogis, die in der Einsamkeit einer Himalaya-Höhle sich »leer« machen, um ihrer Gottheit näher zu kommen. Dabei wird vergessen, dass Meditation im Grunde jede Tätigkeit meint, bei der man gesammelt und in einer gewissen Stille »nach innen schaut«. Zunächst, um die eigene Mitte zu finden, ohne die geht es nicht. Und dann, um in Kontakt mit tieferen archetypischen Schichten, mit dem Transpersonalen, zu kommen. Das kann mit geschlossenen Augen geschehen. Oder

Stufen der Versenkung

Tagesbewusstsein
Inhalte des normalen Wachzustands. Bei Besinnung/Meditation dann allmählich Übergang zu:

Graue Zone I
Unruhe, Gefühl innerer Leere, evtl. Angst

Gegenwärtige Reize und Tagesreste werden erinnert.

Graue Zone II
Keine oder nur vage Inhalte, Unruhe, nicht selten unangenehme Stimmungen.

Private Erinnerungen, die weiter zurückliegen, aus der eigenen Lebensgeschichte.

Graue Zone III
Erlebnisse und Stimmungen wie oben – evtl. noch intensiver, manchmal undurchdringliche Grauzone, je nach geistig-seelischer Reife.

Archetypische Bilder und Symbole (fremd und vertraut zugleich, erhaben, Ehrfurcht erregend, kosmische Dimension).

Graue Zone IV
Wie oben GZ II – evtl. auch gleich direkter Übergang zu:

Nirwana
(Zustand glücklicher Leere, Ich-Losigkeit – für Menschen des Westens kaum zu erreichen).

beim Betrachten einer Blume, eines Bildes (Mandalas eignen sich hierzu besonders gut). Oder beim Anhören von Musik, die Sammlung und »Ent-Schleunigung« erleichtert, einer indischen Raga zum Beispiel oder spezieller Meditationsmusik.

Selbsterfahrung kann man also verstehen als den weiteren Begriff unbewussten Erlebens, wobei die Erweiterung des Bewusstseins von sich selbst das Ziel ist. Meditation zielt auf Höheres ab (oder, im Sinne der Tiefenpsychologie, auch auf »Tieferes« – im lateinischen Wort *»altus«*, was »hoch« und »tief« zugleich meint, fällt interessanterweise beides zusammen!). Meditation ist gewissermaßen Selbsterfahrung zweiten Grades. Der deutsche Mystiker Jakob Böhme hat einmal gesagt, Meditation sei alles, buchstäblich alles, was man mit vollem Bewusstsein und vollen Sinnen mache, also auch Geschirr spülen und in der Nase bohren (das sind allerdings Beispiele, die mir gerade einfallen).

Es gibt auch die Anekdote von dem japanischen Zen-Meister, der sich viele Jahre lang vergeblich bemühte, Satori (Erleuchtung) zu erlangen. Eines Tages, als er schon gar nicht mehr damit rechnete, fiel sie ihm einfach zu – auf dem Klo, beim Verrichten der Notdurft, mühelos, absichtslos …

Schreiben freilich verlangt schon einen gewissen Aufwand, verlangt, im Gegensatz zum Lesen, weit mehr Aktivität. Da muss Papier besorgt werden und Schreibgerät, eine passende Unterlage ist notwendig, je nach selbst gestellter (oder von anderen aufgetragener) Aufgabe muss eventuell zusätzliches Informationsmaterial besorgt werden. Und dennoch, auch hier gilt das Gleiche, was der Zen-Meister auf dem Donnerbalken so drastisch zeigt: Je absichtsloser Schreiben geschieht, umso meditativer wird es, umso mehr führt es uns zur Selbsterfahrung und schließlich zur Erfahrung des Transpersonalen, des »Höheren Selbst«.

Ein einfaches Experiment in Sachen Meditation, von jedem nachzuvollziehen (vielleicht sollte man es bloß mit dem bescheideneren Wort »Besinnung« belegen):

Fünf Minuten in einem ruhigen Raum still dasitzen, mit geschlossenen Augen, ohne Ablenkung durch Musik und dergleichen. Wem das gelingt, der kann die Dauer verlängern – zehn Minuten, fünfzehn Minuten …

Ein ähnliches Experiment, jetzt aber mit Schreiben verbunden:

Still dasitzen, mit geschlossenen oder offenen Augen, und in fünf Minuten alles aufschreiben, ohne jede Zensur, was einem einfällt. Was allein enorm schwierig ist, fällt wesentlich leichter, sobald noch jemand mitmeditiert. Deshalb geht das Schreiben in der Gruppe so viel leichter. In den indischen Unterweisungen zum Yoga und zur Meditation (die dort ja ein Teil des Yoga ist) findet man die wichtige Unterscheidung zwischen einer »Meditation mit Stütze« (d. h. mit einem Lehrer) und der – sehr viel schwierigeren – »Meditation ohne Stütze«. Das »Schreiben ohne Stütze«, also allein, ist, sinngemäß, auch wesentlich schwieriger als das »Schreiben mit Stütze«.

Die vielleicht schönste Verbindung von Meditation und Schreiben ist die Schöpfung eines Gedichtes, das ganz absichtslos entsteht. »Nicht suchen, sondern finden«, hat Picasso diese Absichtslosigkeit einmal genannt.

Wissen

Erfahren

Gestalten

16 Sieben mal sieben Tipps und Tricks

Diese Ratschläge sind eine Zusammenfassung vieler Hinweise, die über die einzelnen Kapitel dieses Buches verstreut sind und dort jeweils ausführlicher dargestellt werden, meist in einem umfassenderen Zusammenhang. Hier geht es vor allem um den raschen Überblick; deshalb mag manches wie aus dem Zusammenhang gerissen wirken – ist es ja auch.

1.
Streben Sie von vorneherein das höchste Ziel an, das man schreibend erreichen kann. Dieses höchste Ziel ist, dass »es von selber schreibt«. Wie man diese Utopie verwirklicht? Ganz einfach: indem man sie unbeirrbar anstrebt. Der Weg dorthin ist nämlich, genau genommen, das Ziel. Jeder Text dorthin ist ein wichtiger Schritt. Also: viele Texte schreiben, möglichst jeden Tag einen – irgendeinen. Weder Inhalt noch Form spielt, zunächst jedenfalls, eine Rolle. Auch Gitarrespielen oder Trommeln lernt man nicht an einem einzigen Tag. Das Wichtigste ist, sich klar zu machen, dass dieses »absichtslose« Schreiben tatsächlich lernbar ist. Der Weg dorthin führt über eine Brücke, die zugleich Tipp Nr. 2 ist:

2.
Lernen Sie, wieder Spaß am Schreiben zu haben. Das Wörtchen »wieder« ist in diesem Zusammenhang ganz wichtig. Zumindest am Anfang unserer Laufbahn als Schreiber, nämlich in der ersten Grundschulklasse, hat es vielen wirklich einmal Spaß gemacht. Diese frühe Zeit lässt sich wieder entdecken und nutzbar machen. Dafür gibt es bestimmte Übungen, zum Beispiel sich an die frühe Schulzeit zurückerinnern. Dabei werden typische Blockaden sichtbar, die man aufarbeiten kann. Wie? Indem man sie be-schreibt – und dadurch allmählich loswird.

3.
Texte müssen reifen – so wie ein guter Wein reifen muss. Viele Menschen, die Texte, welcher Art auch immer, schreiben müssen, könnten sich unglaublich viel Kummer sparen, wenn sie diesen Tipp beherzigen würden. Ehe nicht die inneren geistigen Strukturen eines Textes sich zu voller Blüte entwickelt haben, ist es sinnlos, ihn schreiben zu wollen. Das schließt nicht aus, dass man sich dem Text immer wieder annähert, ganz im Gegenteil: Das Sammeln von Material, gezielte Recherchen, Entwürfe, Gliederungen, all dies hilft beim Reifungsvorgang. Aber erst wenn im Inneren alles klar ist, wird die Niederschrift sinnvoll und ist sie von Erfolg gekrönt. Erfahrene Autoren wissen dies; deshalb verblüffen sie uns mit »druckreifen Erstfassungen«. Das ist wirklich Bluff: Da gehen stets lange Reifungsphasen voraus, die der Außenstehende nicht mitbekommt. Für einen Krimi gilt das genauso wie für ein Sachbuch oder ein Gedicht.

… wer sich
schreibend
verändert,
ist ein
Schriftsteller.

Martin Walser

4.
Den Spaß am Schreiben fördert es ungemein, wenn man alle Vorbilder über Bord wirft. Es gilt, den eigenen »Inneren Schreiber« (s. unten Tipp Nr. 34 und Kap. 8) zu entdecken und zu entwickeln.

5.
Besonders hilfreich ist es, die Illusion aufzugeben, man müsste druckreif schreiben. Das ist gewiss ein erstrebenswertes Endprodukt; aber wenn man dieses Ideal dauernd vor sich herträgt, wird es nur zum Brett vor dem Kopf, das den Blick auf das Naheliegende versperrt: Erst kommt der Rohtext, dann die Überarbeitung. Dann lange gar nichts. Und dann erst, irgendwann, ist ein Text

druckreif. Ihn sofort »fertig« haben zu wollen verhindert genau die nötigen Schritte der Überarbeitung, und zwar einer Überarbeitung auf lustvolle Art.

6.
Noch etwas zum Umgang mit Rohtexten, vor allem in einem Seminar. Sie sind so etwas wie »Neugeborene« – und ein Neugeborenes ist zunächst einmal bedingungslos das schönste, intelligenteste und interessanteste Kind der Welt. Es verträgt die Zugluft der Kritik überhaupt noch nicht. Aber ein paar Überarbeitungen später hält es schon Kritik aus.

7.
Apropos Kritik: Zuerst kommt die Selbstkritik. Eine große Hilfe ist dabei eine »Check-Liste« der Elemente, die einen guten Text ausmachen. So eine Bewertungshilfe ist auch bei der Beurteilung fremder Texte sehr von Nutzen. Schulen Sie damit Ihren kritischen Verstand – aber auf eine kreative, nicht zerstörerische Weise. (Eine solche Check-Liste kann vom Autor angefordert werden – Adresse s. S. 189. Bitte € 1,53 in Briefmarken beilegen.)

8.
Lernen Sie, Spaß am Überarbeiten der Rohtexte zu haben, nicht erst an der Endfassung. Sonst wird ihre Schreiber-Existenz (auch wenn es nur ein Hobby bleiben soll) zur endlosen Plackerei – ständig jagen Sie hinter der Chimäre »Druckreife« her, wie der sprichwörtliche Esel hinter der Karotte. Bedenken Sie: Der Weg vom Rohtext zur Endfassung führt über drei bis acht Zwischenstadien (um irgendeine Zahl zu nennen). Je eher Sie *diese* genießen lernen, umso besser. Wie man das lernt? Rücken Sie Ihrem Perfektionismus zu Leibe: Beschreiben Sie ihn!

9.
Bitte bedenken Sie auch: Perfektionismus dieser Art sitzt nicht selten tief im Unbewussten versteckt und äußert sich vielleicht zunächst nur als Unlust oder als Angst, das Schreiben überhaupt zu beginnen – Angst vor möglicher Kritik, zum Beispiel. Lauschen Sie

deshalb, mit geschlossenen Augen, immer wieder auf die »Stimmen« in Ihrem Inneren, die sich kritisch über Ihr Unterfangen äußern. Meist sind es Vater, Mutter oder ein Lehrer o. Ä., die Ihnen in Kindheit und Jugend überkritische Ideale eingebläut haben. Schreiben Sie diese Argumente auf und entlarven Sie sie als das, was sie sind: der Schnee von gestern. Heute, viele Jahre später, schreibt man anders. Und: Sie selber schreiben auf jeden Fall anders als irgendjemand, der Ihnen solche Argumente eingeblasen hat.

10.
Schreiben Sie auf, was Ihnen gerade so einfällt – spontan, fließend, ohne Zensur und Selbstkritik. Das ist schwerer, als es klingt – und doch wieder auch vergleichsweise einfach, wenn man es ein wenig geübt hat. Lassen Sie sich fallen. Überlassen Sie sich dem Strom der Einfälle. (Bekanntlich ist auch dieses »Lass dich fallen« leichter gesagt als getan. Aber »auf dem Papier« geht es sicher einfacher als in Wirklichkeit. Da können Sie es auch fürs Leben üben.)

Ein guter Lehrmeister: James Joyce, vor allem in seinem Roman »Ulysses«. Aber bitte lassen Sie sich von dieser hohen literarischen »Messlatte« nicht abschrecken! Genießen Sie die Joyce'schen Sprachspiele und die Fabulierlust des Iren; lassen Sie sich davon mitreißen zu eigenem Fabulieren und Experimentieren. (Joyce wurde von vielen seiner Zeitgenossen für einen schlechten Autor gehalten – gerade, weil er Neues riskierte!)

11.
Schreiben Sie grundsätzlich nur für sich – zunächst jedenfalls. Dann erst entscheiden Sie, was Sie zensieren, was Sie für sich behalten möchten. Nicht gleich nach einer Veröffentlichung schielen!

12.
Schreiben Sie großzügig, geben Sie vor allem, wenigstens eine Zeit lang, das mickrige Format DIN-A4 auf, in das Sie schon in der Schule gezwängt worden sind. Kaufen Sie sich einen Zeichenblock DIN-A2 oder noch größer und kehren Sie zu den Anfängen des

Schreibens zurück: der großzügigen Höhlenmalerei. Nehmen Sie große Stifte, am besten Filzschreiber, in verschiedenen Farben – spüren Sie dabei, welche Farbe Ihrer Stimmung am besten entspricht. Wenig Text pro Zeile schreiben; viel Raum lassen für Ergänzungen. Ich falte ein großes Blatt zweimal, sodass vier Spalten entstehen, und schreibe in die 1. und 3. Spalte, die beiden anderen bleiben leer – für Ergänzungen.

13.
Lernen Sie zu meditieren. Das ist einfacher, als Sie glauben. Sie müssen dazu nur, in ruhiger Umgebung, die Augen schließen und beobachten, was in Ihnen geschieht. Stellen Sie sich vor, Sie sitzen als Zuschauer in einem Theater; der Vorhang geht auf, Sie schauen auf die zunächst leere Bühne, die sich allmählich belebt. Es ist Ihre Innere Welt, die sich Ihnen da zeigt, in immer anderen, aber immer aktuellen Ausschnitten. Mehr brauchen Sie nicht, um stets eine Quelle origineller Einfälle zur Verfügung zu haben, und vor allem: um stets in Kontakt mit dem wirklich Wichtigen zu sein, das Sie gerade beschäftigt. Fünf Minuten Besinnung dieser Art, unmittelbar vor dem Schreiben, genügen oft schon. Probieren Sie es aus.

14.
Wenn irgend möglich, nehmen Sie ein Thema mit auf die Reise in Ihre Innenwelt, wenn Sie meditieren. Das Thema gibt Ihrem Suchen ein Minimum an Struktur. Auch wenn Sie ganz absichtslos eintauchen wollen in den Strom Ihrer Einfälle und in die Tiefen Ihres Unbewussten: Nehmen Sie stets ein Thema mit, das die Absichtslosigkeit unterstützt: »Was ist jetzt das Wesentliche für mich?« (oder: »Was ist mir jetzt gerade besonders wichtig?«) Dieses Grundthema hilft Ihnen, das eigentliche Thema zu finden, das Sie wirklich gerade beschäftigt, aber vielleicht noch unbewusst ist.

15.
Schreiben Sie immer wieder mal betont langsam, versuchsweise auch mit der (schreibungewohnten) linken Hand. Das hilft bei der dringend nötigen Ent-schleunigung, ohne die eine gewisse emo-

tionale und inhaltliche Tiefe nicht erreichbar ist – und damit auch kein Zugang zu sich selbst, geschweige denn zur übrigen Welt.

16.
Schreiben Sie immer wieder mal wie ein Kind (oder wie für ein Kind), das nicht älter als fünf Jahre ist – so kommen Sie in Kontakt mit Ihrem inneren »schöpferischen Kind«.

17.
Aus demselben Grund sollten Sie immer wieder einmal die Gegenwartsform benützen (obgleich die Vergangenheitsform auch ihre großen Vorzüge hat und »literarischer« ist). Auf jeden Fall sollte die Gegenwartsform benützt werden, wenn Sie einen Traum aufschreiben und bearbeiten wollen – dann wird er wieder lebendig in Ihnen. Das Gleiche gilt für die Freien Assoziationen und Erinnerungen zu diesem Traum.

18.
Blockiert etwas den Fluss der Einfälle beim Schreiben, so beschreiben Sie zunächst diese Störung, z. B. so: »Verdammt, mir will einfach nichts einfallen, mein Kopf ist wie leer gefegt, ich würde so gerne ...« Und urplötzlich beginnen die Einfälle zu purzeln – oder wenigstens zu tröpfeln.

19.
Das, was kommt, ist richtig. Es gibt beim Kreativen Schreiben keine »Thema-Verfehlung«. Auch sonst gibt es sie nur in der Schule, keinesfalls im richtigen Leben. Was Ihnen freilich passieren kann, das ist, dass ein anderes Thema als das vorgesehene (geplante oder geforderte) sich durchsetzt. Dies ist dann das »richtige« Thema. Erst wenn es behandelt wurde, wird Platz für das ursprünglich geplante Thema.

Die »Vier-Spalten-Methode« hilft auch und gerade hier: Das sich vordrängende, wesentliche Thema kommt dann in die erste Spalte »Persönliches«, das gewünschte Thema in die zweite Spalte.

20.
Schreiben Sie immer wieder mal mit Ihrem ganzen Körper. Vor allem Ihren Namen (oder das Thema, an dem Sie gerade arbeiten) sollten Sie immer wieder in großen Buchstaben um sich herum in die Luft schreiben.

21.
Lesen Sie sich selber (oder auch jemand anderem, der Geduld hat) frisch Geschriebenes laut vor. Auch zum Vorformulieren lohnt sich das. Vor allem wenn Sie allein sind beim Schreiben, kann dies Blockierungen lockern.

22.
Wenn es Ihnen schwer fällt, locker zu erzählen (oder wenn Sie gar der Meinung sind, es falle Ihnen ja sowieso nichts ein), dann unterhalten Sie sich einmal mit jemandem über irgendein Thema – und lassen Sie einen Kassettenrecorder das Gespräch aufzeichnen.

Schreiben Sie dieses Gespräch ab – und Sie werden staunen über Ihren Einfallsreichtum, die Flüssigkeit Ihrer Formulierungen und die Weite Ihrer Gedanken.

23.
Versuchen Sie, immer innerhalb derselben Struktur zu schreiben: am selben Ort, zur selben Tageszeit. Ideal ist natürlich ein eigenes Zimmer mit einem leeren Schreibtisch (bei mir jedenfalls muss er leer sein, wenigstens am Anfang – bei Ihnen muss er vielleicht, im Gegenteil, voll gestopft sein mit Gegenständen, die Ihre Phantasie entzünden). Es wird eine Weile dauern, bis Sie die für Sie (!) passende Struktur gefunden haben. Dann aber gilt:

24.
Übung macht den Meister. Jeder Pianist, den Sie nach den Wurzeln seiner Meisterschaft fragen, wird Ihnen antworten: Üben, üben, üben, mehrere Stunden täglich. Sollte es mit dem Schreiben anders sein?

Auch wer nicht von Berufs wegen schreibt, sollte, um den Strom der Einfälle am Fließen zu halten, täglich wenigstens eine

Stunde schreiben – vielleicht am Morgen gleich nach dem Aufstehen; oder am Abend. Ein anderer Vergleich: Auch für eine Psychotherapie ist es ungemein wichtig, dass da eine feste, sich immer wiederholende äußere Struktur gegeben ist: zu einer bestimmten Zeit, an einem bestimmten Ort über bestimmte Themen zu sprechen – oder zu schreiben.

25.
Variieren Sie die Übungen und Methoden, die Ihnen beim Einstieg in ein Thema und einen Text helfen können. Eine kurze Besinnung oder Meditation ist stets hilfreich. Sie kann zu Hause stattfinden – aber auch die Form eines Spaziergangs haben. Musik hilft meistens, wenn sie kein aufdringliches Eigenleben hat. Vergessen Sie nicht das Brainstorming mit dem »GeKO« (s. nächstes Kapitel), die Buchstaben-Würfel, die Tarot-Karten und das »I Ging«.

26.
Wichtig ist es auch, Menschen in der Nähe zu haben, irgendwo. In totaler Einsamkeit schreibt es sich schlecht, vor allem, wenn man am Anfang ist mit einer Arbeit oder mit dem Schreiben überhaupt. Nichts ist anregender als andere Menschen. Aber: Sie sollten keine Ansprüche an Sie stellen! Sie sollten es Ihnen ermöglichen, sich ganz narzisstisch Ihrem (inneren) kreativen Prozess hinzugeben; hier ist Narzissmus nicht nur erlaubt, sondern geradezu Grundvoraussetzung für das kreative Geschehen.

27.
Familienangehörigen oder anderen Leuten, die Sie beim Schreiben stören könnten, sollten Sie klar machen, wie Ihre Zeitstruktur aussieht. Diese Menschen müssen auch begreifen lernen, dass Sie vielleicht stundenlang keinen einzigen Buchstaben tippen, »nur« Zeitung lesen oder vor sich hinstarren, oder spazieren gehen – alles innerhalb Ihrer Schreib-Zeit-Struktur. Es liegt jedoch ganz an Ihnen, ob diese Struktur respektiert wird, d. h. Sie müssen es zunächst für sich selber zu respektieren gelernt haben. Das Kriterium sollte keinesfalls sein, was und wie viel Sie an druckreifem Text produzieren – ja nicht einmal, ob Sie überhaupt etwas zustande

bringen. Das passende Wort für diesen Zustand ist leider etwas aus der Mode gekommen: Muße.

28.
Die anderen Menschen in Ihrer Umgebung sind, während Sie schreiben, wie das Wasser für den Fisch. Sie »tragen« Sie durch ihre Anwesenheit emotional und dürfen selbst nichts von Ihnen wollen – jedenfalls nicht in dieser definierten Schreib-Zeit (die allerdings sehr klar umrissen sein muss). Irgendwann müssen Sie allerdings für einen Ausgleich sorgen; sonst werden Sie rasch keine emotional »tragende« Umgebung mehr haben.

Das Angenehme an einer Schreib-Gruppe ist gerade diese unaufdringliche Anwesenheit der anderen. Es gibt Leute, die auch mit einem Kaffeehaus zufrieden sind; und unter Umständen kann ein Fernseher, im Nebenzimmer, hinter einer halb geöffneten Tür, bei abgeschaltetem oder gedämpftem Ton, ähnlich wirken.

29.
Versuchen Sie, ein Papierformat zu finden (s. auch Nr. 12), das Sie in der von Ihnen gewählten Zeiteinheit auch füllen können, eventuell samt Rückseite – nicht mehr, nicht weniger. Wahrscheinlich hat jeder, der schreibt, das ihm gemäße Format.

30.
Lesen Sie die Rohfassung Ihres Textes nach der Niederschrift laut durch, am besten für jemand anderen (Gruppe, Therapeut, Freund, Partner, notfalls genügt auch ein Kassettenrecorder als Pseudo-Publikum). Auf diese Weise entdecken Sie leichter »falsche« Töne, zu kompliziert gebaute Sätze, Argumentationslücken, falsche Anschlüsse, Durchhänger bei der Spannung … Sie werden staunen, wie die Texte flüssiger werden.

31.
Achten Sie beim Überarbeiten des Textes auf Stellen, an denen Sie sich verschrieben haben oder besonders undeutlich wurden – dort geht es meist weiter in die Tiefen des Unbewussten, also auch zum nächsten Text.

32.
Werden Sie bei der Arbeit unterbrochen oder kommen Sie aus anderen Gründen aus dem Schreibfluss, dann versuchen Sie es mit dem Abtippen der letzten Passage, oder auch der ganzen Seite, die voranging. Dann tauchen Sie wieder in den Fluss der Gedanken und Erinnerungen ein.

33.
Heben Sie sich unbedingt Ihre Rohfassung auf, wenn Sie einen Text überarbeitet und abgetippt haben. Nicht selten ist die Urfassung spontaner, flüssiger, lebendiger.

34.
Fördern Sie Ihren »Inneren Schreiber«! In dieser Teil-Persönlichkeit sind alle die Fähigkeiten und Fertigkeiten versammelt, die Sie zum Verfassen eines Textes brauchen, vom richtigen Setzen der Buchstaben über grammatikalische Strukturen bis hin zu den letzten Feinheiten der Ästhetik und Ihres persönlichen Stils. (Einzelheiten in Kap. 8.)

35.
Schreiben Sie immer wieder einmal einen Ihrer Träume auf. Träume sind die Quelle schlechthin für originelle Einfälle, interessante Bilder, Symbole und Metaphern und für spannende Szenen!

36.
Auch wenn Sie lieber in der Ich-Form schreiben sollten, probieren Sie es immer wieder einmal mit der »dritten Person« – nicht nur, weil das »literarisch« aussieht, sondern weil die dadurch entstehende Distanz zum eigenen Erleben (vor allem, wenn es noch sehr frisch ist) sowohl der inhaltlichen Darstellung wie dem Stil gut tut.

Machen Sie mal das Experiment, erst eine Version in der Ich-Form zu verfassen (Tagebuch, Selbsterfahrungs-Text) – und tippen Sie das Ganze noch einmal ab, nun aber mit einer Hilfsfigur, mit einem erfundenen Namen. (Mit Hilfe eines Computers geht das besonders leicht, mit der Funktion »Suchen und Ersetzen«.)

37.
Nichts belebt einen Text mehr (auch einen Sachtext) als ein wenig Dialog. Das Schreiben von Dialogen kann man ebenfalls üben und erleichtern. So hilft es, anderen Menschen beim Gespräch zuzuhören. Oder wählen Sie den Inneren Dialog: Machen Sie eine kleine Meditation (s. oben, Tipp Nr. 1 und Kap. 15), stellen Sie sich zwei Gestalten vor – und »beobachten« Sie, was die beiden – *in Ihnen* – miteinander reden.

38.
Wenn Ihr Text fertig ist, überlegen Sie sich einen Titel. Er sollte etwas über den Inhalt aussagen – aber er sollte auch »locken«, nämlich den potenziellen Leser dazu verlocken, Ihren Text zu lesen. Auch wenn Sie selber der einzige Mensch sein sollten, der diesen Text jemals wieder liest: Schon um sich in der Fülle des geschriebenen Materials zurechtzufinden, die im Lauf der Jahre entsteht, sind Titel dringend nötig. Darüber hinaus zwingt einen die Wahl einer Überschrift aber auch, sich klar zu werden, was man mit dem Text wirklich wollte.

39.
Setzen Sie nach Beendigung eines Textes nicht nur einen Titel darüber, sondern überlegen Sie sich auch eine kurze Inhaltsangabe (Synopse, Abstract), diese sollte wirklich nur das Wesentliche enthalten und nicht mehr als zwei, drei Sätze umfassen. Auf diese Weise zwingen Sie sich nicht nur, das Geschriebene nochmals genau zu durchdenken, sondern Sie haben in späteren Jahren auch rascher wieder einen Zugriff auf früher Gedachtes und Gesagtes. (Ideal ist es, die Synopsen in eine Datenbank einzugeben.)

40.
Wenn Sie noch keinen Computer haben, der Ihnen viel von der mechanischen Plackerei des Tippens und Korrigierens abnimmt: Versuchen Sie es einmal damit! Der PC ist auch in anderer Hinsicht eine große Erleichterung.

Und nun noch ein paar Tipps für Leiter von Schreib-Seminaren und Therapeuten (die natürlich jeder, der schreibt, sinngemäß auf sich anwenden kann, die jedoch in der Mehrheit der Fälle die Anwesenheit eines entsprechend geschulten Zweiten erfordern):

41.
Geben Sie stets ein Thema vor! Nichts erleichtert den Teilnehmern eines Schreib-Seminars die Arbeit und den kreativen Prozess mehr als das bisschen Struktur, das Sie damit ermöglichen. Wer dann in sich selbst ein besseres Thema findet, kann das vorgegebene ja immer noch beiseite schieben und über das eigene schreiben (s. auch Tipp Nr. 14).

42.
Frisch geschriebene Texte möglichst laut vorlesen lassen, u. U. im Stehen (ganz wörtlich: »zum eigenen Text stehen«, »einen Standpunkt vertreten«).

43.
Manche Leute lesen die eigenen Texte nicht gern vor. Das kann damit zu tun haben, dass das Thema noch zu privat oder zu »heiß« ist oder vielleicht einen anderen Teilnehmer betrifft. Das muss stets respektiert werden.

Aber es gibt auch andere, die Probleme mit der eigenen Stimme haben, sie nicht »gut« genug finden. Viele Leute können die eigenen Produkte nicht gut genug präsentieren und verschenken damit wichtige Nuancen und Qualitäten. In solchen Fällen kann es sehr helfen, wenn jemand anderer als der Schreiber den Text vorliest.

44.
Arbeiten Sie in der Besprechung die geistige Struktur eines Textes heraus. Wie sieht beispielsweise der Konflikt aus, der behandelt wird? Welche Figuren, welche Symbole tauchen auf? Wie sieht das im Vergleich mit früheren Texten aus? Wenn eine Fortsetzungs-Geschichte geschrieben wird (nach Art der »LebensReise«), empfiehlt es sich, nach einer gewissen Zahl von Texten eine Synopsis

(knappe Inhaltsangabe) schreiben zu lassen. Welche Figur steht im Mittelpunkt (ein Tier, ein Gebäude, ein Kind ...)? Welches Thema?

45.
In welcher Form äußert sich im Text das »Innere Kind« des Urhebers? Wie alt ist es? Wie sieht der Kontakt zu ihm aus? Fördert es den kreativen bzw. therapeutischen Prozess – oder hemmt es ihn? Und warum? Was sind seine Motive? (Diese unbedingt ernst nehmen!)

In dieser inneren Figur sitzt die gesamte kreative Potenz – niemals wieder sind wir so schöpferisch wie als Fünfjährige, ehe der Drill der Schule diese Kreativität verformt.

46.
Welche Lösungsschritte für einen angesprochenen Konflikt oder für ein existenzielles Problem werden vom Schreiber selbst im Text angeboten? Sie treten meist am Schluss des Textes auf. Vor allem bei Träumen lohnt es sich, auf die letzte Szene zu achten!

47.
Bleiben Sie bei der Besprechung stets ganz nahe am Text. Achten Sie darauf, dass Eigenschaften der Hauptperson nicht dazu führen, dass der Autor auf sie festgelegt wird. Das behindert den kreativen Prozess.

Texte sind, auch wenn sie in der Ich-Form vorliegen, deshalb noch lange nicht automatisch autobiographisch – sie repräsentieren stets nur einen Teilaspekt der inneren Bilderwelt (s. das Kapitel 9 über die »Inneren Gestalten«!). Aber es gilt auch, umgekehrt, dass jeder Text, und sei er noch so sachlich oder abstrakt, stets etwas mit der Person zu tun hat, die ihn schrieb.

48.
Vergleichen Sie Anfang und Ende eines Textes, der vorgelesen wurde. Welche »Reise« hat der Schreiber dabei zurückgelegt, in welcher emotionalen Verfassung fing er / sie den Text an, was veränderte sich – und wohin veränderte sich der Text?

49.
Oft findet der Urheber selber keinen passenden Schluss für den Text, oder es stellt sich überhaupt kein Schluss ein. Hier bietet es sich als sehr fruchtbare Möglichkeit an (auch zur Förderung des Gruppenprozesses), die anderen Teilnehmer den Text zu Ende fabulieren zu lassen (s. auch das nächste Kapitel über »Schreib-Werkstatt«).

Interessanterweise fällt in *dieser* Situation dem Schreiber des Textes dann meist selber auch noch ein brauchbarer Schluss ein.

17 In der Schreib-Werkstatt

Der Schriftsteller gilt als »Einzelkämpfer« in seinem Elfenbeinturm oder zumindest am Schreibtisch. Dass dies keineswegs so sein muss, sondern dass es sich beim »einsamen« Schreiben nur um einen modernen Spezialfall der Autorenexistenz handelt, zeigen sowohl die Vergangenheit als auch eine neue Form des Schreibens in der Gegenwart.

Die moderne Variante des geselligen Schreibens kommt aus Amerika und nannte sich ursprünglich »creative writing«. Bei uns wurden daraus die »Schreib-Seminare« und die »Schreib-Werkstätten« – je nachdem, ob der Leiter der Veranstaltung von der Universität kommt oder von der mehr praktischen Seite, etwa einer Zeitungsredaktion, aus dem Lehrerberuf oder – wie der Autor dieser Zeilen – von der Psychologie.

In den USA fanden sich schon vor Jahrzehnten schreiblustige Laien in kleinen Gruppen zusammen und lernten von einem »Profi«, meist einem bekannten Schriftsteller oder Dichter, in »Writers Workshops« die Grundregeln des schriftlichen Erzählens.

Eine andere Wurzel der Schreib-Werkstätten ist ein vergleichsweise neuer Zweig der Psychotherapie: die Schreib-Therapie (auch »Poesietherapie« genannt).

Der Unterschied zwischen beiden Verfahren liegt vor allem darin, auf welche Aspekte des Schreibens man den Akzent setzt: mehr auf die literarischen Qualitäten oder mehr auf die therapeutischen Qualitäten eines Textes bzw. der Herstellung eines Textes.

Themenzentrierte Gruppenarbeit mit TZI

In meinen eigenen Seminaren steht zunächst – wie weiter oben schon im Detail ausgeführt – die Selbsterfahrung im Mittelpunkt, also das »Sich im Schreiben kennen lernen«. Wie ich gleich noch anhand eines praktischen Beispiels im Detail erläutern werde, beginne ich zunächst mit einer längeren Phase der Meditation, manchmal mit Musik, die den Einstieg in das jeweilige Thema sehr erleichtert; im späteren Verlauf des Seminars werden auch die mehr handwerklichen und schließlich ästhetisch-literarischen Aspekte wichtig (Überarbeiten, Vorlesen, Diskutieren der Texte). Großen Wert lege ich auf die Beachtung der Gruppendynamik und des Gruppenprozesses, wobei mir die von Ruth C. Cohn entwickelte Methode der »ThemenZentrierten Interaktion (TZI)« sehr hilft.

Zur TZI hier nur so viel:

Ob in der Familie oder im Arbeits-Team, die Gruppe und ihre Geschichte definieren weitgehend auch unser Leben als Individuum, selbst wenn jemand als Eremit oder als »Single« aus dem Familien- oder Zweckverband ausschert.

Reflektierendes Nachdenken über die Gruppen, denen man angehört, ist ein vergleichsweise spätes Phänomen, ganz im Gegensatz zur jeweiligen individuellen Befindlichkeit, die schon vor Jahrtausenden Gegenstand der kritischen Selbstbeobachtung war.

Auch die Beeinflussung von Gruppen, etwa zur politischen Steuerung, geschieht sogar heute noch weitgehend unreflektiert und unbewusst, ist vielleicht gerade deshalb bei manchen Führergestalten mit so ungewöhnlichen Erfolgen gekrönt.

Ruth C. Cohn, die als Begründerin der ThemenZentrierten Interaktion (TZI) gilt, spricht von der Dynamischen Balance, die der Leiter einer solchen Gruppe jeweils herstellen sollte. Dabei muss er sein Augenmerk richten

- sowohl auf den Inhalt (»Thema«) und seine gemeinsame Bearbeitung (er wird deshalb gerne als »Hüter des Themas« apostrophiert)
- wie auch auf die einzelnen Teilnehmer (»Ich«)
- und schließlich auch auf den Gesamtprozess, den diese Gruppe durchläuft (»Wir«), sei es im Verlauf einer einzelnen Sitzung, eines Wochenendes, eines mehrtägigen Workshops oder einer über mehrere Jahre laufenden Gruppe zu Zwecken der Ausbildung.

Erste Ansätze zu dem neuen Verfahren gelangen der ehemaligen Psychoanalytikerin Cohn während eines Ausbildungs-Seminars für Kandidaten der Psychoanalyse in New York. Thema des Workshops waren die Gegenübertragungen der angehenden Therapeuten auf ihre Patienten – ein heikles Thema, das man damals gern vermieden hatte. Dabei wurde deutlich, wie fruchtbar es für ein Gruppengespräch wird, wenn der Gruppenleiter (in diesem Fall Ruth Cohn) sich selbst vorbildhaft mit eigenen Erfahrungen in das Geschehen einbringt. Die Vorbild-Funktion des Leiters wird in der TZI groß geschrieben. Sie führt dazu, dass er nicht, wie sonst üblich, außerhalb der Gruppe bleibt, sondern vor allem – auch emotional – stets Teil der Gruppe ist. Zentraler Gedanke und zugleich Eckstein der Methode ist die Herstellung einer Dynamischen Balance zwischen den einzelnen Komponenten einer Gruppe:

»Dynamische Balance bedeutet, in jeder Gruppe drei Grundelemente als gleich gewichtig zu beachten: das Ich, die eigenen Gefühle, Gedanken, Bedürfnisse; das Wir, also die Interaktion in der Gruppe; und das Es, die Aufgabe, um die es in der Gruppe geht. Diese drei Bezugspunkte habe ich im TZI-Symbol zu einem gleichseitigen Dreieck angeordnet, um damit auszudrücken, daß die Arbeit von Menschen und ihre Beziehungen untereinander nur dann befriedigend und sinnvoll sein können, wenn diese drei Dinge gleichgewichtig behandelt werden. Als vierter wichtiger Faktor kommt der Globus hinzu, die das Dreieck umhüllende Kugel: Damit will ich veranschaulichen, daß ein Gruppenprozeß nur dann realitätsgerecht sein kann, wenn die Menschen in der Gruppe nicht ihre soziale, physikalische, kosmische Umgebung und deren Probleme aus den Augen verlieren« (Cohn 1979, S. 24).

Diese Balance geht naturgemäß immer wieder verloren und muss immer wieder neu angestrebt werden. Dem Leiter und den anderen Teilnehmern helfen dabei einige Spielregeln, über deren Beachtung man sich zu Beginn einer Gruppe einigt. Wesentlich ist die sog. Störungs-Regel. Sie besagt, dass jemand, der aus irgendwelchen äußeren (z. B. Konflikt mit einem anderen Mitglied der Gruppe) oder inneren Gründen (z. B. Schmerzen) nicht optimal am Gruppengeschehen teilnehmen kann, dieses Gestörtsein äußern sollte. Akute Störungen lassen sich auf diese Weise meist erstaunlich leicht beheben; chronische Störungen hingegen gehören in der Regel in therapeutische Spezialbehandlung.

Vielfalt der Seminare

Wahrscheinlich gibt es ebenso viele Arten von »Schreib-Werkstätten«, wie es Anbieter und Anbieterinnen solcher Seminare gibt. Und das ist auch richtig so, denn die Kursteilnehmer sollen ja die Chance haben, aktiv schreibend die ihnen selbst gemäße Ausdrucksform zu finden.

Im Juni 1987 lud die »Evangelische Akademie« in Tutzing zu einer Tagung »Kreatives Schreiben« ein, bei der sich 45 Frauen und Männer trafen, von denen der größte Teil selber Schreib-Seminare oder eine »Schreib-Werkstatt« anbietet. Wer es selber mal probieren will: Aus der Tutzinger Tagung ist eine Adress-Liste entstanden, mit bisher einem halben Hundert Anschriften von Leuten, die im deutschsprachigen Raum (D-A-CH) solche Veranstaltungen anbieten. (Kontakt-Adresse: Jürgen vom Scheidt, Postfach 44 02 38 / D-80751 München. – Bitte € 1,53 in Briefmarken beilegen.)

Während es bei den bisher erwähnten Seminaren und Werkstätten mehr um das Moment der Selbsterfahrung und Persönlichkeitsentwicklung geht und die literarische Seite meist an zweiter Stelle berücksichtigt wird, mit eher gedämpften Ambitionen in puncto Publikation der Texte, legt eine Reihe anderer Einrichtungen das Schwergewicht mehr auf die Erzeugung von richtiger »druckreifer« Literatur, wenn auch zunächst eher abseits vom sonstigen Literatur-Betrieb, den die Feuilletons der Zeitungen und Magazine betreuen: die »Literatur-Büros« und »Literatur-Werkstätten«.

Seit den 80-er Jahren sprießen sie allerorten wie Pilze nach dem warmen Regen aus dem Erdboden; der »warme Regen« stammt meist aus dem Kulturreferat der betreffenden Stadt.

Fünf Schritte zu kreativem Schreiben

Was ist beim Schreiben in einem Seminar oder einer »Schreib-Werkstatt« wesentlich? Der kreative Prozess, der dabei abläuft, lässt sich in folgende Schritte gliedern:

1.
Spontaner Einfall. Hierbei scheint, ähnlich wie beim Träumen, ein schöpferischer Kompromiss zwischen den Ansprüchen der Innenwelt des Schreibenden und seiner Umwelt vorzuliegen, der zunächst einmal phantasierend und symbolisierend gestaltet wird; Sigmund Freud nannte dies »Probehandeln«. Im Seminar lässt sich die Spontaneität – und damit die Kreativität überhaupt – durch die verschiedensten Methoden fördern, z. B. durch Meditation oder ein »GeKO« (Beschreibung s. unten).

2.
Niederschreiben des ursprünglichen Einfalls und dafür sorgen, dass weitere Einfälle, Gedanken, Gefühle und vor allem Bilder nachfließen. Hierfür gibt es nichts Anregenderes als einige andere Menschen, die ebenfalls an ihren Texten arbeiten.

3.
Beim anschließenden Vorlesen der frischen Texte geht dann das Wechselspiel von Innen und Außen weiter. Die Reaktionen des Publikums sind eine wichtige Hilfe bei der (Selbst-)Erfahrung: »Werde ich verstanden mit dem, was ich da geschrieben habe?«

Eine Antwort auf diese zentrale Frage bekommt man direkt, spontan und sofort nur in einem Seminar. Dazu ist es allerdings wichtig, dass zuvor eine Atmosphäre des Vertrauens und der Selbstsicherheit in der Gruppe entstanden ist. Diese zu erzeugen (besser: sie nicht zu verhindern) gehört zu den wesentlichen Aufgaben des Seminarleiters.

4.
Die Überarbeitung der Rohfassung ist die nächste Phase. Sie kommt allerdings in vielen Schreib-Werkstätten wegen der be-

schränkten Zeit, die zur Verfügung steht, nicht recht zum Zuge. Sie ist das, was man üblicherweise als die eigentliche »literarische Arbeit« bezeichnet.

Einen Text überarbeiten kann man – und wird man notgedrungen – meist zu Hause, also allein. Aber auch dies geht, erfahrungsgemäß, in der »Werkstatt«, zusammen mit anderen Menschen, wesentlich besser.

Hierbei wird über das Moment der Selbsterfahrung hinaus (das ja beim Schreiben immer gegeben ist) die eigentliche therapeutische Wirkung sichtbar. Die Bearbeitung des Rohtextes zwingt zum genauen Überdenken des Themas, des Inhalts, der Sprache. Das »treffende Wort« zu finden kann zur Mühsal werden. Hierbei wird auch das zugänglich, was man in der Psychotherapie »Widerstand« nennt: die (unbewusste) Weigerung, verdrängtes Material zum Vorschein kommen zu lassen. Die Bearbeitung und der – äußerst behutsame und allmähliche – Abbau solcher Widerstände ist der zentrale Inhalt jeder richtig verstandenen Therapie und wohl auch jedes kreativen Prozesses. Therapie aber ist kreatives Geschehen par excellence.

Sehr ergiebig sind hierbei die »Fehler«, die jemand macht – ganz im Gegensatz zur herrschenden Meinung! Äußert sich doch hier das Unbewusste, werden hier doch bislang verdrängte Inhalte zugänglich. Ein klassisches Beispiel, das Freud in seiner »Psychopathologie des Alltagslebens« zitiert: »Etwas ist zum Vorschwein gekommen ...« (nämlich eine »Schweinerei«).

Es ist dies wahrscheinlich der Grund, weshalb Schreiben so ungemein befreiend wirken kann: wenn man nämlich das treffende »Zauberwort«, das passende Bild, das anschauliche Symbol, die richtige Metapher, den stimmigen »Ton«, ja den eigenen Stil endlich gefunden hat.

5.

Und dann die Veröffentlichung in gedruckter Form, als Krönung der Bemühungen. Hier wird übrigens ein weiterer wesentlicher therapeutischer Effekt des Schreibens wirksam, der leider ebenfalls viel zu wenig, oft auch gar nicht beachtet und vor allem nicht bewusst eingesetzt wird: Publizieren heißt, sich den eigenen narzisstischen Bedürfnissen zu stellen, auch ein Stück »Größenwahn« zu zeigen – und diesen damit einer Gestaltung (d. h. aber immer auch: einer Aufarbeitung) zugänglich zu machen, vorausgesetzt, man wünscht dies.

Es gibt also, dies zusammenfassend, eigentlich drei verschiedene kreative bzw. therapeutische Prozesse beim Schreiben in einer »Werkstatt«, die – auf höchst komplexe Weise ineinander verschlungen – gleichzeitig ablaufen:

1. den psychisch-geistigen Prozess im schreibenden Individuum;
2. das sprachliche Geschehen (mit vielen kollektiven Anteilen: Schrift, Symbole usw.);
3. den Gruppenprozess, mit all seiner Dynamik.

(Auf einen weiteren Aspekt, nämlich die Kritik von außen, will ich hier nicht eingehen.)

Verlauf eines Seminars

Damit dies alles nicht zu abstrakt bleibt, sei hier noch der Ablauf eines Seminars skizziert:

Freitagabend
Begrüßung und kurze theoretische Erläuterung, worum es im Seminar – über den knappen Text des Angebots im Programm hinaus – geht. Danach schlage ich vor, für fünf Minuten die Augen zu schließen und anschließend einen kleinen Text zu schreiben, der mit den Worten anfängt: »Ich bin …« Das Thema wirkt sehr intensiv und löst bei den Teilnehmern entsprechende Reaktionen aus, die in die Texte einfließen. Allen gelingt der Einstieg ins Schreiben.

Die Texte werden vorgelesen – die Teilnehmer geben damit gewissermaßen ihre »Visistenkarte« ab; in dieser Sitzung bitte ich, dass *alle* vorlesen; später ist dies natürlich freiwillig.

Samstag

Beginn mit einer Meditation bei unaufdringlicher Musik; es soll ein Wort gefunden werden, das zum Zentrum eines »*Clusters*« wird. Dabei schreibt man in die Mitte eines großen Blattes ein Stichwort und entwickelt – von dort ausgehend und immer wieder dorthin zurückkehrend – Assoziationsketten*; aus dem Ganzen gestaltet man dann anschließend einen Text. Dies ist eine ungemein ergiebige Form des Brainstormings, das sich auch für berufliches Schreiben sehr gut nützen lässt.

Die Texte werden anschließend in Kleingruppen vorgelesen und diskutiert, damit leichter eine Atmosphäre des Vertrauens entsteht und die Texte besser und intensiver zur Geltung kommen.

Wie alle folgenden Tage ist auch der Samstag in zwei große Blöcke gegliedert: einer am Vormittag und einer am Nachmittag / Abend. Diese Blöcke haben in der Regel denselben dreiteiligen Rhythmus von Meditation, dann rund eine Stunde Schreiben (auch dieser Zeitraum unterliegt keinem Zwang) und dann, nach einer Pause, Vorlesen der Texte.

Am Nachmittag lege ich ein grünes Halstuch in die Mitte des Raumes: »Was könnte darunter verborgen sein?« Ein Teilnehmer baut dieses Motiv des »geheimnisvollen grünen Tuchs« an zentraler Stelle in das Märchen ein, das er im Verlauf des Seminars ersinnt.

Sonntag

Wir beginnen den Morgen mit einer Partnerübung (Rückenklopfen) und einer Körper-Meditation, in der die Sensibilität für die verschiedenen Teile des Körpers und ihre Rolle beim Schreiben

* In der ursprünglichen Version von Gabriele Rico enthält der *Cluster* nur einzelne Stichworte, aus denen im Nachhinein ein Text geschaffen wird. Ich hingegen habe die Erfahrung gemacht, dass es ergiebiger ist, statt einzelner Worte gleich ganze Sätze oder kleine Textpassagen zu schreiben – ich nenne das »Text-Entfaltung« oder »Gedanken-Ketten-Organisation (GeKO)«. Schreibt man diese Gedankenketten anschließend hintereinander ab, so wie sie jeweils entstanden sind, erhält man bereits einen richtigen Text, nicht selten von sehr poetischer, jedenfalls origineller Form (Beispiel s. S. 223).

herausgearbeitet wird: von der Hand, die schreibt, über das »Sitzfleisch« bis zu den Füßen, die den »Bodenkontakt« halten, nicht zu vergessen das richtige Atmen.

Später eine Phantasie-Übung: einen »Text auf eine Wand sprayen«. Das nächste Thema lautet »Mein erster Schultag« und soll die Verbindung mit den frühesten Schreib-Erfahrungen wiederherstellen, in denen in der Regel auch die typischen Formulierungsschwierigkeiten ihre Ursache haben. Dieser Text wird ausnahmsweise – um die Schreibbewegung zu verlangsamen und das Erinnern zu fördern – mit der linken, also der schreibungewohnten Hand verfasst.

Montag
Es gibt schon einen regelrechten »Stau« von noch nicht vorgelesenen Texten. Deshalb an diesem Tag vor allem Vorlesen, allerdings in Kleingruppen; dies erleichtert vor allem den Schüchternen das Zeigen der Texte. Am Nachmittag Aufschreiben und Ausgestaltung von eigenen Träumen.

Dienstag
wird zum »Märchen-Tag«. Ausgehend von einer Meditation über einen Traum (jeder Teilnehmer hat einen mitgebracht oder im Verlauf der Seminarnächte geträumt) werden die dort gefundenen Einfälle, Bilder und Szenen zu erfundenen Geschichten ausgestaltet, vor allem zu Märchen.

Mittwoch
Eine gelenkte Phantasie mit den Elementen »Ein Weg – eine Gestalt begegnet mir – ich kann ihr eine wichtige Frage stellen – ich bekomme eine Antwort«.

Einer der Teilnehmer organisiert einen Bunten Abend mit Lesung, bei der neue und alte Texte vorgetragen werden.

Donnerstag
Jede(r) liest für sich noch einmal sämtliche Texte durch und zieht einen charakteristischen Satz heraus. So entsteht ein Fazit des Seminars für jede(n). Diese neuen Texte werden der Reihe nach vor-

gelesen. Das Abschluss-Thema heißt wegweisend: »Was nehm ich mit – was lass ich hier?«

Dann der Abschied. Es sind von den zwanzig Teilnehmer(innen) in diesen Tagen rund 200 Texte geschrieben worden – eine reiche Ernte.

18 In memoriam Edgar Allan Poe.T*

Poet

Ich bin ein Poet ... Wie klingt das für mich?

Was ist das – ein Poet?

Der »Arme Poet« ist ein mir vertrautes Bild. *So* will ich nicht sein. Schließlich habe ich Verantwortung. Drei unmündige Kinder ... Nur ein Klischee? Um eine Ausrede zu haben – nicht Poet sein zu müssen –?

Ganz anders klingt da für mich das Wort: *Poesie.*

Der Poet steht. Fest und unverrückbar. Ein kaputter Typ zwar, aber in seiner Kaputtheit starr und steinern. Hart wie das »t« an seinem Ende.

Ganz anders die Poesie. Sie ist leicht, luftig, fließend. Wie das »sie« am Schluss, das sich locker dahinschlängelt, ein Fluss in arkadischer Landschaft.

Die Worte fließen. Die Sätze. Die Sprache. Mein ganzes Leben ein Text, der fließt, unaufhörlich. Ein Fließtext, Flusstext, der sich überschlägt in Stromschnellen und dann hinunter die Katarakte, in Wasserfällen seine Fülle senkrecht ausspannt, dann wieder träge dahinströmt, weiter unten, dem Meer zu, fast still stehend in toten Nebenarmen. Dann schließlich einmündend in das ungeheure Meer der Sprachwelt aller Völker und Zeiten.

Aus diesem weltumspannenden Sprachmeer steigen, unter der

* GeKO, ausgehend vom Stichwort »Poet« (s. auch S. 220).

Strahlkraft der Geistsonne, Teile der Bilder- und Gedankenflut wieder empor, die der Traummond um den Globus kreisen lässt, hebt, senkt, Flut und Ebbe – steigen die Partikel meiner Sprache, *der* Sprache, steigen die Buchstaben erneut auf, verdichten sich zu Worttropfen, Satznebeln, Textwolken. Regnen ab über Wüsten, Steppen, Wäldern, Gebirgen, Prärien, Savannen …

Fallen ein durch Augen, Ohren, durstige Münder. Machen trunken, berauschen. So manchen. Poesie der Sprache.

Wo war sie, die Sprache, ehe es Menschen gab, mit Bewusstsein?

Poet

Ganz anders die »Poetry«. Da fließt nichts mehr, jedenfalls nicht so ohne weiteres. Da wird gedichtet, verdichtet. Handwerk. (So jedenfalls meine Phantasie davon.)

Spannungsreichtum. Vom harten Endkonsonanten das Weiterrollen ins End-»r«. Ausmünden ins Ungewisse des geheimnisvollen Ypsilon.

PO – E – try – POE – a – tree

Like a Rrrolling Stone

Blues: Trauer, mit Wut gemischt.

I'm goin' / Don't no where to go / But I'm goin'

Poet

Poe.T

Edgar Allan Poe / Says the Raven: Nevermoe

Opium und Wein.
Tuberkulose. Schwindsucht.
Ein Poetenleben schwindet dahin, ganz unpoetisch.

Ein Mensch, der zerbrochen durchs Leben taumelt, Halt nur findend in der Sprache, im Schreiben, den Qualen nur stundenweise in die Laudanumnebel entfliehend.

Hinab in den Mahlstrom.
Aber kein leeres Amontillado-Fass lädt ein, aus dem Wirbel nach oben zu reiten.
Ab-grund
Ab-sturz

Ein Ende mit Siechtum und Schrecken, in den Folterkammern der Inneren Inquisition.
Zerrissen auf der Streckbank des Lebens.
Sein eigener Quälgeist und Henker.

Hätten da Therapeuten geholfen?
Wer weiß es.
Wer wagt es, das Ja oder Nein zu begründen.
Da sind keine Gründe, da ist kein Grund.
Wo doch auch Therapeuten nichts als ein dünnes Brett über die Abgründe legen – fremde wie eigne

Requiescat in pace
Edgar Allan Poe.T
RIP-EAP.T

Poe.T
Says the Raven: Nevermoet

Poet

Ich, Poet

Bast Rast Mast Last
Ast passt fasst hasst
Prasst
Lava Nil
Up, up and away
Says the Poe.T:
Evermore am I goin'
Don't know where to go
But I am goin'
I'm a Rolling Stone
I'm a stoned poet
I'm astonished.
Ah, Poe.T,
Knockin'with a Raven's Hammer
Edgar Allans Golden Nuggets
Out of Sea of Words.
Of Neverending me text you text our text
oh –

Poet

Eine Karikatur für mein neues Buch über das Schreiben:

Der »arme Poet« mit der Tastatur eines 386er-PC auf den Schenkeln. Der Monitor am Fußende des Bettes aufgebaut, darauf deutlich sichtbar die Worte:

»Go, Poe.T, go!«

Und an der Wand ein selbst gewebter Teppich aus biologisch-dynamischen Hanffasern mit der Inschrift:

»Are You certain?
Sind Sie sicher?«

»Ja«, tippt Poe.T ein, »heute bin ich mir sicherer denn je, so wie ich damals unsicher über den Abgrund lief, stürzte, nach dem dünnen Brett des Therapeuten haschend

Am kleinen Finger der linken Hand zog er mich hoch. Den Poe.T. ließ ich stürzen. Jahre später sah ich ihn, zu meinem Erstaunen, auf einem leeren Kongo-Gras-Fass

Hochreiten in der Gischt des Katarakts von Samarkand nach O'Thar.
Lutschend am Leuchtstift, der nächtens die Träume erhascht

Poesie.
Oder nie

Schreib du ein kürz'res Gedicht.
Ich kann es nicht.«

19 Strudel im Fluss der Kreativität

Als die hispanische Schriftstellerin Sandra Cisneros ihren Erzählungsband »Kleine Wunder« schrieb, bedurfte sie selbst eines solchen Wunders: Mitten in der Arbeit befiel sie eine Schreiblähmung – und nichts ging mehr. Sie half sich auf eine in früheren Zeiten auch bei uns völlig normale, inzwischen jedoch ziemlich verloren gegangene Weise: Sie betete zur Heiligen Jungfrau, stiftete ihr Kerzen und versprach eine Pilgerfahrt zu einem Heiligtum in ihrer mexikanischen Heimat.

Gebet und Gelöbnis halfen. Ihre Lektorin soll über dieses Verfahren fassungslos den Kopf geschüttelt haben. Dazu kann ich nur anmerken: Was hilft – hilft!

Aber was kann jemand machen, der keinen solchen Kontakt mehr zu seinen religiösen Wurzeln hat?

In diesem Buch war immer wieder vom kreativen Prozess und seinen Blockaden die Rede und wie man diese Blockaden auflösen kann. Zum Abschluss möchte ich diese Gedanken noch einmal aufnehmen, bündeln und systematisch weiterführen.

Zunächst ein paar grundsätzliche Beobachtungen zum kreativen Prozess und seinen Gesetzmäßigkeiten. In der Arbeit mit vielen Teilnehmern von über 500 Seminaren seit 1978 und während vieler Einzelberatungen hat sich gezeigt, dass es wirklich so etwas wie eine »Naturgesetzlichkeit« des kreativen Prozesses gibt und dass dieser an drei Stellen besonders gefährdet ist: am Anfang, in der Mitte und am Schluss.

Wie bei den Strudeln in einem Fluss sollte man auf diese gefährlichen Stellen besonders achten. Sie stellen Krisen des kreativen Prozesses dar – und Krisen sind stets Gefahr ebenso wie Chance.

Genau genommen gibt es nicht *die* Blockade der Kreativität (speziell auch als Schreib-Blockade bzw. »*writer's block*«), sondern es gibt deren eine ganze Reihe. Diese Blockaden sind sich zum Teil ähnlich (weil sie ähnliche Ursachen haben), aber es gibt doch auch deutliche Unterschiede.

Doch zunächst lohnt sich eine genauere Betrachtung, was konkret geschieht, wenn jemand kreativ wird. Dazu sollten wir unterscheiden, dass Kreativität einen Außenaspekt hat (die Notizen z. B., die man auf Papier festhält) und dass es einen Innenaspekt gibt (die Gedanken, die man hat, die Einfälle während eines Brainstormings usw., die geistige Struktur des entstehenden Textes).

Ein Beispiel: Jemand soll eine Abschlussarbeit über ein Projekt schreiben. Blockade. Ärger über eine Mitarbeiterin, die die Gruppe für ihre Privatbedürfnisse missbraucht hat. Dieser Ärger, in der Beratung ausgegraben, zieht weitere Erlebnisse mit anderen Leuten mit sich. Dann Freude über die Arbeit mit den betreuten Kindern. Die Einfälle beginnen zu fließen, nachdem der anfängliche Ärger zugestanden worden ist. Diese Blockade möchte ich, nach ihrem Opfer, »Jannas Dilemma« nennen. Andere Blockaden nenne ich »Die Maus in der Falle«, »Scheitern am Erfolg«, »Lampenfieber« usw. Die meisten haben allerdings keinen Namen. Betrachten wir sie näher, und schauen wir, was sich jeweils gegen die Blockade tun lässt.

Ein Dutzend möglicher Ursachen von »writer's block« – und wie solche Schreib-Blockaden abgebaut werden können:

1.
Der Autor ist – wie häufig der Fall – unter Termindruck oder anderem Stress (meistens wird ja an mehreren Themen gleichzeitig gearbeitet). Zu viel Druck blockiert leicht den Fluss der Einfälle.
Lösung der Blockade:
Hier kann Schreiben mit dem Computer und vor allem spezielle Software wie »Plots Unlimited« (A. Weingarten) und »Collaborator« (Feighan) entlasten und anregen sowie einen mehr spielerischen Umgang mit der Kreativität lehren. Auf Dauer noch hilfreicher dürfte eine organisch gewachsene eigene Ideen-Datenbank sein (und der allmähliche Abbau des Termindrucks).

2.
Man strebt einem – viel zu hohen – Ideal der Perfektion nach und merkt dabei nicht, wie dies die Kreativität beeinträchtigt. Der kreative Prozess ist vor allem in seiner Anfangsphase eher chaotisch und durch »Fehler machen« bestimmt (nur so entstehen neue Ideen). Werden »Fehler« in dieser frühen Phase zu sehr vermieden, verliert das Unbewusste die Lust am Spielen und Fabulieren. Der Strom der Einfälle versiegt.
Lösung der Blockade:
So mancher Profi setzt hier den Alkohol als »Lösungsmittel« ein. Das mag kurzfristig helfen – auf Dauer ist es sinnvoller, einen mehr spielerischen Umgang mit der Kreativität zu üben und vor allem die Gesetzmäßigkeiten des kreativen Geschehens besser zu verstehen. Seminare des *»Creative Writing«*, speziell das »Schreiben in der Gruppe«, können in dieser Hinsicht gerade den Profi noch manches lehren, was er nicht kennt.

3.
Das Thema ist noch nicht ausreichend recherchiert.
Lösung der Blockade:
Da hilft weder ein Angebot von »tausend möglichen Plots« in Weingartens »Plots Unlimited« noch *»Creative Writing«*, sondern nur weiteres Recherchieren – vielleicht unter einem neuen Blickwinkel?

4.
Das Thema ist über-recherchiert, und die Fülle des fremden Materials verstopft gewissermaßen den Fluss der eigenen Kreativität.
Lösung der Blockade:
Hier empfehlen sich bestimmte meditative Techniken und Methoden des *»Creative Writing«* wie *»Cluster«* und »GeKO«.

5.
Das Thema ist zu »heiß« und verwirrt den Autor. Dies ist oft unbewusst und blockiert deshalb umso mehr. Beispiel: Ein frisch geschiedener Journalist wird sich vermutlich schwer tun, locker über das Thema »Scheidung« zu schreiben.

Lösung der Blockade:
Abstand gewinnen – durch Gespräche mit Freunden, Experten oder auch durch einige Sitzungen blockadezentrierter Beratung bei jemandem, der genügend Erfahrung mit Schreiben hat.

6.
Auch wenn ausreichend recherchiert wurde und der emotionale Abstand zum Thema stimmt, kann es zu einem massiven *»writer's block«* kommen, wenn im Unbewussten des Autors die geistige Struktur des Themas noch nicht genügend ausgereift ist. Diese Struktur entsteht durch die allmähliche Integration der Fremdinformationen aus den Recherchen in die eigene Lebenserfahrung und Persönlichkeitsstruktur.
Lösung der Blockade:
Ähnlich wie bei 4. sind hier meditative Techniken und *»Cluster«* bzw. »GeKO« oder auch Tony Buzans *»Mind Mapping«* angezeigt.

7.
Eine Variante hiervon findet man bei vielen Studenten, die an einer Diplom- oder Doktorarbeit arbeiten, deren Thema zu eng mit der eigenen Lebensgeschichte verbunden ist. Ein Psychologe, der seine eigene Geschwisterproblematik noch nicht ausreichend geklärt und bewältigt hat, tut sich schwer, darüber eine Dissertation zu verfassen.
Lösung der Blockade:
Einer der dankbarsten Fälle (und vergleichsweise leicht zu knacken). Hier kann gezielte Beratung innerhalb weniger Sitzungen (mit aktiven Schreib-Phasen) rasch wahre Wunder wirken. In hartnäckigen Fällen kann allerdings auch eine regelrechte Psychotherapie angezeigt sein.

8.
Es gibt bei Autoren, Journalisten und anderen Schreib-Profis auch ausgesprochene »Pubertäts-Begabungen«, deren innerer Antrieb sich irgendwann auswächst; doch da steckt man dann längst mitten im Berufsleben und kann nicht mehr so leicht aussteigen. Auch dies führt irgendwann mit ziemlicher Sicherheit zu einer massiven

Blockade, nicht selten im Zuge der ohnehin fälligen Sinn- und Lebenskrise in der Lebensmitte.
Lösung der Blockade:
In diesem Fall müssen die inneren, unbewussten Zusammenhänge geklärt werden (Beratung, Therapie).

9.
Außerdem gibt es noch die Möglichkeit, dass jemand (»vom Kopf her«) meint, schreiben zu müssen – aber vielleicht in der Tiefe seines Wesens viel lieber malen oder tanzen oder einen anderen Ausdruck finden würde. Dies konnte ich sogar bei Profis beobachten, die ein ganzes Berufsleben lang über mehr oder minder sachliche Themen geschrieben haben (die sie persönlich wenig tangierten) und die sich nach der Pensionierung endlich einen Wunschtraum erfüllen und (z. B.) »den Roman ihres Lebens« verfassen wollen. Eine Blockade kann hier in der Tat bedeuten, dass im Innersten gar kein Wunsch nach weiterem Schreiben besteht, sondern vielmehr das Bedürfnis nach »Ausleben« der unerfüllten Wünsche.
Lösung der Blockade:
Da hilft dann wohl keine Beratung und auch keine Therapie, sondern nur die Einsicht in die tieferen (unbewussten) Zusammenhänge und notfalls das Aufgeben des Wunsches (was u. U. mit langer, intensiver Trauerarbeit verbunden ist).

10.
Ein sehr häufiges Problem, das zu einer typischen Blockade führt, ist Einsamkeit. Viele Autoren sind in der Jugend zum Schreiben gekommen, weil sie darin eine Möglichkeit sahen, Kontaktschwierigkeiten (speziell zum anderen Geschlecht) dadurch auszugleichen, dass sie »mit sich selbst« in Kontakt traten – im Tagebuchschreiben zunächst, dann mehr und mehr im professionellen Schreiben. Prekär ist dabei nur, dass die ursprüngliche Problematik, nämlich die Kontaktschwierigkeit und mit ihr die Einsamkeit, regelrecht »festgeschrieben« werden.
Lösung der Blockade:
Hier hilft oft nur entsprechende Beratung oder Therapie. Ähnliches gilt für die folgenden Blockaden:

11.
»Scheitern am Erfolg« nannte Sigmund Freud ein merkwürdiges Verhalten, das gerade hochbegabte Menschen zeigen. Beim Schreiber äußert es sich nicht selten darin, dass zwar der Text geschrieben und druckreif gestaltet wird – dass dann aber massive Bedenken, ja Ängste auftreten, ob er dem kritischen Blick des Lesers oder Redakteurs standhalten wird.

Bei manchen Leuten nimmt diese Blockade die eigenartige Form an, dass sie glauben, kein oder nur (zu) wenig Geld für ihre schriftstellerische Leistung annehmen zu dürfen. Das ist deshalb schwierig, weil ein Honorar nun einmal eine Art Gradmesser für Erfolg und Qualität ist – und oft das einzige Feedback, das jemand für seinen Text bekommt.

Lösung der Blockade:
Gegen solche Skrupel hilft manchmal, einen »Inneren Dialog« mit der kritischen Instanz im eigenen Inneren zu beginnen. Nicht selten sind es Vater oder Mutter oder ein Großelternteil, ein Lehrer, ein Chef, die man erst einmal lokalisieren, dann neutralisieren muss, indem man sie »beschreibt«.

12.
In eine ähnliche Kategorie gehört das, was Schauspieler als »Lampenfieber« bezeichnen. Es handelt sich dabei um nichts anderes als Begleiterscheinungen von Stress (erhöhter Adrenalinausstoß der Nebennieren), der völlig normal und sinnvoll ist. Problematisch wird es jedoch, wenn das »Lampenfieber« sich gewissermaßen selbständig macht und neurotische Formen annimmt.

Lösung der Blockade:
In solchen Fällen kann ein verhaltenstherapeutisches Training helfen – oder der schon erwähnte schriftliche Dialog mit dem Störenfried im eigenen Inneren, in der Regel ein allzu ängstliches Inneres Kind, das gewissermaßen »bei der Hand genommen« werden möchte. Auch dies lässt sich weitgehend schreibend bewältigen – in Extremfällen s. oben. (Weitere Informationen auf meiner Website: www.iak-talente.de/Spass am Schreiben/Wir lösen Blockaden.)

Nachwort zur Klärung eines Missverständnisses oder: Selbsterfahrungstexte und Literatur

In den Feuilletons der führenden Zeitungen und Magazine wird das »*Creative Writing*« von Journalisten und Schriftstellern mit einer seltsamen Mischung aus Neugier und Ablehnung behandelt. Man freut sich auf der einen Seite, dass das eigene Interesse am Schreiben geteilt wird – und ist andererseits regelrecht entsetzt darüber, was für Texte da produziert werden. Ich denke, es ist an der Zeit, zur Kenntnis zu nehmen, dass es drei verschiedene Arten von Texten gibt, mit völlig unterschiedlichen Funktionen:

– Da sind zum einen Sachtexte, wie sie in jedem Beruf und natürlich besonders von den Profis verfasst werden. Ohne sie würde unsere *Zivilisation* zusammenbrechen, die in hohem Maße vom Austausch nicht nur mündlicher, sondern auch schriftlicher Mitteilungen lebt. Was wären zudem Schule und Universität ohne Lehrbücher, was die berufliche und private Fortbildung ohne Fach- und Sachbücher!

– Da sind zum anderen die belletristischen Texte, also Romane, Novellen, Kurzgeschichten, Dramen, Gedichte. Ohne sie würde unsere *Kultur* nicht mehr existieren.

– Inzwischen hat – noch kaum bemerkt – eine dritte Kategorie an Bedeutung gewonnen, die ich »Selbsterfahrungstexte« nennen möchte. Dazu gehörte bisher vor allem das intime Tagebuch und der private Briefwechsel. Durch die Ausbreitung des »*Creative Writing*« haben sich hierzu unzählige Texte gesellt, in denen Menschen auf vielfältige Weise ihre persönlichen Erlebnisse und Probleme durcharbeiten. Beispiele: der Pensionär, der seine Lebensgeschichte aufarbeiten möchte; oder die Studentin, die eine aufregende Reise ins Ausland nachgestalten möchte, ohne gleich ans Publizieren zu denken.

Solche und ähnliche Arbeiten stellen nach meiner Schätzung gut 95 Prozent der Texte dar, die in Schreib-Seminaren und in Literarischen Werkstätten entstehen.

Sie repräsentieren, ähnlich der *»Oral History«* (der mündlichen Überlieferung geschichtlicher Ereignisse), so etwas wie eine *»Binnen-Kultur* des Individuums auf der Suche nach sich selbst«.

Diese Art von Texten ist es, die bei kritischen Betrachtern regelrecht Bauchgrimmen verursacht – entziehen sie sich doch naturgemäß in vielen Fällen der gewohnten kritisch-ästhetischen Betrachtung. Was man den Urhebern dieser Texte dabei zum Vorwurf macht, ist nicht so sehr, dass sie ihre Texte schreiben (das wäre absurd), sondern dass sie auch noch die Frechheit haben, sie zu veröffentlichen!

Dieses Veröffentlichen geschieht in der Regel bei Lesungen und in Kleinstauflagen. Nun ist es allemal ein Problem, wenn private »Herzensergießungen« (wie das gelegentlich spöttisch genannt wird) an die Öffentlichkeit geraten. Viele Texte halten das einfach nicht aus. Was dabei gerne übersehen wird, ist dies:

Creative Writing hat viele Aspekte der Psychotherapie und der Selbsterfahrungsgruppe. Dort geht es ja gerade um die Mitteilung privater (und privatester!) Themen – nur eben (auch) in schriftlicher Form. Und nicht nur in mündlicher. Wenn man so will: Es geht ums Coming-out auch in diesem Bereich.

Ich halte dieses »Dingfest-Machen« der Themen und Inhalte für eine wesentliche Erweiterung der klassischen Form der Psychotherapie und Selbsterfahrungsgruppe, und zwar deshalb, weil im Mitteilen der konzentrierten schriftlichen Aussagen und vermehrt noch im anschließenden Bearbeiten der Texte weitere wesentliche selbsttherapeutische (und zugleich kreative) Prozesse ablaufen.

Dies müssen jedoch, trotz erster Überarbeitungsschritte, noch immer nicht »gute« Texte im Sinne von Literatur nach den üblichen Maßstäben sein. Dazu bedarf es eines intensiven weiteren Durcharbeitens: Die Texte sollen für den Leser, und natürlich erst recht für den Kritiker, möglichst »interessant« und »spannend« gemacht werden, über die Authentizität des Dargestellten hinaus. Diese Einführung eher handwerklicher Kriterien ist jedoch häufig gleichbedeutend mit einer künstlichen Verfremdung und damit Entfremdung – und läuft somit den Absichten von Therapie und Selbsterfahrung diametral zuwider. Dort kommt es ja gerade auf Abbau und Aufhebung von Entfremdung an!

Ich schlage vor, dass man die in Schreib-Seminaren entstandenen Texte ähnlich wie den »Offenen Brief« oder Leserbrief bewertet. Diesen kommt eine wesentliche Rolle in der demokratischen (und das heißt immer: »öffentlichen«) Kultur zu. Es käme aber niemand auf die Idee, diese Meinungsäußerungen gleich mit ästhetisch-kritischen oder literaturwissenschaftlichen Maßstäben zu messen.

Selbsterfahrungstexte dienen vorrangig der Persönlichkeitsentwicklung. Das schließt eine »Veredelung« zu belletristischen (literarischen) Texten oder zu Sach-Texten im obigen Sinne nicht aus. Wenn

– sich die Urheber solcher Texte daran erinnen, dass sie sich zunächst in einem »literarischen Niemandsland« bewegen;
– und wenn sich die voreiligen professionellen Kritiker daran erinnern, dass solche Texte zunächst vorrangig (selbst-)therapeutische Bedeutung haben;
– dann können die Selbsterfahrungstexte in aller Ruhe zu einer eigenständigen Form von, sagen wir »Proto-Literatur« gedeihen.

Ich kann hierzu aus 25 Jahren Erfahrung mit solchen Texten sagen, dass die Profis kaum Konkurrenz befürchten müssen aus den Reihen der »*Creative Writer*«. Die allerwenigsten dieser Selbsterfahrungs-Autoren (Hobby-Schreiber möchte ich sie nicht nennen – das ist noch einmal eine andere Gruppe) haben die Absicht, ihre Texte dem Licht der Öffentlichkeit auszusetzen. Und da tun sie gut daran, denn die Werkzeuge der literarischen Kritik sind – mit Recht – scharf und verletzen leicht. Es findet jedoch beim *Creative Writing* immer wieder jemand seine eigene Sprache und vor allem die literarische Sicherheit und – nicht zuletzt – »Besessenheit zum Schreiben«, auf die es ankommt, wenn man veröffentlichen und damit einem breiteren Publikum die eigenen Erfahrungen schriftlich verdichtet weitergeben will. Ein interessantes Beispiel für diesen Schritt vom Selbsterfahrungstext zur »Literatur« sind die Romane der schwedischen Autorin Maria Scherer, beginnend mit den noch recht tagebuchnahen, auf Autobiographie bedachten »Pas de deux« und »Silbertrompete«, während »Maskenball«, trotz gleicher Figuren und Landschaften, deutlich die gereifte Handschrift des Profis verraten. Noch mehr ins Fiktionale und in die Phantasie geht sie dann mit ihrem vierten Buch »Kapriole«.

Man hüte sich jedoch davor, dies Publizieren allzu früh zum Beruf zu machen. Erfahrungsgemäß geht der »Spaß am Schreiben« und vor allem die »Absichtslosigkeit« (die das Ziel jedenfalls meiner Seminare ist) da bald verloren, und das »Muss« der Termine und Honorare tötet den selbstheilenden kreativen Fluss rasch ab.

Wer gerne Hausmusik macht oder am Wochenende in einer Jazz-Band sein Bestes gibt, hat ja auch nicht unbedingt den Ehrgeiz, seine Werke auf CD zu brennen oder in den großen Konzertsälen der Welt aufzutreten. Und er / sie tut vermutlich gut daran. Gerade die Essenz von Selbsterfahrung und Therapie – nämlich das »Zu-sich-Kommen« – gehen im grellen Licht der Scheinwerfer unter Garantie verloren.

Es fällt auf, dass bei immer mehr Autoren gerade der jüngeren Generation in der Biographie der Hinweis auftaucht: »… lernte sein Schreibhandwerk in *Creative Writing*-Seminaren« oder: »Lehrt Kreatives Schreiben an der Universität XYZ«.

Der Bestsellerautor Stephen King war ebenso »Lehrer für Creative Writing« wie T. C. Boyle; und Walter Kempowskis Schreib-Seminare in Nartum waren einige Jahre eine Art Pilgerstätte für Leute, die mal sehen wollten, wie es in einer »Schreib-Werkstatt« beim Autor zu Hause zugeht.

(Viele weitere Beispiele finden Sie auf meiner Website: www.iak-talente.de / Spass am Schreiben / Autoren als Schreibseminar-Leiter.)

Zeittafel

An dieser Stelle kann aus der Geschichte des Schreibens und insbesondere des *Creative Writing*, wie es in diesem Buch dargestellt wird, nur fragmentarisch das Wichtigste erwähnt werden. Sehr viel ausführlicher ist die Zeittafel auf meiner Website: www.iak-talente.de / Spass am Schreiben / Zeittafel »Schreiben«.

3500–3000 v. Chr.
Älteste bekannte Schriften (Sumer, Ägypten, Kreta)

2400 v. Chr.
Im »Papyrus Lansing« preist ein ägyptischer Schreiber seinen Beruf:
»Das Schreiben – für den, der es versteht, ist es nützlicher als jedes Amt / es ist angenehmer als Brot und Bier, als Kleider und Salben / es ist glückbringender als ein Erbteil in Ägypten und als ein Grab im Westen.« (Brunner 1957)

1400 v. Chr.
In der Hafenstadt Ugarith entsteht das erste lautschriftliche Alphabet, das 300 Jahre später über die Phönizier im ganzen Mittelmeerraum verbreitet wird.
Etwa zur selben Zeit entsteht – aus frühen Orakelzeichen – in China ein Schriftsystem (auf der Basis von zunächst rund 2500 Silbenzeichen, die nach und nach auf die heute bekannten 50 000 Zeichen anwuchsen).

1572–1573
Michel de Montaigne schreibt den ersten Band seiner »Essais« (dt.: »Versuche«) nieder (Veröffentlichung: 1580 in Bordeaux, ergänzt

1586/87 und 1589/1676 auf den Index verbotener Bücher der katholischen Kirche gesetzt / seit 1999 in einer hoch gelobten Neuübersetzung von Hans Stilett wieder vollständig deutsch zugänglich). Montaigne erfindet hiermit quasi die literarische Form des danach benannten Essays und prägt sie zugleich theoretisch und praktisch. Man kann diese Versuche in ihrer unglaublich modernen Frische (Montaigne nimmt keine großen Rücksichten auf sich selbst und auf andere) zudem als Beginn einer Literatur verstehen, die sich wesentlicher Methoden des *Creative Writing* bedient – allen voran des autobiographischen Zugangs.

1762

veröffentlicht Jean-Jacques Rousseau (1712–1778) seinen autobiographischen Roman »Émile«. Er legt darin nicht nur seine Erziehungsphilosophie dar, sondern verarbeitet zugleich (schreibtherapeutisch, würde man heute sagen) seine eigene schwierige Kindheit und Jugend. Ähnlich angelegt ist der

1785 (–1790)

von Karl Philipp Moritz (1756–1793) publizierte autobiographische Roman »Anton Reiser«. Beeinflusst vom Pietismus, ist er ein Dokument genauer Selbstbeobachtung und ein Paradebeispiel psychologisch feinsinnigen (Selbsterfahrungs-)Schreibens, das in jener Zeit zur Blüte kommt.

1816

Im Sommer treffen sich in der Villa Diodati am Genfer See drei Männer und eine Frau, um gemeinsam, aber jede(r) für sich an eigenen Texten zu arbeiten. Es sind dies: Lord Byron, Percy Bysshe Shelley, John Polidori (Byrons Arzt) und Percy Shelleys Frau Mary. Angeregt von der Lektüre von Gespenstergeschichten, die man sich abends am Kaminfeuer vorgelesen hatte, schlägt Byron vor, jeder der Gäste solle eine Schauergeschichte (englisch: »*gothic tale*«) schreiben.
Nach einer Periode »blanker Einfallslosigkeit«, erst in einem »halb schlafenden, halb wachen« Zustand, kommt Mary Shelley dann der zündende Einfall: Die Geschichte vom besessenen Wissen-

schaftler Dr. Frankenstein, der einen künstlichen Menschen aus Leichenteilen schaffen will, wird geboren. Der Selbsterfahrungsanteil dieser schrecklichen Erzählung ist inzwischen bekannt: Die Autorin hatte vorher auf tragische Weise zweimal ein Baby verloren, und eine literarisch-psychologische Analyse dieses Welt-Bestsellers zeigt deutlich die Spuren dieser Tragödie und den Versuch, sie schreibend aufzuarbeiten.
Man kann dieses historisch verbürgte »erste Schreib-Seminar« (es wurde übrigens von dem Regisseur Ken Russell schaurig-schön, wenn auch etwas langweilig, verfilmt und kam 1987 unter dem Titel »Gothic« in die Kinos) als Vorbild für die »schreibende Selbsterfahrung in der Gruppe« betrachten, die heute typisch für Veranstaltungen des *Creative Writing* ist.

1862

Ludwig Börne veröffentlicht seinen (eigentlich satirisch gemeinten) Aufsatz »Von der Kunst, in drei Tagen ein Originalschriftsteller zu werden«. Er wird für Sigmund Freud, der den Text als Jugendlicher liest, später zur Anregung für seine erstmals → 1895 angewandte Methode der Freien Assoziation bei der Analyse von Träumen und Äußerungen seiner Patienten.

1888

Erste publizierte Verwendung des Inneren Monologs *(Stream of Consciousness)* von Édouard Dujardin in dem Roman »Les Lauriers sont coupé«.

1895

In der Nacht vom 23. auf den 24. Juli träumt Sigmund Freud den Traum von »Irmas Injektion«. Seine kurz darauf vorgenommene Deutung dieses Traums mittels der Methode des Freien Assoziierens ist nicht nur die erste wissenschaftlich-psychologische Deutung eines Traums überhaupt, sondern zugleich die Einführung dieser neuen Methode in die Psychoanalyse und damit der Beginn eines völlig neuartigen Zugangs zum menschlichen Seelenleben. Wie sich bald darauf zeigen sollte, ist es auch ein neues Werkzeug für die Schriftsteller geworden.

Der Traum und seine Deutung ist abgedruckt in Freuds sehr autobiographischem Buch »Die Traumdeutung« (Kapitel 6). Bahnbrechend ist dieses Buch für die Entwicklung des Kreativen Schreibens insofern, als Freud damit erstmals die Methode des Freien Assoziierens vorstellt (zu der er durch die Lektüre von Ludwig Börne angeregt wurde → 1862), die man heute als Beginn aller Brainstorming-Techniken bezeichnen kann.

1909

findet das vermutlich erste *Schreibseminar* im modernen Sinne an der Columbia University statt.

1916

Anfänge des Dadaismus (»Cabaret Voltaire« in Zürich). Die zentralen Stichwörter in Hermann Kortes Buch »Die Dadaisten« laufen alle auf dasselbe hinaus: Fragmentierung, bis herunter auf die Buchstaben-Ebene (bis hin zur letzten Konsequenz treiben das die Sprachexperimente mit Buchstabenwürfeln).

1919

Experimente der Surrealisten um Breton mit dem Automatischen Schreiben; in gewissem Sinne ist dies die Geburtsstunde des – literarischen – Surrealismus. Ab 1920 aktive Teilnahme Bretons an der Dada-Bewegung.

1924:

»Manifest du Surréalisme« von André Breton. Surrealismus und Dadaismus (→ 1916) propagieren Freie Assoziation und »Nonsense«-Übungen, die auch im *Creative Writing* eine Rolle spielen.

1936

Seit diesem Jahr »existiert der Magister-Studiengang des Iowa Writer's Workshop. Dort haben bekannte Autoren wie Flannery O'Connor, John Irving, Jane Smiley oder T. C. Boyle studiert – geschadet hat es ihnen offenbar nicht.« (Zit. n. Focus Nr. 51 vom 16. Dezember 1996)

40er Jahre

Beginn der modernen *Creative Writing*-Bewegung in den USA.

1947

Laut einer Umfrage des Gallup-Instituts in Louisville im US-Staat Kentucky möchten immerhin 3,4 Prozent der Befragten »vom Schreiben leben« können. Überträgt man dieses Ergebnis auf die Bundesrepublik (2001: 82 Millionen Einwohner), so kommt man auf die stattliche Anzahl von fast 3 Millionen Menschen.

1956

Einige bekannte amerikanische Science-Fiction-Autoren begründen in Milford, Pennsylvania, die »Milford Science Fiction Writers Conference«. Dort setzen sich etablierte Autoren – wie Damon Knight – mit Autoren am Anfang ihrer Karriere zusammen und tauschen in einer entspannten, freundschaftlichen Atmosphäre berufliche und handwerkliche Erfahrungen aus. Dabei wird stets an Texten gearbeitet.
Aus dieser »Writers Conference« entsteht bald darauf die Organisation der »Science Fiction Writers of America«.
Im Bereich der Science-Fiction – und deshalb wird dies hier überhaupt erwähnt – herrschte immer schon ein sehr kollegiales Miteinander der Autoren und ihrer Fans und eine äußerst kreative Atmosphäre.

1964

Erster »Clarion Workshop«: Bekannte Autoren der Science-Fiction (James Blish, Brian Aldiss und andere) lehren Fans, wie man Geschichten und Romane schreibt
(auch → 1956 und 1972).

1968

Ruth C. Cohn begründet die TZI (ThemenZentrierte Interaktion) als neuartige Methode, mit Schreib-Gruppen kreativ zu arbeiten. Dr. Cohn war ursprünglich klassische Psychoanalytikerin in der Folge Sigmund Freuds, übernahm dann wesentliche Elemente der Gestalttherapie von Fritz Perls und entwickelte schließlich aus ihren Erfahrungen mit Gegenübertragung in Workshops mit Analytikerkollegen ihr eigenes Verfahren der TZI. Dass Ruth C. Cohn das Schreiben stets am Herzen lag, zeigen ihre eigenen Sachtexte und Gedichte.

1969

Das Internet (zunächst: ArpaNet) wird aufgebaut. Um die Jahrtausendwende zeigt sich, dass es auch dem Schreiben völlig neue Möglichkeiten eröffnet (zum Beispiel die Zusammenarbeit mehrerer Autoren an einem gemeinsamen Projekt).
Für Recherchen ist das Internet inzwischen genauso unverzichtbar wie ein eigenes Archiv und eine eigene Bibliothek.
Außerdem hat sich bei einer Reihe von Autoren merklich der Schreibstil verändert: Wer einmal den Spaß am Surfen durch dieses gewaltige Menschheitsgedächtnis entdeckt hat, wird geradezu automatisch veranlasst,

- auch frei assoziierend zu denken und zu schreiben und
- Texte nicht mehr nur als linear-logische Gedankenketten zu betrachten, sondern (auch) als Hypertext-Systeme, deren Gedankenmodule vielfach miteinander vernetzt sind (wie unsere eigene Website www. iak-talente.de zeigt).

1973

entdeckt Gabriele Rico zufällig ihre Methode des *Clustering*, die sie ein Jahrzehnt später in ihrem Buch »Writing The Natural Way« vorstellt.

1974

präsentiert Tony Buzan im Frühjahr erstmals sein Mindmap-Konzept in dem Buch »Kopf-Training«. Die Methode ähnelt verblüffend dem *Clustering* von Gabriele Rico (→ 1973), ist aber wohl zufällig parallel entstanden.

1979

Eines der ersten *Creative Writing*-Seminare im deutschsprachigen Raum findet statt (Leitung: Jürgen vom Scheidt gemeinsam mit Elisabeth von Godin, einer TZI-Trainerin und Gestalttherapeutin).

80er-Jahre

Creative Writing beginnt in Deutschland eine Bewegung zu werden (in den USA: 40er Jahre).

1981

Die Shell-Jugendstudie gibt an, dass ein Viertel der Jugendlichen im Alter von 15 bis 24 Jahren schreibt: Aufsätze, Gedichte, Tagebuch. Immerhin jeder Zehnte rechnet sich zu den »intensiv Schreibenden«.

1985

In der Statistik des Bundespresseamts steht: »Die Verlagsunternehmen beschäftigten am 31. Dezember 1985 211 000 Mitarbeiter, darunter 15 700 Redakteure … Weitere 34 600 waren als freie Mitarbeiter tätig.« Das ergibt bereits 245 600 Menschen, die professionell mit dem Verfassen, Bearbeiten und Veröffentlichen von Texten beschäftigt sind.

1997

Am 1. Dezember wird im »Amtsblatt des Bayerischen Staatsministeriums für Unterricht …« in einer Sondernummer der neue »Lehrplan für die Hauptschule« publiziert, worin das Kreative Schreiben empfohlen wird. Die Lehrerin Dagmar Antje Schmitz, die selbst schon lange Schreib-Seminare anbietet und in ihren Hauptschulklassen erfolgreich Kreatives Schreiben einsetzt, nimmt dies zum Anlass, um zwei Bücher zu schreiben (→ 1998 und 2001).

1998

Christopher Vogler überträgt die Erzählstruktur der *Heldenreise* auf den kreativen Prozess, den ein Autor beim Schreiben eines Buches durchläuft: Der Autor schlüpft quasi selbst in die Rolle des Helden und muss Prüfungen meistern und Hindernisse (Blockaden) überwinden, bis er ans Ende seiner Suche gelangt ist.
Voglers Buch »The Writer's Journey« ist eine Fundgrube für jeden, der schreibt. Der Titel der deutschen Übersetzung (»Die Odyssee des Drehbuchautors«) ist irreführend – dieses Konzept ist keines-

wegs auf Verfasser von Filmskripten beschränkt, sondern ist für jeden Autor, etablierte ebenso wie solche am Anfang ihrer Karriere, eine große Hilfe.
Von Dagmar Antje Schmitz erscheint »Kreatives Schreiben in der Hauptschule«. Es stellt, vor dem Hintergrund ihrer eigenen Erfahrungen als Lehrerin und Seminarleiterin, erstmals das Kreative Schreiben als »psychologische Hilfe und pädagogische Chance bei der Erziehungsarbeit in der Hauptschule« dar. Dies wird von ihr drei Jahre später in einem weiteren Buch vertieft (→ 2001).

2000
Im Film »Die Wonder Boys« verkörpert Michael Douglas meisterhaft den verkifften und ziemlich desolaten Bestseller-Autor Grady Tripp, dem kein neues Werk gelingen will. Während er von den Resten seines Ruhmes zehrt, unterrichtet er – mehr der Not gehorchend als der Tugend – an einer Universität einige Studenten in *Creative Writing.* Viel lieber würde er seinen eigenen neuen Roman vollenden. Davon hat er zwar schon gut tausend Seiten (keine Blockade also im üblichen Sinne) – aber mit der Struktur hapert es gewaltig.

2001
bekommen von der »Verwertungsgesellschaft Wort« fast 100 000 Journalisten und Schriftsteller (etwa 20 000 Pseudonyme mitgezählt) einen Scheck für die Zweitrechte publizierter Texte.
Dagmar Antje Schmitz veröffentlicht ihr wegweisendes »Handbuch des kreativen Schreibens«. Darin stellt sie, in Ergänzung zu ihrem vorangegangenen Buch (→ 1998), Möglichkeiten vor, wie man bereits mit Hauptschülern erfolgreich kreativ schreiben kann.

Bibliographie

Zwei empfehlenswerte Zeitschriften:

Der Literat – Postfach 19 19 23, (D-14008) Berlin
TextArt Magazin für Kreatives Schreiben – Gierather Mühlenweg 15, (D-51469) Bergisch-Gladbach / www.textartmagazin.de

Aldiss, Brian: Billion Year Spree (1973). Dt. Der Milliarden-Jahre-Traum. Bergisch-Gladbach 1980 (Bastei).
Anonymus: Sindbad der Seefahrer, Insel Bücherei Nr. 128 (o. J. – ca. Leipzig 1920).
Anzieu, Didier: Freuds Selbstanalyse. München und Wien 1990 (Verlag Internationale Psychoanalyse).
Ballard, James G.: Das Reich der Sonne. München 1984 (Piper).
Barthes, Roland, in: B. Herzbruch und K. Wagenbach (Hrsg.): Freibeuter, 6. Folge, zit. n. Süddeutsche Zeitung vom 16. Januar 1981 (Wochenendbeilage).
Basse, M. und E. Pfeifer: Literaturwerkstätten und -Büros in der Bundesrepublik. Lebach 1988 (Hempel).
Bender, Hans (Hrsg.): Deutsche Jugend. Frankfurt a. M. 1983 (Insel Verlag).
Bergler, Edmund: The Writer and Psycho-Analysis. New York 1950 (Doubleday).
Boileau, Pierre und Thomas Narcejac: Mr. Hyde. Reinbek 1988 (Rowohlt).
Börne, Ludwig: »Die Kunst, in drei Tagen ein Originalschriftsteller zu werden« (1825). Börnes Werke. Berlin 1994 (Aufbau).
Brunner, Hellmut: Altägyptische Erziehung. Wiesbaden 1957.
Brunner-Traut, Emma: »Die Vernichtung des Menschengeschlechts …«, in: Altägyptische Märchen. Düsseldorf 1965 (Diederichs) – zit. n. Kindlers Literaturlexikon. München 1974 (Kindler), S. 9886.

Campbell, Joseph: Der Heros in tausend Gestalten. (New York 1949) Frankfurt a. M. 1978 (Suhrkamp).
Cohn, Ruth C. – zit. nach einem Interview in: Psychologie heute, März 1979, S. 23–33.
Cohn, Ruth C.: Von der Psychoanalyse zur Themenzentrierten Interaktion (TZI). Stuttgart 1975 (Klett).
Csikszentmihalyi, Mihaly: Kreativität. Wie Sie das Unmögliche schaffen und Ihre Grenzen überwinden (1996). Stuttgart 1997 (Klett-Cotta).
Diagnostical and Statistical Manual of Mental Disorders. 3. Auflage 1980. Dt.: Diagnostisches und Statistisches Manual psychischer Störungen: DSM-III. Weinheim 1984 (Beltz).
Duras, Marguerite: Der Liebhaber. Frankfurt a. M. 1985 (Suhrkamp).
Eco, Umberto: Nachschrift zum »Namen der Rose«. München 1984 (Hanser).
Eissler, Kurt R.: Goethe. Eine psychoanalytische Studie (1963). Basel und Frankfurt a. M. 1984.
Ekschmitt, Werner: Das Gedächtnis der Völker. Hieroglyphen, Schriften und Schriftfunde (1968). TB-Ausgabe München 1980 (Heyne).
Eliade, Mircea (Hrsg.): Geschichte der religiösen Ideen, Bd. »Quellentexte«. Freiburg i. Br. 1981 (Herder).
Farrow, Ernest P.: Bericht einer Selbstanalyse. Eine wirksame Methode, unnötige Ängste und Depressionen abzubauen (1948). Stuttgart 1984 (Klett-Cotta).
Fiedeler, Frank: Die Monde des I Ging. Symbolschöpfung und Evolution. München 1988 (Diederichs).
Fiedeler, Frank: Die Wende. Ansatz einer genetischen Anthropologie nach dem System des I-Ching. Berlin 1976 (Kristkeitz).
Fiedler, Leonhard M.: »Zwischen Wahrheit und Methode« (über Kafka), in: Neue Rundschau Nr. 4/1983, S. 197.
Freud, Sigmund: »Erinnern, Wiederholen und Durcharbeiten« (1914). Gesammelte Werke Bd. X. Frankfurt a. M. 1991 (S. Fischer).
Freud, Sigmund: »Über Deckerinnerungen« (1899). Gesammelte Werke Bd. I. Frankfurt a. M. 1991 (S. Fischer).

Golowin, Sergius: Die Magie der verbotenen Märchen. Von Hexendrogen und Feenkräutern. Hamburg 1973 (Merlin).
Hanson, Curtis (Regie): Die Wonder Boys. USA 2000.
Heller, Joseph: Überhaupt nicht komisch. München 1986 (Bertelsmann).
Heuck, Sigrid: Saids Geschichte oder Der Schatz in der Wüste. Stuttgart 1987 (Thienemann).
Hohoff, Curt: Grimmelshausen. Reinbek 1978 (rowohlts monographien Nr. 267).
Jaeggi, Eva und Walter Hollstein: Wenn Ehen älter werden. München 1985 (Piper).
Jakobovits, I. – zit. n. Süddeutsche Zeitung vom 20. Juni 1988, S. 3.
Johnson, Uwe – über seinen Tod berichteten die Frankfurter Allgemeine Zeitung und Der Spiegel (19. März 1984).
Kardorff, U. von: »Die Morganatische Ehe« (über Sartre und Simone de Beauvoir), in: Süddeutsche Zeitung vom 29./30. August 1987, S. 109.
Kern, Hermann: Labyrinthe. München 1983 (Prestel).
Keyes, Daniel: Die Leben des Billy Milligan (1981). München 1985 (Heyne).
King, Stephen – zit. n. Der Spiegel Nr. 20 / 1984, S. 211: »Lukrative Gummizelle«.
King, Stephen: Das Leben und das Schreiben (2000). München 2001 (Heyne).
Knauss, Sybille: Schule des Erzählens. Frankfurt a. M. 1995 (Fischer Taschenbuch Verlag).
Koelbl, Herlinde: Im Schreiben zu Haus. München 1989 (Knesebeck).
Kohut, Heinz: Narzißmus (1971). Frankfurt a. M. 1973 (Suhrkamp).
König, Barbara: Die Personenperson (1965). Frankfurt a. M. 1981 (Ullstein).
König, Barbara: Die Wichtigkeit, ein Fremder zu sein: Der Schriftsteller und die Distanz. Mainz 1979 (Franz Steiner).
Korte, Hermann: Die Dadaisten. Reinbek 1994 (rowohlts monographien Nr. 536).

Kubie, Lawrence S.: Psychoanalyse und Genie – der schöpferische Prozeß (1953). Reinbek 1965 (Rowohlt).
Maass, Hermann: Der Therapeut in uns. Heilung durch Aktive Imagination. Freiburg i. Br. 1981 (Walter).
Malzberg, Barry N.: Herovits Welt (1973). München 1984 (Heyne).
Mauriac, Claude: Proust. Hamburg 1958 (rowohlts monographien Nr. 15).
Miller, Alice: Das verbannte Wissen. Frankfurt a. M. 1988 (Suhrkamp).
Nadolny, Sten: Die Entdeckung der Langsamkeit. München 1983 (Piper).
Novalis: Werke und Briefe. München 1953 (Winkler), Fragment Nr. 44, in: »Werke und Briefe«.
Priest, Christopher: Der weiße Raum (1981). München 1984 (Heyne).
Prince, M. und W. F. Prince: Die Spaltung der Persönlichkeit (1906). Stuttgart 1932.
Rico, Gabriele L.: Garantiert schreiben lernen. Reinbek 1984 (Rowohlt).
Rock, C. V.: Erfolg mit Schreiben. Bindlach 1985 (Gondrom).
Russell, Ken (Regie): Gothic (1987).
Scheidt, Jürgen vom: Geheimnis der Träume (1985). Landsberg 1999 (mvg).
Scheidt, Jürgen vom: Kurzgeschichten schreiben (1955). München 2002 (Allitera).
Scheidt, Jürgen vom: Jeder Mensch – eine kleine Gesellschaft? München 1988 (Selbstverlag aquarius Publikationen).
Scherer, Maria: »Pas de deux«, »Silbertrompete«, »Maskenball«, »Kapriole«. Reinbek 1984–1989 (Rowohlt).
Schmitz, Dagmar Antje: Handbuch des kreativen Schreibens. Donauwörth 2001 (Auer).
Schmitz, Dagmar Antje: Kreatives Schreiben in der Hauptschule. Donauwörth 1998 (Auer).
Schott, Heinz: Zauberspiegel der Seele. Sigmund Freud und die Geschichte der Selbstanalyse. Göttingen 1985 (Sammlung Vandenhoeck).

Schreiber, Flora Rh.: Sybil. Persönlichkeitsspaltung einer Frau (1973). München 1977 (Kindler).

Shelley, M. Wollstonecraft: Frankenstein, or the Modern Prometheus (1818). Dt.: Frankenstein oder Der moderne Prometheus. München 1970 (Hanser).

Simenon, Georges: Intime Memoiren. Zürich 1982 (Diogenes) – Klappentext.

Thigpen, Corbett H. und Hervey M. Cleckley: Die drei Gesichter Evas (1957). Hamburg 1957 (Rowohlt).

Thomas, Klaus: Selbstanalyse – die heilende Biographie. Ihre Abfassung und Auswirkung. Stuttgart 1976 (Thieme).

Uschtrin, Sandra: Autoren-Handbuch. München 2000 / 4. Auflage (Uschtrin-Verlag).

Vogler, Christopher: The Writer's Journey (1997). Dt. Die Odyssee des Drehbuchschreibers. Frankfurt a. M. 1998 (Zweitausendeins).

Vonnegut, Kurt: Schlachthof 5. Hamburg 1970 (Hoffmann und Campe).

Walser, Martin: Wer ist ein Schriftsteller? Aufsätze und Reden. Frankfurt a. M. 1979 (edition suhrkamp Bd. 959).

Weinreb, Friedrich: Zahl, Zeichen, Wort. Das symbolische Universum der Bibelsprache. Reinbek 1978 (rowohlts enzyklopädie Nr. 383).

Harriet Lerner

Magie der Worte

Vom gegeneinander Schweigen zum miteinander Reden

Aus dem Amerikanischen von Gisela Merz-Busch

318 Seiten. Gebunden

Die Fähigkeit zu Kreativität, Lebendigkeit und Lebensfreude eines jeden Einzelnen hängt davon ab, wie wir mit den wichtigsten und vertrautesten Personen kommunizieren. Aufrichtig und mit eigener, authentischer Stimme miteinander zu sprechen, ist der Schlüssel einer jeden guten Beziehung. Harriet Lerner weist Frauen den Weg, wie sie auch in schwierigen Gesprächen mit Mut sowie persönlicher Integrität ihren Standpunkt verteidigen und so das Klima für eine offene und ehrliche Gesprächskultur schaffen.

Krüger Verlag

fi 2-0190 / 1

Tara Bennett-Goleman
Emotionale Alchemie
Aus dem Amerikanischen von Gabriele Herbst
479 Seiten. Gebunden

Tara Bennett-Goleman beschreibt eindrucksvoll und inspirierend, wie Sie durch emotionale Alchemie Ihre blockierenden Gefühle in klares Verständnis für sich und andere verwandeln. Sie weist Ihnen einen gänzlich neuen Weg der Annäherung in Ihren Beziehungen, Ihrer Arbeit und Ihr Innerstes.

»Geschrieben mit Humor und
Warmherzigkeit in lebendiger Prosa ... ein gewaltiger
Fortschritt für uns alle.«
Naomi Wolf

Ann Faraday

Deine Träume – Schlüssel zur Selbsterkenntnis

Ein psychologischer Ratgeber

Aus dem Amerikanischen von Margaret Carroux

Band 3306

Jedermann kann die Fertigkeit erwerben, seine Träume zu verstehen und sie für das tägliche Leben zu nutzen. Dieses Buch setzt beim Leser weder irgendwelche Vorkenntnisse noch Fachwissen voraus. Auch Menschen, die nichts über Träume wissen oder sich nicht an ihre Träume erinnern können, finden hier Schlüssel und Anleitung sowie eine Fülle von Beispielen.

»Ich habe dieses Buch mit großem Interesse gelesen.
Ann Faradays Buch ist einmalig in der
umfangreichen Traumliteratur.«
Robert E. L. Masters,
Forschungsdirektor der Foundation for Mind

Fischer Taschenbuch Verlag

fi 23306 / 1

Ann Faraday

Deine Träume – Schlüssel zur Selbsterkenntnis

Fischer Taschenbuch Verlag